中国法治实践论丛
ZHONGGUO FAZHI SHIJIAN LUNCONG

司法均衡论

——法理本体与中国实践的双重建构

廖　奕▸著

图书在版编目(CIP)数据

司法均衡论:法理本体与中国实践的双重建构/廖奕著. —武汉: 武汉大学出版社,2008.9
中国法治实践论丛
ISBN 978-7-307-06410-2

Ⅰ.司… Ⅱ.廖… Ⅲ.司法—研究—中国 Ⅳ.D926

中国版本图书馆 CIP 数据核字(2008)第 106175 号

责任编辑:郭园园　　责任校对:刘　欣　　版式设计:支　笛

出版发行: **武汉大学出版社**　(430072　武昌　珞珈山)
(电子邮件: wdp4@ whu. edu. cn　网址: www. wdp. com. cn)
印刷:湖北省京山德兴印务有限公司
开本: 720×1000　1/16　印张:18.25　字数:260 千字　插页:1
版次:2008 年 9 月第 1 版　2008 年 9 月第 1 次印刷
ISBN 978-7-307-06410-2/D · 812　定价:30.00 元

内容提要

本书前三章是对司法过程的法理本体建构。在古典先贤眼中，司法活动尚未构成独特的存立本体，无外乎政体或道德事业的延展。时至法政人时代，在权力制衡理论的映照下，司法权的运行特质被独立定位，逐渐形成了司法权的国家主义认知范式。洛克以降，法学家又开始将司法国家主义转换为司法人民主义和司法技术主义。从睿智的理性人到神秘的宗教人再到自负的科学人直至迷惘的现代人，“人”的变迁走到了“均衡法理人”时代。基于这种新的法理本体论，司法过程也就有了均衡论的新诠释。

本书后三章是对司法过程的中国实践分析。就中国司法的总体环境而言，社会公平、世界和平、天下太平三大和谐主题的实现，均离不开司法均衡的战略回应。就中国司法的具体现实而言，面对当下中国司法改革的困局，寻求均衡为本的司法目标模式可谓切中肯綮。就中国司法的未来走向而言，正义与法律的均衡使命有待司法过程的程序重构。正义作为法的核心价值，本身具备的均衡性决定了实现司法正义必须关注法价值冲突的整合，并且要从程序上设计司法正义的均衡流程——这对于法律疑难案件的推理与判断，乃至整体法治国背景下的法理思维的塑造与成熟，都具有重要的现实意义。

目　录

引　　言

如果把“法”的存在比喻为一家对外经营的企业，我们现今的情形，不妨视为“制度性亏损”时期。所谓制度性亏损，意指没有直接责任人的失误，也没有重特大事故，一切都在平淡中流淌，但法的效益却始终隐而不彰。人们对法的体认，停留在非常外部化的生活事件场域，从未真正内化为某种不得不日常消耗并不断补足的必要供给。“法”必须重构，必须通过一个纲领化的倡议，将人们对它的误解、不信赖转化为正解与信任。重构“法”的存在，既是法哲学直面的问题，也是法律科学内在的挑战。

基于此种远景，我力图透过对“司法均衡”的初步解读，发现“法”重构的若干规则，将这种理论的反观再度翻摄于现实的法治事业，构成反思与现实的往返，完善当今的法律结构及其文化内涵，为进一步的司法实证评价与估量定下一个相对宏整、齐备的理论框架。这也是为了避免学术话语交流的突兀，为了中国法学深层言谈的沟通平台尽早确立，不得不有意“大题化”的初衷。

对“法”的经营、管理、操控，是司法的本色与真谛。司法活动从来都不相信实在规范至上，因为，司法的生命在于法主体的规范塑造，而非一开始便在完美的规范世界翩翩起舞。司法是作为法主体的“人”在现实生活中对“法”的加工和定型。“法”的存在很多时候只是一个先在的名目，在这个名目下，司法过程得以正当化展开，其运作的结果和目标不是为了无限强化这个名目，而是看中这个名目下的确实收益，确言之，正是法主体所能透过对法的经营而获得的各项收入与效应决定了司法的根本价值。司法活动是普在的生活事业，也是敞开的公共场域，不分王公贵族与山野平民，不论春秋大义和鸡毛蒜皮，司法正义的处置是客观无偏的博弈均衡。当然，我们最常见的司法，是以权力和权威为前设的政治治理过程，在这种存在等级区划、命令指控的情景中，法律的生成似乎只能是不确定的权力意志产物。批判政治司法的局限，正是司法均衡论的核心关切。

在当下中国的司法研究行伍中，我们很难发现某种理论可以从法的深层困惑出发，检讨体制、文化甚至心态的微细症结。作为国家司法官吏的内部视角派，侧重于司法权力的适用主义、技术性质的研究，往往立足于自身的职位想象与经验理性对司法权的某一方面或整体形象着力探讨，他们缺乏独立的理论视域，缺少超越司法官僚体制的问题意念，但这些绝不构成否定其研究有效性的理由。① 此类研究的贡献在于，其一，通过“法学家法官”的理想关切，书写了中国法制未来进展的曲谱。尽管乐章尚未奏响，但序幕已经拉开。其二，是作为国家司法重构方案设计者的整合主义研究。② 此种研究往往以现实的司法体制为对象，基于对体制缺陷的理论分析，提出若干重构司法机制，引领司法变革的谏言与对策。重视此类研究成果，有利于直接从感性上获得一幅未来的司改理想图景，但对于其中的内在因由及可能误导缺乏积极的反思与批评。

---

① 近年来有代表性的研究成果包括：肖扬：《关于司法公正的理论与实践问题》，载《法律适用》2004 年第 11 期；沈德咏：《司法改革精要》，人民法院出版社 2003 年版；刘家琛主编：《基层法院建设理论与实践》，人民法院出版社 2004 年版；孔祥俊：《司法理念与裁判方法》，法律出版社 2005 年版；孙万胜：《司法权的法理之维》，法律出版社 2002 年版；康均心：《法院改革研究：以一个基层法院的探索为视点》，中国政法大学出版社 2004 年版等。

② 相关代表性论著包括：王利明：《司法改革研究》，法律出版社 2000 年版；宋英辉、郭成伟主编：《当代司法体制研究》，中国政法大学出版社 2002 年版；吴卫军：《司法改革原理研究》，中国人民公安大学出版社 2003 年版；左卫民等：《诉讼权研究》，法律出版社 2003 年版；程竹汝：《司法改革与政治发展》，中国社会科学出版社 2001 年版；贺日开：《司法权威的宪政分析》，人民法院出版社 2004 年版；胡夏冰：《司法权：性质与构成的分析》，人民法院出版社 2003 年版等。

其三，类属于所谓的司法实证研究派，或者说司法社会学研究路径。① 他们习惯于描述某个具体的司法现象，从经济学、社会学、人类学、统计学等实证学术方式入手，探究其中可能的理论蕴涵。这种司法研究有着非常科学的外表，与意识形态化、政策谏言式的研究形成了对比与区别，被许多衷情西学的研究者采纳，在当下中国的法学界也很盛行。这些研究借助的理论资源大多来自法学外部，所以，在切合法治实况这一点上，表现并不出色。还有一种翻译派与史家言路。② 他们共通的地方在于，不直接言说当下中国的司法问题，而是通过对国外司法原理、机制、技术的评介，或者对中国历史上司法文化、个案、制度的论说，反观折射当下的问题。他们是“镜子”，也是带有浓厚理论倾向的“传声筒”，支配各自论说心态的要么是全盘西化论，要么是中国本位论，或者是实用主义的中西兼采论，他们同样未能型构某种新“法”本体论下的新“司法”观。

提出司法的新论，必须植根于法本体论与价值论的创新。而法学根本问题的理论发展，又与法律自身的性质变迁密切相关。当下

---

① 代表性论著有：苏力主编：《法律和社会科学》（第1卷），法律出版社2006年版；苏力：《送法下乡——中国基层司法制度研究》，中国政法大学出版社2000年版；徐昕：《论私力救济》，中国政法大学出版社2005年版；赵旭东：《权力与公正：乡土社会的纠纷解决与权威多元》，天津古籍出版社2003年版；王亚新等：《法律程序运作的实证分析》，法律出版社2005年版；王铭铭、王斯福主编：《乡土社会的秩序、公正与权威》，中国政法大学出版社1997年版；强世功编：《调解、法治与现代性》，中国法制出版社2001年版等。

② 除了大量相关译著，国内学者此方面的作品有代表性的包括：黄宗智：《民事审判与民事调解：清代的表达与实践》，中国社会科学出版社1998年版；周汉华：《现实主义法律运动与中国法制改革》，山东人民出版社2002年版；宋冰编：《读本：美国与德国的司法制度及司法程序》，中国政治大学出版社1998年版；任东来等：《美国宪政历程：影响美国的25个司法大案》，中国法制出版社2004年版；韩秀桃：《司法独立与近代中国》，清华大学出版社2003年版；郑秦：《清代司法审判制度研究》，湖南教育出版社1987年版；吴吉远：《清代地方政府的司法职能研究》，中国社会科学出版社1998年版；田涛等主编：《黄岩诉讼档案及调查报告》，法律出版社2004年版等。

中国的法，既处于传统文化共同体的伦理支配下，又处在现代性国家宰制框构中，甚至即将迎来全球主义“软法”共治时代的新格局。这一系列的处境充分表明，当下中国法的一个根本特点——高度的颤栗与无限的伸缩可能——既给予我们充分抉择、八方选定的机遇，也科以国人通盘考量、动态均衡的责任。法治的要义，决不能因袭法家主义的老路，更不能抄袭西方特我的界定。司法的核心，也需要在全面反思当下中国法的前后左右四面八方后，理性地认识与诠释。

相对于苏力新近提出的司法制度的合成理论，我更为赞同季卫东有关中国司法动态均衡的分析。① 司法制度的参与者本来就非法官一脉，这个道理人人都懂。重视“诉讼人”，这也不是什么新发现。问题的关键在于，如何通过科学的方法揭示司法过程中的种种利益合成，并进而从哲学层面反思和提炼司法本质的要义。季卫东的司法均衡曲线从经济学的视角分析了一个简纲，而本书则从一个更为法学化、一般化的角度剖析了司法均衡的诸多方面，贯注其中的方法是沟通法哲学与法科学的连续性均衡法理思维。记得当代社会学大师亚历山大曾提出后实证主义的四个基本预设：第一，科学的经验资料受理论建构指引，事实与理论的区分非本体论的区别，仅为分析便利之需要；第二，科学成果并不仅仅依赖于经验证明；第三，通常理论的形式都是武断和平行的，而非怀疑性和累积性的；第四，只有经验事实的变化为新的理论所认知后，才会出现科学范式的根本转变。② 基于这种认识，亚历山大提出，科学可以被看做辗转于形而上学环境和经验环境中的“连续论”（continuum）。其实，这种方法已经超越了传统的社会科学范畴，它是哲学与科学的方法论均衡，也是本书基于法理本体与中国实践初步建构“司

---

① 参见苏力：《司法制度的合成理论》，载《清华法学》2007 年第 1 期；季卫东：《中国式司法动态均衡机制的一个图式化说明》，载徐昕主编《司法》第 1 辑，法律出版社 2006 年版。

② 参见林聚仁、刘玉安主编：《社会科学研究方法》，山东人民出版社 2004 年版，第 31 ~ 33 页。

法均衡论”的方法指引。

相对于当下对司法的狭义与肤泛认知，我更愿意将司法阐释为一种主体人与客体法的互动均衡。这是现实的法律运行，也是生动的人性交涉，“法律以人为本”和“人生以法为尊”的歧异在这种阐释中能够得以调整。

本书共分六章，前三章与后三章分别构成形而上学与经验观察的对应。第一章从思想谱系考察的角度揭示哲学家和法政人有关司法均衡的隐在理论见解，使之呈现某种必要的理论扩张，从个别性的分析中发现普遍性的问题，为司法均衡学说的分析奠定思想前提。第二章着重从法学家的视野重点阐释洛克以降的近现代法学家对司法均衡的学理论述，尽管很多论述没有冠以司法均衡之名，但是对于司法均衡理念的形成与确证起到了重大作用。第三章是本书作者的个人观点，从法理与法律的二分角度提出了法本体论的创新思想，初步奠定了司法均衡实践的法理基础。第四章开始转入实践分析，这部分围绕社会公平、世界和平、天下太平的全球主题，论述了司法均衡的战略回应。第五章将视角置于中国，重点分析了当代中国司法改革的均衡目标，为司法权运行创立了完善的均衡模式。最后一章则回归于法价值论和正义母题，力图说明的问题是：正义作为法的核心价值，本身具备的均衡性决定了实现司法正义必须关注法价值冲突的整合，并且要从程序上设计司法正义的均衡流程——这对于法律疑难案件的推理与判断，乃至整体法治国家背景下的法理思维的塑造与成熟，都具有重要的现实意义。

第一章 司法均衡的思想谱系：哲学家与法政人

实际上，它指的是使那些局部的、不连贯的、被贬低的、不合法的知识运转起来，来反对整体理论的法庭，后者以真理认识的名义，以控制在几个人手里的科学权利的名义把那些知识都过滤掉了，对它们进行分级、整理。……谱系学，准确地说是反科学……是指知识的造反。

——［法］福柯①

不论我们是唯物论者，还是泛灵论者，相信都不会否认，真实的理论必定都有其独特的生命历程——从最初的萌芽，到渐进的滋长，直至完全的成熟，还有日后的衰亡，甚至再度的复兴，生生不息。然而，这种规律一般只适于“已然”理论的生命历程表达。对于尚处在“未然”破解阶段的理论，公知的历史诠释未必合用。此时，强调片段与解构的思想系谱方法，反倒显出优势。对于司法均衡论的思想背景探寻，谱系学的考察成为必要的繁杂，犹如大海中的众沤，众沤映衬下的大海，司法均衡的思想闪电，形成于“主题法学”的狭长缝隙中。

① ［法］福柯：《必须保卫社会》，钱翰译，上海人民出版社1999年版，第8页。

第一节　古典哲学的司法均衡思考

一、永未完结的《政治学》：司法均衡的政体思辨

亚里士多德在《政治学》中将“城邦”定义为“至高而广泛的社会团体”,① 并指出：“城邦以正义为原则。由正义衍生的礼法，可凭以判断（人间的）是非曲直，正义恰正是树立社会秩序的基础。”②在探究理想政体的过程中，亚氏采纳了应然与实然的均衡分析法。一方面，全面探究大家所公认为治理良好的各城邦中业已实施有效的各种体制；另一方面，全面考究其他各家政体的理想形式，不以我们的理想为限以及那些声誉卓著的思想家们的任何思想形式。③他希望，这种研究“使（实际的和理想的）各种政体的合乎道义而有益的各方面能够明示世人”。④接下来，亚氏考察了政体的财产制度，批驳了柏拉图（苏格拉底）的原朴公有设想，提出了“产业私有而财物公有”（私财公用）的均衡性主张,⑤ 并认为，“城邦应该是许多分子的集合，唯有教育才能使它成为团体而达成统一”。⑥ 亚氏着力批评了柏拉图在《法律篇》中提出的“共和政体的中间形式”,⑦认为这种政体实际缺乏君主政体的要素，专重寡头和民主两要素且偏向于寡头政体，这实际上并不是真正的均衡政体，至少不如另外一些专家、哲学家及政治家倡议的政制

①②③④　［古希腊］亚里士多德：《政治学》，吴寿彭译，商务印书馆 1965 年版，第 3、9、43 页。

⑤　这种主张的均衡性质还可体现在亚氏言论的其他地方。如，他提出，“人们在处理财富上表现过弱（吝啬）或过强（从滥）的精神都是不适宜的，这里唯有既素朴而又宽裕，才是合适的品性”。“宽裕（自由）将不期而流于奢侈，素朴（节制）又将不期而陷于寒酸。”见［古希腊］亚里士多德：《政治学》，吴寿彭译，商务印书馆 1965 年版，第 64 页。

⑥⑦　［古希腊］亚里士多德：《政治学》，吴寿彭译，商务印书馆 1965 年版，第 57、65 页。

构思。①

亚氏欣赏法勒亚政制思想中的“以教育为财产衡平之标准”的观点。②亚氏对希朴达摩的政制思想也给予了高度评价，他说，“没有从政经验而创制出最优良的城邦制度当以米利都人、欧吕丰的儿子希朴达摩为第一人”。③ 对于希氏的司法改良思想，亚里士多德作了重点评述。亚氏将希氏列入毕达哥拉斯学派，认为这一学派尚“三”，言万物分于三而合于三。希氏将阶级三分，将财产三分，将法律三分（他认为法律只有三类，分别适用于三类刑事诉讼——殴辱、伤害、杀人）。但希氏还是建议设置独一的最高法院，并主张对法庭判决方式作出改革。具体而言，就是变“全罪或完全免罪”的独断判决为三种情形的均衡处理（有罪，完全无罪和一部分有罪、一部分无罪），亚氏对希氏司法改良主张的不满意之处主要体现在，他认为希氏混淆了仲裁法庭和公审法庭的区别。希氏的精确司法或曰妥协司法主张只能在仲裁法庭中实现，因为“仲裁员虽然也有若干人，但他们可以合议，经过共同斟酌而后确定某种适当的罪罚”。④“至于在一个公审法庭中，这样的论罪方式是不可能的，大多数城邦的法规都特别注意到在公审法庭上，所有审判人员都不得互通声气。”⑤在司法及法律改革问题上，亚氏明确表达了他的保守主义立场，指出了司法（法律）变革应当遵循的法制效益原则、法律稳定与权威原则以及具体操作的难度问题等。

谈论完思想家们的理想政制构思后，亚氏转而评述三种现实政体：斯巴达、克里特政制和迦太基政体。他主要从两个方面进行评述：政制所依之法是良法还是恶法？立法目的和建国宗旨是否真正得到贯彻和实践？这与亚氏法治观的两重含义是契合的。前者关注法律良善目的，后者关注法律实行问题。亚氏以斯巴达的“贫富

①② 参见［古希腊］亚里士多德：《政治学》，吴寿彭译，商务印书馆1965年版，第67～75页。

③④⑤ ［古希腊］亚里士多德：《政治学》，吴寿彭译，商务印书馆1965年版，第75、78页。

不均”问题为例分析了斯巴达法制的缺点，他精彩的分析雄辩地证明：法制的目的与实际后果的差池是社会问题之根源，也是城邦衰败之肇因。① 对于克里特政制，亚氏更是一针见血地指出：“不遵循法律的途径而让某些人逞其私意，这总是邦国的祸患。”② 在三种政制中，亚氏评价最高的当属迦太基，但这种满意也是颇为勉强。③

亚氏政体观察还包括“实际立法家”的观点。④ 他把提出理想政体观点的人分做两大类：先贤思想家和实际立法者。前述的柏拉图、法勒亚、希朴达摩属于第一大类，而后面将要谈到的莱喀古士、梭伦属于第二大类。

亚氏对梭伦立法给予了公正的史家评述，他引用一个学派认为梭伦是一个优良的立法家的观点，指陈了其进步性；同时又引用了批评家的观点，指陈了其局限，最后结合实事，指出“史迹的变迁到这样，这不是梭伦当初所能料想到的”。⑤亚氏对梭伦立法的客观赞誉集中体现在对梭伦立法方式之得当（因袭与创造相结合）及政体融合成就（尚富政治、尚贤政治和民主政治的融合）的表彰上。对于引起争议的公审法庭创造，亚氏也没有讳言其日后的消极影响，即“在梭伦以后，这些法庭的权威既日渐增强，历任的执政好像谄媚僭主那样谄媚平民，于是雅典的政体终于转成现世那种‘极端民主’的形式”。⑥

在卷三中，亚氏开始转入自我观点的陈述。亚氏采用了“本质主义”的研究进路。他首先追问城邦的本质。答曰：“城邦正是若干（许多）公民的组合。”⑦这样，先行研究公民的本质也就顺理成章了。亚氏将符合公民本质的人称为“全称的公民”，⑧把公

---

① 关于这一精彩分析的细节，可参见《政治学》，第85～92页。

②③⑤⑥ ［古希腊］亚里士多德：《政治学》，吴寿彭译，商务印书馆1965年版，第96、102、105、104页。

④ 亚氏把“实际立法家”分为两类：一是只有某一城邦拟订法典，另一些则既订法典又兼定政制，如莱喀古士和梭伦。

⑦⑧ ［古希腊］亚里士多德：《政治学》，吴寿彭译，商务印书馆1965年版，第109、111页。

民界说为参加公众法庭和公民大会这些职司的人们。他的结论是，“（一）凡有权参加议事和审判职能的人，我们就可说他是那一城邦的公民；（二）城邦的一般含义就是为了要维持自给生活而具有足够人数的一个公民集团”。①在对公民品德的考量中，亚氏提出了“共同品德”与“种类品德”的区分，进一步区分了统治者和被统治者的品德差别。② 在他看来，“好公民”的标准是那些兼具两类品德的人。“认为统治者与被统治者为类不同，就应熟习各不相同的才识，而公民兼为统治者和被统治者，就应熟习两方面的才识。”③“好公民必须修习这两方面的才识，他应该懂得作为统治者，怎样治理自由的人们，而作为自由人之一又须知道怎样接受他人的统治——这就是一个好公民的品德。”④

讨论完公民性质后，亚氏正式开始研究“政体”这个主题。他开宗明义地指出：“政体（宪法）为城邦一切政治组织的依据，其中尤其着重于政治所由以决定的‘最高治权’的组织。城邦不论是哪种类型，它的最高治权一定寄托于‘公民团体’，公民团体实际上就是城邦制度。”⑤亚氏将统治分做三种类型：主奴统治、家务统治和城邦宪政统治，明确提出判断政体正当（正宗）与否的标准就是“公共利益”。⑥

亚氏所谓的正宗政体有三种：王制（君主）政体、贵族（贤能）政体、共和政体。“相应于上述各类型的变态政体，僭主政体为王制的变态；寡头政体为贵族政体的变态；平民政体为共和政体的变态。”⑦“僭主政体以一人为治，凡所设施也以他个人的利益为依归；寡头（少数）政体以富户的利益为依归；平民政体

---

①③④⑤⑦ ［古希腊］亚里士多德：《政治学》，吴寿彭译，商务印书馆1965年版，第113、123、124、129、184页。

② 参见［古希腊］亚里士多德：《政治学》，吴寿彭译，商务印书馆1965年版，第120～121页。

⑥ 亚氏的具体论述，参见《政治学》，吴寿彭译，商务印书馆1965年版，第131～133页。

则以穷人的利益为依归。三者都不照顾城邦全体公民的利益。”①

在政体论述中，亚氏联系了他在《伦理学》中的正义理论。亚氏的结论是，“政治团体的存在并不由于社会生活，而是为了美善的行为（我们就应依照这个结论建立‘正义’的观念）。对政权之分配理应以政治品德与贡献之大小为据，而政治贡献又应以对美善行为付出的多少为据，分配之法则应秉持‘正义即公平的精神’”。②亚氏经典地指出，法律的实际意义“应该是促成全邦人民都能进于正义和善德的（永久）制度”。③

亚氏进而提出关于城邦最高治权应该寄托于什么的疑问。他依次否决了群众、富户、高尚者、全邦最好的一人及法律。④

亚氏观点倾向于将“群众”转化为“集体”——“集合于一个会场的群众就好像一个具有许多手足、许多耳目的异人一样，他还具有许多性格、许多聪明”。⑤在“两难处境”（给权还是不给权）中寻求出路，亚氏提出了让集体行使议事和审判的职能。至此，亚氏司法理论的轮廓已基本清晰。

首先，审判职能是最高治权之一部，它与议事权并列，高于行政权。其次，审判权的行使主体是集体，并未交付任何个别的一位“群众陪审员”，每个陪审员只是法庭整体中的一个部分而已。再次，群众集体行使审判权并不排斥专家的判断和法律的规约。此处，亚氏对“外行司法”作了精彩的无错辩解。他说：“假如群众不是很卑贱的（带有奴性的）人们，则就个别而言，他的判断能力不及专家，但当他们集合起来，就可能胜过或至少不比专家们有所逊色。又，在某些技术中，创作者不一定是最好的评判家，当然更不是唯一的评判家。这些技术作品，在没有学习过这门技术的人看来，也是可以识别而加以评判的。例如，一

---

①②③⑤　[古希腊] 亚里士多德：《政治学》，吴寿彭译，商务印书馆1965年版，第184、140、138、143页。

④　亚里士多德说：“法律本身可以或倾向寡头，或倾向平民；以倾向寡头或平民（民主）的法律为政，又有什么不同于寡头派或平民（民主）派执掌着最高治权？”[古希腊] 亚里士多德：《政治学》，吴寿彭译，商务印书馆1965年版，第142页。

幢房屋就是非建筑者也能懂得的事物，实际上房屋的所有者，即住户，有时竟比建筑师更擅长评判房屋的好坏。相似地，对于一支舵，舵师比一位造船木匠就更擅长鉴别，对于一席莱肴，最适当的评判者不是那位厨师，而是食客。”① 联系亚氏的整体观点，我们不难推论，所谓的议事权和审判权不能等同于现今所说的立法权与司法权。亚氏将立法家实质上单列出来了，作为政体理论之前设考虑。议事权和审判权的相通处在于它们都是“评判权”，而评判权与执行权是相对应的。因为，亚氏讨论的主要是“治权”，是以法律已立为前提的司法权运行。所以，广义上理解，无论是议事、审判还是执行都是司法权运行的一部分。在这层意蕴上，司法权关涉评判与执行，评判权是司法权之高级权，而执行权为司法权之基层权。最后，司法权（裁决权力）“应寄托于正式制定的法律”，只有在法律有所不及之时，方才允许个人权力或联合体权力“应用它来发号施令，作为补助”。②正式的法律必须根据政体制定。

在政体比较研究过程中，亚氏提出了“王治（人治）还是法治”的问题。亚氏并未作非此即彼的回答，而是细致考察了各种情形，作出了不同回答：其一，在尊重法治的情况下，法律有所未周而不得不倚仗人治，亚氏倾向于集体智慧优先个人智慧，也即“众人之治优于一人之治”；其二，在绝对君主制下，法治之作用仍得以存在，也即所谓“依法为政的君王”。“法律训练（教导）执法者根据法意解释并应用一切条例，对于法律所没有周详的地方，让他们遵从法律的原来精神，公正地加以处理和裁决。法律也允许人们根据积累的经验，修订或补充现行各种规章，以求日臻完备。谁说应当由法律遂行其统治，这就有如说，唯独神祇和理智可以行使统治；至于谁说应该让一个个人来统治，这就在政治中混入了兽性的因素。常人既不能完全消除兽欲，虽最好的人们（贤良）也未免有热忱，这就往往在执政的时候引起偏向。法律恰恰正是免

---

①② ［古希腊］亚里士多德：《政治学》，吴寿彭译，商务印书馆 1965 年版，第 146、147 页。

除一切情欲影响的神祇和理智的体现。”①

亚氏以医疗和锻炼为喻，指出，“要使事物合于正义（公平），须有毫无偏私的权衡；法律恰恰正是这样一个中道的权衡”。②他还特别指出：“（以上我们只说到了成文法律。）但积习所成的‘不成文法’比‘成文法’实际上还更有权威，所涉及的事情也更为重要。”③

职司之故，司法的本质决非简单的判断法律现象，其内设的精神底蕴是法律体现的“中道权衡”。换句话说，是由理想政体决定的公共利益本位的法律权威与由集体及个人或其他联合体行使的法律权力的理性契合。④ 一方面，法律权威依仗于良法之订立，而这又取决于政体之理想和类型。另一方面，法律权力必须以法律权威为前提，同时又反过来弥补法律之不周详。法律权力的正常行使和非常行使都以维护增进法律权威，捍卫政体理想为前提，这样，司法过程才能真正体现出它的本质性要求，即保守公共利益的均衡制度。合理的司法权运行应当是符合司法均衡性本质的中道权衡过程。

为了阐述司法权本质之前提问题即优良/理想政体的产生，亚氏在卷四开始从人类最崇高的生活性质开始谈起。⑤ 亚氏认为，这应是一种“中庸的生活”。“最好的生活方式就应该是行于中庸，行于每个人都能达到的中庸。”⑥“必须有以中产阶级为基础才能组成最好的政体。”⑦“大家既然已公认节制和中庸常常是最好的品德，那么人生所赋有的善德就完全应当以‘毋过毋不及’中间境界为最佳。处在这种境界的人们最能顺从理性。趋向这一端或那一端——过美、过强、过贵、过富或太丑、太弱、太贱、太穷——

---

①②③⑥⑦　［古希腊］亚里士多德：《政治学》，吴寿彭译，商务印书馆1965年版，第168～170、204、205页。

④　亚氏对“理性”的强调，可见诸其论述中产阶级的理性（参见《政治学》第205～206页）及理性为成善三端（天赋、习惯、理性）之首要（参见《政治学》第384～385页）。

⑤　亚氏在卷三之末指出：“最优良的政体就是由最优良的人们为之治理的政体。”

的人们都是不愿顺从理性的引导的……中产阶级（小康之家）比任何其他阶级都较为稳定。他们既不像穷人那样希图他人的财物，他们的资产也不像富人那么多得足以引起穷人的觊觎。既不对别人抱有任何阴谋，也不会自相残害，他们过着无所忧惧的平安生活。"①"最好的立法家都出身于中产家庭（中等公民）。梭伦是其中之一，他自己的诗篇明白说他的家道小康；还有莱喀古士，他就不是一个王族，有人说他裔出王族，实属不确，还有嘉隆达斯以及其他大多数的立法家也都同样是属于中产阶级（中等公民）。"②亚氏还具体分析了中间阶级主导的均衡共和政体的三点要素：城邦构成的"质""量"均衡；中性（中间）仲裁的均衡；政体内部机能（议事机能、行政机能、审判机能）的总体均衡。③

在卷5中，亚氏着重讨论政体变革问题，尤其强调了不均衡造成的政体变革。他以身体为喻，指出某一部分畸形发育势必会导致政体性质的变化。④经过了对"政变通例"的详尽考察，亚氏提醒后人，"对于各个要素（部分）业经调和好了的政体，最切要的事情莫过于禁绝一切违法（破坏成规）的举动，尤其应该注意到一切容易被忽视的小节"。⑤总而言之，亚氏的理想政体就是均衡政体。它以均衡（中庸）的生活方式为终极依归，以均衡（中产）的阶层力量为根本依托，以均衡（中道）的法律权威为直接依据，以均衡（中和）的政体安排为具体依靠。

在卷6中，亚氏着重探讨了均衡政体的具体构建。依据他一贯的研究程序，他分别论述了平民政体、寡头政体的不同情形。值得留意的是，亚氏提出的第五种和第六种职司。"第五种职司办理民间契约和法庭判决的注册事务；一切诉讼和司法预备程序都得在这里先行登记。"⑥"次于第五种的职司，实为各职司中既是必不可

---

①②⑤⑥ ［古希腊］亚里士多德：《政治学》，吴寿彭译，商务印书馆1965年版，第205~206、207~208、265、331页。

③④ 参见［古希腊］亚里士多德：《政治学》，吴寿彭译，商务印书馆1965年版，第215、239页。

缺又是最为艰难的一种业务。这一（第六）职司专事执行已经判决并已登记于册籍中的各种刑罚，他们须替城邦追取应缴的罚金或债款，也须为城邦监守罪犯。"① 这两种职司显然也属于司法权的延伸范围。

在卷 7 中，亚氏又回到了人类最崇高生活的性质的讨论上。均衡生活的达成需要理性之谐和，作为先天承继之天赋与后天训导之习惯都不足以导引良善的生活。但依照三者产生次序，我们又应首先关注人之躯体，依次留心他们的情欲境界和灵魂。"可是，恰如对于身体的维护，必须以有造于灵魂为目的，训导他们的情欲，也必须以有益于思想为目的。"②卷 8 主要探讨儿童教育（音乐教育）问题。

综言之，亚氏的《政治学》强调"司法"与"公民"、"城邦"的实质性关联，"均衡"体现为"中道权衡"，政体均衡是司法均衡的法制前提，教育训导则是公民均衡理性达成的根本途径。

罗斯在 1956 年出版的《亚里士多德》一书中指出：《政治学》这书，"不但关于教育的讨论未曾完篇，亚氏理想国的其他好多事情也付之阙如……是否他的想像力有所不足，或讲稿遗失了一部分，我们现在无可考明；也许他像柏拉图一样，认为具备了良好的教育，城邦所需其他种种就会跟着实现"。③虽然如此，亚氏的政体均衡思考不经意间创生了西方司法均衡理论的古典传统，将司法问题作为宪政问题对待，亚里士多德显然是举世第一人。

二、看不见的儒家权力：司法均衡的德性沉思

《尚书·立政》记载："周公若曰：'太史，司寇苏公！式敬尔由狱，以长我王国。兹式有慎，以列用中罚。'"《尚书·吕刑》有曰："非佞折狱，性良折狱，罔非在中。"意思是，只有那些具备良好德性的司法官员才能作出符合中道的裁决。这与"神本"时代的殷商司法有大不同。西周统治精英（周公）开始有意将"天

①②③ ［古希腊］亚里士多德：《政治学》，吴寿彭译，商务印书馆 1965 年版，第 332、395、434 页。

命"与"人德"有机均衡，提出了"以德配天"的学说，进而将统治阶层的使命明确定位于"敬天保民"，在"天命"与"民本"间凭借优良之政治品德完成"天棐忱辞，其考我民"（《尚书·大诰》）的大业。据此，有学者将西周称为"中国历史上'人的觉醒的时代'"。① 到了春秋时代，亦即孔子司法权理论形成的时代，中国已进入"人文的世纪"。②"其时，人与超越世界（天）的沟通，已经无须凭借'巫'这一外在媒介，而是直接转向人的内在心理；也就是说，通过'心'的道德自省机制，即可与'天'交流。"③孔子的哲学突破体现为"仁学"结构的确证，在孔子那里，人的本质是'仁'，司法均衡的主轴也围绕着仁本的德性旋转。

1. 为政在人的仁本政治

> 哀公问政。子曰："文武之政，布在方策。其人存，则其政举。其人亡，则其政息。人道敏政，地道敏树。夫政也者，蒲芦也。"故为政在人，取人以身，修身以道，修道以仁。仁者人也，亲亲为大。义者，宜也，尊贤为大。亲亲之杀，尊贤之杀，尊贤之等，礼所生也。
>
> **《中庸》**

在这段论述中，孔子的仁政思想被解读为以人为本的政治。所谓"人存政举，人亡政息"——"人"成为决定政治兴衰的根本要素。孔子的"人"与"仁"是互通的，《孟子·尽心篇》就说："仁也者，人也。"《礼记·表记》也说"仁者，人也。"仁是"做人的根本原则"。④ 人本政治产生礼法规则，这是孔子司法权理论之根本前提。脱离了人本的礼法和司法，孔子讽喻为，本无美人之

① 徐忠明：《古典中国的死刑：一个文化史与思想史的考察》，载《中外法学》2006年第3期。

②③ 徐复观：《中国人性史论》（先秦篇），上海三联书店2001年版，第41页。

④ 沈知方主稿、蒋伯潜注释：《四书读本·中庸新解》，浙江人民出版社1986年版，第19页。

姿而徒以脂粉服装为饰的丑女。①

2. 人本政治的中和理想

> 喜怒哀乐之未发，谓之中。发而皆中节谓之和。中也者，天下之本也。和也者，天下之达道也。致中和，天地位焉，万物育焉。
>
> 《中庸》
>
> 仲尼曰："君子中庸，小人反中庸。"
>
> 《中庸》
>
> 子曰："质胜文则野，文胜质则史；文质彬彬，然后君子。"
>
> 《论语》

在孔子看来，中庸之道是天下大道，是判定君子与小人的根本标尺。人本政治应当倚仗秉行中庸之道的君子。② 标准的中和君子形象在《中庸》中也有描述："大哉圣人之道，洋洋乎发育万物，峻极于天，优优大哉！礼仪三百，威仪三千，待其人而后行。故曰：苟不至德，至道不凝焉。故君子尊德性而道问学，致广大而尽精微，极高明而道中庸，温故而知新，敦厚以崇礼。是故居上不骄，为下不倍。国有道，其言足以兴；国无道，其默足以容。诗曰：'既明且哲，以保其身。'其此之谓欤。"为政的君子一定要适应各种情状，执中而行，保常不易。"是故君子动而世为天下道，行而为天下法，言而为天下则，远之则有望，近之则不厌。"（《中庸》）

3. 政刑与德礼的深层均衡

子曰："为政以德，譬如北辰，居其所而众星共之。""道之以

---

① 沈知方主稿、蒋伯潜注释：《四书读本·中庸新解》，浙江人民出版社1986年版，第24页。

② "中庸之道"并非孔子提出，系宋明理学家的阐发。郑玄注曰："庸，常也；用中为常道也。"朱子中庸章句题下注曰："中者，不偏不倚，无过无不及之名；庸，平常也。"又引程颐说："不偏之谓中，不易之谓庸；中者，天下之正道，庸者，天下之定理。"（《四书读本·中庸新解》，第1页）

政，齐之以刑，民免而无耻。道之以德，齐之以礼，有耻且格。”（《论语·为政第二》）表面上看，孔子是德礼之治的倡导者，其实，我们只看到了问题的一个方面。孔子强调人本政治的中和理想，行中庸的君子也应当力求在“德”和“刑”之间达致均衡。所以，孔子又说：“君子怀德，小人怀土。君子怀刑，小人怀惠。”（《论语·里仁篇》）

孔子反对盲目的兴讼。“听讼吾犹人也必使也无讼乎”，表达了曾作为司法首长的哲人面对诉讼的矛盾心理：在听讼与无讼间的艰难均衡。面对实定法的刑罪，孔子也表现出了既不完全否定也不一味迷从的均衡理智。“子谓南容‘邦有道不废；邦无道，免于刑戮’。以其兄子妻之。”为了侄女，孔子考量了免于刑罚的好处；同时，孔子也不忌讳被判罪之人成为他的亲属。“子谓公冶长：‘可妻也。虽在缧绁之中非其罪也。’以其子妻之。”在他看来，公冶长虽在狱中，但其所受刑罚并非其所应得，故“非其罪以其子妻之。”这展现了他超越实定法的哲人气蕴。

4. 君子的沟通

孔子并不要求为政者拥有天才般的智慧，而是反复强调平常人与平常心。君子之“德风”，关键就在于他们掌握了一套能与民众（小人）沟通，成为其日常生活楷模的一般性思想话语。一般知识、思想与信仰的世界具有超稳定的历史结构，王朝、政治变动都不会从根基上动摇它们。孔子缔造的“与民同乐”的君子儒教，不苛求通达博雅，也不陷失于盲信、粗俗（子不语怪力乱神就是一个很好的例子），在超验的形而上世界与经验的形而下生活中往复顾盼，终于拈捻出了一条实用生活的均衡红绸，将整个社会从上至下串连、包裹起来，在政治风波的涤荡下，鲜活显耀。孔子希望，每个人都能像“好色”那样“好德”，他衷心构造的“德”，决非悬浮于太空之外的飘尘，而是根植于民众之心的生活守则。“德”“礼”“刑”“政”等范畴都围绕并服务着实用的均衡生活、美善的中和理想这一人生哲学中轴。

5. 君子不器与德性司法

孔子说：“君子不器”。这一训诫包含多重含义。首先，作为社会精英的君子不应当成为某种专业技艺的代言者，哪怕这种技艺关系重大，也不能受其束缚，“使自己的才能受卑劣统治者的支配”。① 其次，君子“自己应准备从事广泛的活动，不能仅仅局限在非常狭窄的专门化的社会或官僚政治活动中。他至少应是文化典范的活化身”。②最后，君子还应懂得以文化典范权能制约政治强势权威之道，学会利用道德天性的先定和谐，调处人世各种纠葛，达致天道均衡的“至圣”功夫。

这种理念在《中庸》第三十章（朱熹认为是第三十一章）中有一套颇具诗意的概括：

> 唯天下至圣，为能聪明睿知，足以有临也。宽裕温柔，足以有容也。发强刚毅，足以有执也。齐庄中正，足以有敬也。文理密察，足以有别也。溥博渊泉，而时出之。溥博如天，渊泉如渊。见而民莫不敬，言而民莫不信，行而民莫不说。
>
> 是以声名洋溢乎中国，施及蛮貊；舟车所至，人力所通，天之所覆，地之所载，日月所照，霜露所坠，凡有血气者莫不尊亲；故曰配天。

倘如司法官者，依孔教理想，他必有“圣”“仁”“义”“礼”“智”五德，凭此五德，他必能敬民、信民、悦民，进而声名广播，“尊亲”“配天”——正所谓“以德配天”之真谛也。

由此看来，理解孔子司法权理论之关键，不在别处，正在于一个“德”字，故其理论不妨称曰“德性司法论”。

6. 德性司法的绵延

后世儒家就如何达致德性司法之理想境界，产生出了各式学说。譬如孟子的“君民仁政论”、荀子的“圣士学养论”等。无论是强调君民互动的仁政风尚，还是奉求圣士修身的学养文化，都是为了使行司法权之主体具备超乎常人的优良品德。只不过，在孟子

---

①② ［美］杰罗姆·B. 格里德尔：《知识分子与现代中国》，单正平译，南开大学出版社2002年版，第12页。

眼里，所有的美德都属于君王，官吏和民众不过是德性权能的受动者。而荀子却不大相信人性皆善，主张从上至下莫不齐乎礼，莫不始乎学。① 孟子和荀子将孔子的司法权论分发两端：一端是自然天成的王权至上；一端是人为修造的圣人本位。这可谓儒学内部紧张的历史渊源，也是后轴心时代中国司法权表达与实践二元对垒的思想基底。

连接儒家理论与政治现实的桥梁，如格里德尔所言，是“官场”。② 由于孟子理论的强大影响，后世的王权逐渐垄断了“美德”的占有。同样是治国精英，王权的臣僚行使职权的合法性又从何而来呢？他们是一群特殊的“人”——既非授命于天的“王”，亦非求生于地的“民”——他们既是王权的受托者，亦是民权的保护人；既要明晰上层的礼教，学会“以德配天”，又要懂得下层的疾苦，做到“与民安乐”——特别是当“天命”与“民生”相勾连，正所谓“天视自我民视，天听自我民听”，这种角色的重要不言自明。

随着帝制中国时代的降临，皇权独大的局势使得官员阶层独立性日渐削弱。孔子主张的以文化制约权力的理念慢慢变成一个纯粹的幻想。皇帝开始以“圣人”自居，通过自身的理论修养成为官员文化的典范，身兼文化与政治的双重霸主。③ 在这种局面下，作为官员候补集团的“士”开始发挥关键性的沟通作用。“士在普通人民的阶层中居第一位，但实际上，他们的社会作用使他们处在统

① 《荀子·劝学》曰：“是故无冥冥之志者，无昭昭之明，无惛惛之事者，无赫赫之功。其数则始乎颂经，终乎读礼；其义则始乎为士，终乎为圣人。真积力久则人，学至乎没而后止也。故学数有终，若其义则不可须臾舍也。为之，人也。舍之，禽兽也。”

② ［美］杰罗姆·B. 格里德尔：《知识分子与现代中国》，单正平译，南开大学出版社2002年版，第15页。

③ 坎恩说乾隆皇帝“在古代经典方面的训练，并未使他成为一个哲学家，却成了一个理论家，完全有能力控制哲学家，让他们提供皇帝行使皇权所需要的支持。”Harold L. Kahn. Monarchy in the Emperor's Eyes. Harvard University Press, 1971, pp. 115-116.

治集团和绝大多数被统治者之间的一个中介地位上。”① 如何开发司法过程中士人的均衡功能，整合现代知识分子的司法权能资源，不妨可视为当代新儒学的一个现实问题。

第二节　法政精英视野中的司法均衡战略

经过了古圣先贤的思想淬炼，司法理论背后笼罩的神秘主义被逐渐祛除，在实践理性的均衡哲学指引下，司法理论开始在法政精英的思辨性理想言说中得以生长并走向成熟。此处所谓的“法政精英”主要指的是以法律与政治的良性调和为行为目的，以正义追求、国族太平甚至宇宙和谐等宏远价值为行为准则的卓越人士。法政精英不同于一般大众，他们虽然很多出生于大众家景，也以大众疾苦为悲愁，但他们由于掌握了法律这门特殊技艺并在政治场域谋得了施用机会，可以做出许多大众难以想象的伟业，所谓“为生民立命”是也。法政精英也不同于普通的法律职业人或政治人。以法律或政治为职业的人，可能是纯事务性的匠人与雇员，没有创造性，亦无为正义竭心尽力的勇毅，所以永不能称其为“精英”。只有那些以法律为器具，谋政治之功业的卓异人士，方可称为法政精英。这里的“卓异”，主要指“创造性”。看来，“法政精英”这一概念本身应当属于法律/政治社会学，因为，它指称的是一个特别的社会群体，衡量、甄别这一群体的创造性才能指标也是社会学研究的范畴。

一、西塞罗：政体均衡下的“国务家”司法

广为人知的法政精英时代，恐怕首推古罗马时期。这一时期的法政精英之代表人物，当属西塞罗。西塞罗可称得上自亚里士多德以来，西方第二位百科全书式的人物。与亚氏不同，他除了在哲学上深有造诣外，于法律和政治实践的结合上，更是取得了不俗的业

① ［美］杰罗姆·B. 格里德尔：《知识分子与现代中国》，单正平译，南开大学出版社 2002 年版，第 17 页。

绩。尽管他最终被政敌刺杀，头颅悬于曾经演讲的广场，但作为一位出色的法政精英，他以其不朽的功业征服了世界，至今仍被誉为沟通希腊文明与罗马文明的桥梁和“冰人”。①

总体而言，西氏的司法理论在如下方面值得注目：一是，鲜明的司法理性主义。他将“自然法”等同于理性进而等同于法律和正义。在理论上，将法律的主要基础收缩为人的理性，同时运用斯多葛学派的哲学主张，拓展了“人”的范围，发展出了与市民法相并列的“万民法”理念，并初步构建了一种宪政视野中的司法理论。西塞罗在《论国家》中雄辩地指出：“真正的法律乃是正确的规则，它与自然相吻合，适用于所有的人，是稳定的、恒久的，以命令的方式召唤履行责任，以禁止的方式阻止犯罪……一种永恒的、不变的法律将适用于所有的民族，适用于各个时代；统治万物的神是这一法律的创造者、裁判者、倡导者。”② 基于这样的法律构建的国家，自然也应具有包容天下的世界主义胸怀。西塞罗的“世界国家”理论竭力宣扬的便是自然法对于人类社会的无限管辖权，他通过研究大量的希腊和罗马的政治法律文献，提出了共和政体论和一整套具有立宪色彩的共和主义法制构想。③基于此种初步的宪政视野，西氏详述了司法权的理性定位，继承并发展了亚氏有关“分权”与“制衡”的司法理论。二是，独特的司法技术理论。注重司法实践技术问题，比如法律修辞术、演讲、论辩术。三是，浓重的司法实践情结。他将法律的理想与政治的实践紧密结合，极力凸显“国务家”对司法权掌控的优位性，着重对司法实践战略的建构。

对于作为司法权主体的国务家形象，西塞罗在《论义务》中有精彩表达：“管理国家的人丝毫不亚于，而且甚至可以说还超过哲学家们，需要表现崇高的心境和对凡俗事物的藐视——我常常谈

---

① 黑格尔曾高度赞誉西塞罗，拿他与孔子相比，认为他的道德学说比孔子更富创造性。参见 Giorgio Federico Hegd. Vorlesungen uber die Geschichte der Philosophie, Werke18, Suhrkamp, Frankfurt am Main, 1982, p. 142.

② Morrison, Wayne. Jurisprudence, Cavendish Publishing Limited, 1997, p. 54.

③ 参见何勤华主编：《西方法学家列传》，中国政法大学出版社 2002 年版，第 21 页。

到这种藐视，——以及心灵平静无烦恼，如果希望自己能够无忧无虑、庄严、坚定地生活。这些对于哲学家来说显得要容易一些，因为他们生活中较少受命运的打击，因为他们需要的不多，并且由于他们在遭到什么不顺时不可能如此沉重地跌落下来。因此，从事国务活动的人并非毫无原因地比生活平静的人产生更强烈的内心激动和更强烈的追求，由此他们更需要保持心灵的伟大和避免忧烦。”① 在西塞罗眼里，从事司法等国务活动之人，“不仅应该认真考虑事业本身如何的高尚，而且应该考虑他自己具有怎样的完成事业的能力；他需要仔细考虑情势，以免自己能力不够而意外地失望，或者由于自己贪求而过分地自信”。② “官员的职责在于认识他代表国家，应该保持国家的尊严和荣耀，维护法律，确定法权，铭记这些是委托给他们的责任。”③

西塞罗认为，一个国务家要赢得人们的信任，必须公正和智慧兼备。“在这两种能够赢得信任的因素中，公正更有力量，因为公正没有见识，仍然具有足够的威望，然而若见识没有公正，对于赢得信任便毫无作用。”④ “公正的力量如此巨大，以至于即使那些为非作歹地生活的人们如果没有一点公正，他们也不可能生活。”⑤ “更何况据说在盗贼中也存在法律，他们都得服从那些法律，遵守那些法律……就这样，既然公正具备如此巨大的力量，以至于甚至能够巩固增强强盗们的势力，那么在我们看来，它在存在法律、存在法庭的情况下，在一个秩序严谨的国家里又该具有多么强大的威力呢？”⑥

法政精英需要德性高尚。法律的出现是为了弥补统治者德性不足之情形。“在我们的祖辈那里，为了能享受公正，人们总是立道德高尚之人为王。要知道，人们平时由于受到势力强大的人们的压迫，他们便求助于某个德性出众之人，此人为了保护弱者免遭欺凌，建立平等制度，以使地位崇高的人们和地位低下的人们享有同样的权利。制定法律的原因与拥立国王的原因是一样的……如果他

---

①②③④⑤⑥　［古罗马］西塞罗：《论义务》，王焕生译，中国政法大学出版社1999年版，第71、121、187、191、193页。

们从一个公正而高尚的人那里达到了这一点，他们便会心满意足了。既然未能达到这一点，因此便发明了法律，让它永远用同一个声音同所有的人说话。”①

以国务家为代表的法政精英还须智识不凡。对法律的把握，必须通过高明的司法技能展示出来，特别是法律辩论的技术。西塞罗说：“存在两种语言类型，其中一类是谈话，另一类是演说。毫无疑问的是，演说对于争求荣誉具有更重要的意义——这就是我们称之为‘雄辩’的类型。”②“在我们的国家……最能引起称赞的是在法庭上。法庭演说有两种形式，包括控告和辩护。”③“进行辩护可以特别赢得声誉和感激，尤其是如果有时发生这样的情况，即受辩护人显然处于某个权势之人的淫威的迫害和压迫之下。”④

西塞罗鼓励一切有善德的人充分利用法律为人们辩护。“这对于扩大影响，提高声望非常重要。”⑤基于当时现状，他表达了对演说术停滞、演说家消失的深深忧虑。他大声疾呼：“对于一个富有口才、乐意以行动帮助人，并且按照祖先习俗无条件地、不计报酬地为许多人的案件辩护的人来说，广阔地敞开着作善行和法庭上保护人的可能。”⑥他谆谆教导年轻人：“尽管不是所有的人，也不是许多人都能通晓法律或精于讲演，但是他们仍可以用效力为许多人提供帮助：为人们谋求利益，在承审员、官员面前进行辩护，警觉地保护他人的利益，向法学家和律师请求帮助。”他还提醒人们：“不要在帮助一些人时得罪另一些人。”⑦

除了关注国务家对于司法的重要，西塞罗还借助“万民法”的新视野极力拓展司法权的功能范围，从传统的“依法律裁断”发展为“补充法律之不足”。西氏将司法权的功能考量置于市民法向万民法过渡的语境，从而赋予了其新的内涵与意蕴。西氏以法律上的“欺诈”和“善意”为例，指出习俗认可的行为，法律一般也无力禁止，但这并不意味着它就是合法的，因为“自然是禁止这样做的”。⑧罗马人相信，市民法不可能同时是万民法，但是万民

---

①②③④⑤⑥⑦⑧　［古罗马］西塞罗：《论义务》，王焕生译，中国政法大学出版社1999年版，第195、201、203、205、223、225、309页。

法同时也是市民法，实在法不可能等同于自然法，但自然法一定高于实在法。西氏将自然法/理性法比喻为“真正的法律和真正的公正任何完整而清晰的形象”，实在法则是其“影子和映象”。西氏认为，这些话语都属自然法之诫令：“但愿我不会由于你和我对你的信任而蒙受损失，被欺骗！”“如同正派的人们之间做事应该正派而无欺诈！”但是，究竟如何确定“信任”、“正派”这些含糊的语辞？在这一点上，他赞同昆图斯·斯凯沃拉的观点，即司法裁判对于明确自然法之真意具有非常重要的意义。① 司法官应当透过表象的含糊，析定内藏的诫理：“任何人都不应该利用他人不明情况而获利。”② 根据这一诫理，司法官便能发挥其智慧与公正，战胜奸诈带来的可鄙和恶性。这种新的功能拓展，有利于司法官更好地实现政体均衡的实践要求。

不难看出，西塞罗所代表的罗马法司法哲学，主要致力于对司法权力主体及其具体的素质与技术功能加以战略构建，在司法均衡的政体内涵上，并未作出新的理论贡献。

二、培根—霍布斯：世俗司法的“科学”均衡

弗朗西斯·培根为国人知，很大程度上归功于那句名言：“一次不公的司法判断比多次不平的举动为祸尤烈。因为这些不平的举动不过弄脏了水流，而不公的判断则把水源败坏了。”③ 但是，多少人真正了解培根，这样一位集哲学家、史学家、文学家、法学家和政治家为一身的法政精英，对司法理论的创设性贡献在何处呢？暂不论其自身是否践履了其有关司法廉洁之理想，单论他复杂的思想源流及多变的性格情绪，就使得这一问题扑朔迷离。

---

① 参见［古罗马］西塞罗：《论义务》，王焕生译，中国政法大学出版社1999年版，第309页。

② ［古罗马］西塞罗：《论义务》，王焕生译，中国政法大学出版社1999年版，第311页。

③ ［英］培根：《培根论说文集》，水天同译，商务印书馆1983年版，第193页。

比西塞罗对政治的热忱更为直接，培根在1603年唯一的自传片断里明确贬抑哲学工作。他说："……按照我的出生，我所接受的教养和教育，我不应该从事哲学工作，而应该从事政治工作：从儿童时代起，我就确确实实地被政治所浸透了……最后，我还怀着这样一种希望，假如我能在政治上获得显赫的职位，这对我的科学事业将有很大的帮助……由于这样的想法，我就投身政治，极谦恭地请求有权势的朋友们眷顾。"①也许是出于对莫尔之死的镜鉴及悲悯，培根一方面顺从王权，不择手段谋求政治高位，另一方面又悄悄承继莫尔爵士的遗志，完成他的乌托邦事业。②

坦诚地讲，莫尔比培根更具法律人的品格。他坚贞，敢于蔑视国王的特权；他冷醒，懂得政治的无情；他不畏死亡，临刑前还讲笑话。而培根呢，虽同样出生于高级法官家庭，虽同样是对法律造诣深厚的学者与律师，虽同样都做过仅次于英王的大法官，但培根却贪渎、小气、暴戾、迷恋权势，最终以很不光彩的方式退出了政坛。在他的遗著《新大西洋岛》中仍念念不忘构造一个子虚乌有的"所罗门宫"来寄托他的权势理想，虽然这种理想以"科学"为包装，仍遮盖不了其内藏的腥臊之味。③

尽管如此，我们还是要认真研究培根，特别是他的司法理论。作为英国资产阶级革命时期法政精英代表，他的理论当然地具有一种过渡期的特殊性和复杂品格，透视其理论构造，有利于我们把握西方司法理论是如何经由沉闷、雄浑的上帝司法/神本司法时代跨越到世俗、嗜欲的国王司法/资本司法时代的。

不错，培根法学理论和司法权论特有的性格，正在于体现了"由神本向资本"的这种转型。中世纪的奥古斯丁、阿奎那以其教父的虔敬，搭建了通天的司法"巴别塔"，将司法权定义为一种

---

① 法灵顿：《弗兰西斯·培根》，人民出版社1958年中译本，第44页。

② 培根的《新大西洋岛》这一部未完成的遗著便是莫尔《乌托邦》之后产生的另一部伟大作品。关于莫尔的生平，可参见［俄］彼得罗夫斯基：《莫尔小传》，载《乌托邦》（中译本），第151~156页。

③ 所谓"所罗门宫"的构造，参见培根：《新大西洋岛》，第29~37页。

"圣品权"，彻底剥夺了世俗王权对其染指的可能，与事实上的中世纪司法主体多元形成了强烈反差。为了弥合理论与现实的这种冲突，一种基于经验理性的司法理论适时降生，应当说并非历史吊诡。但这也不一定就是所谓的历史必然，历史本可以按照"大一统"模式继续下去的，取代神权的王权本也可以将司法权垄断为一，定义为布丹主义的"主权"。① 或者，激情四溢的民权也可以立起身来，踢翻那个遥不可及的上帝耶稣，成为自我裁判的最高权威。可历史并未这样单向度地发展。它犹如一个怯懦的新妇，左右顾盼之中，徐徐而行，步履轻盈而不乏恭敬，目光游离而显著坚贞。历史造就了培根司法理论在法政史上的独特位置，因为他的理论代表了经验主义司法哲学的肇端。在实践战略选择上，培根与柯克的争论也代表了"衡平司法"还是"普通司法"的不同均衡路线选择。

以柯克为代表的普通法司法哲学拥护者坚奉法律的"人工理性"，其逻辑可从柯克与英王的一次有名争辩中推演出来。在 1608 年 11 月 10 日国王与全体大法官之间的一次会议上，詹姆斯寻求大法官们认可大主教给他提出的一个建议，即准许国王从法院拿走一些案件，由他自己"以其国王身份"对其进行裁决。詹姆斯认为，法律是以理性为基础的，而除了法官之外，他和其他人也一样具有理性。柯克回答说，"确实，上帝赋予了陛下以卓越的技巧和高超的天赋；但陛下对于英格兰国土上的法律并没有研究，而涉及陛下之臣民的生命或遗产、或货物、或财富的案件，不应当由自然的理性，而应当依据技艺性理性和法律的判断来决定。而法律是一门需要长时间地学习和历练的技艺，只有在此之后，一个人才能对它有所把握；法律就是用于审理臣民的案件的金铸的标杆和标准；它保障陛下处于安全与和平之中；正是靠它，国王获得了完善的保护，因此，我要说，陛下应该受制于法律；而认可陛下的要求，则是叛国；对于我所说的话，布拉克顿曾这样说过：国王应当不受制于任

① 布丹在《论主权》中即明确将国王最高裁判权定义为"主权"之一部分，但他毕竟还未将全部的司法权囊括于"主权"的铁掌之中。

何人，但应受制于上帝和法律”。①

不难看出，英国的普通司法哲学的逻辑起点是法律的自生自发性，高度繁杂的法律与民众的繁杂生活相对应，因而仅凭高贵的神性或经由神性赐予的英明，是无法掌握其中的技巧的。所以，在柯克党人看来，司法权主要是通过职业训练与实践磨砺养成的人工理性发挥作用的，国王尽管具有神授的权威与英明的才识，但因为未经过专门的训练和特定的磨砺，是没有技巧应付繁杂的法律纠纷的。这对王权干涉司法不啻于是一种根本的哲学否定。

针对此，培根以经验哲学家的睿智和政治活动家的高明，击败了柯克的司法逻辑。他构造了一种“绝对权力”理论，主张以此支配法院。为此，他甚至不惜篡改15世纪《法律年鉴》中“绝对权利”的表达，将其换为“绝对权力”的阐述。可以说，培根完成了中世纪司法权绝对性的现代性转换，将宗教的圣品司法权转化为世俗的君主司法权，承接了绝对司法权与相对司法权二元并立的西方法学传统，并运用新的论说方法与研究范式，对其作出了符合时势要求的解说。至此，英国司法哲学完成了“衡平法优于普通法”的原则建构，也使得新兴的资产阶级妄图通过和平的司法改革实现政治意愿的心愿化作泡影。在这一争论中，培根的政治家手腕也运用得淋漓尽致。他建议将柯克调任王室高等法院首席法官，明升暗降，刚烈的柯克当然不会屈服，后又顺理成章将柯克免职。在这一事件中，培根的法学家素质与政治家品性完美契合，无论史家如何褒贬，俗见如何诬蛊，这应是法政精英的当然表现。

更加雄心万丈的是，培根并不满足于充当一个法政家，他心中最高的理想是成为科学王，一个如同“所罗门宫元老”那样的至高至贵之人。所以，当他通过与柯克的论战成功确立了其司法哲学纲领之后，仍念念不忘通过更加全面、宏阔的科学研究来捍卫这种法政哲学。“培根要求全面改造各种科学、艺术和所有人类知识，

---

① ［美］小詹姆斯·R. 斯托纳：《普通法与自由主义理论》，姚中秋译，北京大学出版社2005年版，第48页。

用感觉的权感代替宗教的或哲学的信念的权威。”①他提倡人们突破所有的偏见。当然，这一呼声首当其冲地适用于法官，超越洞穴、种族、市场与剧场假相，通过关注事实、经常试验获得真知。② 这可谓培根司法理论的方法要义，也是他对中世纪经院主义的注释型/三段论司法推理的突破性发展。

培根的思想，尤其是司法理论，影响了不少后来的知名人物。比如霍布斯，他青年时期曾做过培根的秘书，对培根充满景仰，终生未渝。③ 霍布斯的思想可视为培根司法理论之延展。在此也顺带作一个梳理与回顾。

阅读霍布斯《论公民》、《论人》等著作，感觉到这是一个对宗教多么虔敬的君子！尤其在《论公民》中，霍氏不遗余力地强调信仰对于制度的作用。但很快他就摇身变回培根的信徒，主张用理性的方法探究上帝的存在，结果不外乎上帝是不可知的，人的理性是有限的；或者，上帝是自然的上帝，与人合一，成为人的自然理性。无论是何种结局，霍氏都在实质上否决了上帝权威。④ 这种对宗教权威的否决，彰昭于其名著《利维坦》中。

---

① Morrison, Wayne. Jurisprudence. Cavendish Publishing Limited, 1997, p. 82.

② “洞穴假相”指人们囿于自身的习惯与偏见而形成的虚幻意念；“种族假相”指人们事先被同类之人的先见所支配；“市场假相”指人们通常赋予日常生活的话语以不适当的意义；“剧场假相”指诸多哲学著作形成的规模巨大的系统教条。（参见 Morrison, Wayne. *Jurisprudence*, Cavendish Publishing Limited, 1997, p. 82.）运用现代哲学话语诠释，培根所谓的四种假相实质上是指人的习惯性偏见、流俗性前见、不精准的日常意识和非科学的理论教条，要突破它们不受其影响，必须做到养成公正无偏私、独立判断的思维习惯及重视实验研究，反对盲从权威尤其是哲学理论教条的科学思维方式。无疑，这些告诫对司法理性思维建构是相当重要的，尤其对于以公正求真为灵魂的均衡司法思性塑造，更是裨益不尽。

③ 参见 Morrison. Wayne, Jurisprudence. Cavendish Publishing Limited, 1997, p. 87.

④ 在《论人》中，霍布斯明确提出要将宗教纳入国家法律控制的范围，参见 Morrison, Wayne. Jurisprudence. Cavendish Publishing Limited, 1997, p. 89.

在《利维坦》中，霍布斯构想了一个由各种权势元素组成的竞斗状态。“永恒的永不停止的不断获取权势的愿望，至死方休。”① 所谓的宗教也是一种权力竞斗过程，“人与宗教的关系核心是权威（mana）或对于权力的畏惧”。②人的这种争权夺利之自然本性，需要一系列自然法则加以规约。霍布斯阐述了19条自然法则，但他明确将之区别于“法律”。他说：“所谓法律是有权管辖他人的人所说的话。但我们如果认为这些法则是以有权支配万事万物的上帝的话宣布的，那么它们也就可以恰当地被称为法。”（《利维坦》，15：111）③在这些自然法中，重要一条就是“个人不能裁判与己有关的纠纷”，这为裁判纠纷机制的建立奠定了理论基础。在霍氏看来，司法裁决是一种判别，“过错与无辜”的科学和权力。④司法首先是科学，其次才是权力。

在对司法的权力分析上，霍氏承认法律官员们在决定法律的经验性质方面的权力。“刑法是宣布对违法者施以何种惩罚的法律，其内容是对被任命为司法大臣和官吏的人提出的。”（《利维坦》26：197）“所有的法律，成文的和不成文的，都需要解释。”（《利维坦》26：190）⑤ 对法律的解释权归根结底属于法官。法官是法律的主角，只有他们决定是否存在违法行为以及是否施以制裁措施。

需要指出的是，霍氏所谓“法官”，是广义的指称，自然包括那些与执法有关的政治事务官员。霍氏将司法权定义为主权之核心，明确指出，“世俗社会的维持在于司法，司法的维持则在于国家的主权者所操的生杀大权以及程度较轻的赏罚。如果主权者以外还有人能颁赐比生命更高的赞赏，施加比死亡更重的惩罚，那个国家就不可能立足”（《利维坦》38：306-307）。⑥在霍布斯眼里，主权是一个不容分割的整体过程，法律从颁布到实行都是

①②③④ Morrison, Wayne. Jurisprudence. Cavendish Publishing Limited, 1997, p. 91, 86, 95, 95.

⑤⑥ Morrison, Wayne. Jurisprudence. Cavendish Publishing Limited, 1997, p. 96, 98.

一以贯之的权力运行过程，宽泛地讲，都是一个司法权运行过程。为了寻求这样的主权形态，在《利维坦》的后半部分，霍氏承继了培根《新大西洋岛》的乌托邦关怀，构想了一个理想的基督教国家。

特别值得一提的是，霍布斯沿续了培根与柯克的论战，他始终坚定地站在培根阵线，对柯克的司法哲学发起了第二轮的猛攻。在《利维坦》第26章“论国家法”中，他辞锋犀利：“在所有的法院中，进行裁判的就是主权者（他是国家的人格化身）：处于从属地位的法官应当尊重主权者的理性，这种理性驱使他的主权者订立了法官赖以作出判决的法律，因而，法官的判决就是主权者的判决；否则的话，判决就是法官自己的判决，因而也是不公正的判决。”①

他把法院的“君”定义为“主权者”，将法官逐出了贵族席位。法官判决必须依据主权者命令，成为司法均衡的第一法则。在没有成文法律可依循的情况下，也就是通常所谓的须依据公认的衡平原则处理纠纷时，法官也无权自主判决，必须“在该个别案件中充分核实自然法”。②

在《利维坦》中，霍氏否决了英国普通法司法哲学的判例法原则。“法官的判决并不能约束他或别的法官在以后类似案件中必须作出类似的判决。”③他还特别举了一个“无辜者逃跑而受罚”的例子与“伟大的英格兰普通法法律家”（柯克）辩论。霍氏指出，法官的推论与法律推论是截然不同的，前者不能与后者违背。“尽管法官的判决是提起诉讼的当事人的法律，但却不是将会继任他的职位的法官的法律。”④“法律乃是主权者的普适判决”（general Sentences）。⑤

霍氏将优良法官等同于优良的法律解释者，其能力核心是关注事实而非研究法律。他以议会的贵族和普通人充当法官为例证，说明专门的法律问题并不会成为这些人作出正当裁断的阻碍，因为这些法律问题可由专门的法律家提供解答。这些法官必须具备关注事

---

①②③④⑤　［英］托马斯·霍布斯：《哲学家与英格兰法律家的对话》，姚中秋译，上海三联书店2006年版，第158、161、163、165、166页。

实的能力，首先体现在对“衡平原则”的正确理解，有赖于“一个人自己的自然理性之优良和深思”，以及其他的免于偏见、看淡名利、耐心注意的品格与能力。①

在霍氏《哲学家与英格兰法律家的对话》中，以柯克为代表的普通法哲学更是遭到了全面抨击。对此，黑尔首席大法官作出了回应。理性之律法（Law of Reason），还是法律之理性（Legal Reason）？——霍氏与黑氏争执之焦点就集中在这一问题上。在霍布斯看来，无论普通法知识多么完美都不是法律。法律根本而言仍是自然理性，而非人为理性。简言之，法律是自然法则先定的主权者命令，是人为理性无法更易的客观体系。司法者的任务只能是通过“衡平”方法去补其不足，对之加以符合自然公正原理的解释。但在黑尔看来，理性首先“被视为是事物中可被知道或可被理解的内在的理由，也即一个事物与另一个事物的一致性关联和一定的依赖性”。②“如果人们不通过研究和阅读了解前代及其他法院与法庭作出的判决、法庭决定、裁断和法律解释，从而使法律自身保持某种一致性和连贯性，则法律就不可能在其边界和界限内得到维护。”③“在这种推理能力所从事的所有领域中，没有一样可将这种推理能力投向法律并熟悉掌握它更难的了，因为法律涉及管理文明社会，并使之井然有序，涉及确定衡量正当与不当的标准，这涉及许多具体细节。”④

细细推敲，霍氏与黑氏谈论的其实不是一个问题：霍氏着力探寻的是何为“法律”，即法律的理性本源之问题，而黑氏看重的则是“法律”何为，即法律的理性功用之问题。前者事关立法之标尺，后者意合司法之方式，其实是两个平行的话语轨道。何况，霍布斯并不反对在司法中钻研法律的理性。所以，在某种程度上，黑尔并未真正回应霍布斯的司法理论，只是对其主权法律观作了笼统的评论，远未点到霍氏司法权论之真正痛穴。

在我看来，培根也好，霍布斯也罢，他们的司法权论具有一个

---

①②③④ ［英］托马斯·霍布斯：《哲学家与英格兰法律家的对话》，姚中秋译，上海三联书店2006年版，第167～168、198、207、200～201页。

明确的转型印迹，那就是通过强调经验理性的科学方法，将中世纪神俗二元对立的司法观转化为“新时期”的“君权神授”的均衡化司法理论。这种理论倾向显示了历史完美主义的夙愿，注定了其实践与实现的困难。一统的“王权司法”必将遭遇传统宗教势力的攻击，教会不会放弃既得的司法权限。一统的“王权司法”也难以获得新兴的资产者之支持，他们宁愿吹捧柯克那样的“民权法官”，也不会去礼赞培根、霍布斯那样的“王权卫道士”，除非在他们攫得政权之后，但那将是遥远的后话。最后一点，也是最关键的一点，培、霍的理论过于偏强“一统”而忽略了“分殊”，忽略了多元司法主体的理性博弈均衡才是司法政体均衡的要义。

三、孟德斯鸠：司法均衡的政制设计

孟德斯鸠通过比较公治与独治、民主与君主政体，强调在君主制下，尤应强调司法权之重要。“君主之国，虽有承翊之分权，未足也。夫既有一王之法矣，则必有人焉为守司其法典，使无至于愆忘。”① 孟氏还特别强调司法官的权威地位，以及司法权对于护法、修法这类传统上被认为是“立法”范围之事的掌控。“守司法典，莫便于无上法廷之理官，使为之宣布其新成，而弥缝其旧阙。”②这种司法职能并非一般官吏所能担当。“且为此者，亦非王朝左右之所任也。左右之所谨者，王者随时之意向耳，成宪旧典，非所重也，其在位不常，其曹僚较寡，其人非国民之所倚信而不疑，以是之故，不足以当疑难，扶颠越，使群下奉法而泯诪张。”③这就对司法权行使主体提出了专重法律、职位恒常、人员规模及民众信任之要求，这些资格要求可归结为内在和外在两大方面：专重法律并依此获取民众之信任乃司法者之内在素质资格；具有组织上的确定保障及一定的人员规模乃司法者之外在形式要件。

但从另一方面来看，君主制下的法官比民主制下的法官更少有

①②③　［法］孟德斯鸠：《法意》，严复译，商务印书馆1981年版，第24页。

"按律定拟之实"。①"专政之政府，无法守者也，故谳狱之官，凭臆断事。寻常之君主，有法守者也，故其断狱也，使律有明文，则按律以定拟，使其无之，则附其所有之意而造律焉。若夫民主公治之制，所谓有治法而无治人者也，故一切之狱，非按律定拟不可；盖使不然，将人人得以意为之出入轻重，国民将无所措其手足，而产之得失，名之荣辱，身之生死，皆悬于不可知者矣。"②

孟氏还探讨了君主担当法官的诸多弊端：其一，侵夺辅治者之职权，破坏治制与法度；其二，君主本身就是"原告"，无法确保公平；其三，法官之权重在"罚"，君主之权重在"宥"，故"君主之与法官，于义本不可以并居也"。③

至于"行政官不宜为法官"，孟氏着力论述了"法廷"与"枢府"之性质区别。"盖国家之法廷与朝廷之枢府，是二者之为异，乃从其制之性质而已然，故其为用，必不可合。枢府之同寅宜寡，而法廷之令鞫宜多。枢府事重，为君主之股肱，其于政也，宜将之以热诚，而具奋发有为之志气，是唯人寡，而后能之，故枢府密勿之地，为数鲜过四五人者，多则败矣。而法廷之道反此，以亭法之必期于至平也，故其集议也，宜人怀淡定之天，雍容之意，惟治以多数，则虽欲为不平不能。"④司法权的行使主体应当多元，最好用民主的法则约束不公的判断。

孟氏三权分立观集中展现于《法意》第11卷（论自由法律之于宪典者）第6章（英伦宪法）。"无论何等政府，其中皆有三权之分立：曰立法之权，曰行政之权，曰刑法之权。行政者，执国家之宪典，以奉行庶政者也。刑法者，凭国家之刑章，以裁决庶狱者也。"⑤"今谓第一为宪权，第二为政权，第三为刑权"。"欧洲诸国之治，所犹享平和之福者，大抵其君上皆分宪、政之二权，而其三之刑法权则全予民也。"⑥在孟氏看来，唯有司法机构理当常设，并予于全民，"以法为主"，"无所专属"，所以，司法权虽重，但也近于"无权"。⑦

---

①②③④⑤⑥⑦ ［法］孟德斯鸠：《法意》，严复译，商务印书馆1981年版，第110～111、114、116、221、222、228页。

梁启超对孟氏三权分立学说的叙事语境曾清晰交代："孟氏既叙各种政体，乃论各政体所由立之本原，于是举英国政体，谓此所谓立宪政体，最适于用，而施行亦易，实堪为各国模范。其言曰：苟欲创设自由政治，必政府中之一部，亦不越其职而后可。然居其职者，往往越职，此亦人之常情，而古今之通弊也。故设官分职，各司其事，必使互相牵制，不至互相侵越。于是孟氏遂创为三权分立之说，曰立法权，曰行法权，曰司法权，均宜分立，不能相混，此孟氏所创也。"①

沿着梁氏思路，检视孟德斯鸠的分权理论及其背景信念，我们发现，孟氏的分权主张首先建立在"均衡政体"这一观念基础上，其司法理论自然也带有浓厚的均衡论色彩。孟氏向往的理想国家是一个君主、贵族、人民三者均衡的政体，而分权与制衡正是达到政体均衡的必要手段。孟氏所谓的"分权"显然是对国家权能的一种区分，是一种理想境态的描述。他把"三权"分析为"立法、执法公共决定和裁判个人案件的权能"，显然不能等同于现今所说的立法权、行政权与司法权的三分，虽然两者具有思想源流上的承继性。

孟氏提出，执行公共决定的行政权能应由君主行使。"行政者应当有权否决无法接受的立法（即被认为将侵害行政权的立法），规划立法机关的会议（会议时间和会议长度）"，控制军队。而立法机关不仅有权权衡政策，增补并修改法律，还有权使行政者为其非法行为负责，通过保留对国家财政基础的控制权来限制行政者的权限，而且，如果有必要的话，有权解散军队，或者以年度经费规定来控制军队。以英国宪制为模本，孟氏还具体将立法权分为由贵族院行使的立法否决权和人民院行使的立法创制权。孟氏所谓的权力制衡主要基于立法与行政的相互制约，在这一点上，他显然误会了英国宪制"议行合一"的精神。但这并不紧要，因为，孟氏很高明地将司法权从立法与行政的纠缠中分离出来，赋予它法理上的

① 梁启超：《法理学大家孟德斯鸠之学说》（1902），载《梁启超法学文集》，范中信选编，中国政法大学出版社2000年版，第23页。

独立品格，并未对其具体分析，为以后的司法理论留下了可贵的思辨空间。

根据维尔的叙述，西方分权学说历经了一个波折的发展过程。如前所述，亚里士多德等古典圣贤强调构建一个多元汇集的混合政体，其中的“权力分立”主要依权力行使主体为标准。但到了17世纪的英格兰，在内战的动荡中，国王、贵族与平民的混合政制已无法适用，破裂的社会结构无法继续保证均衡政体创生的可能，于是，需要有新的政制理论作为回应。这种新政制理论在分析标准上摒弃主体原则，采用“默认主体”前提下的职能分立标准。作为政体学说的分权理论开始转变为一般的政制设计，不再具有广阔的主体博弈均衡色彩，而平添了不少精微的职能平衡技巧。其理论之代表，即为孟德斯鸠的三权分立学说。但是19世纪的政治实践又对这一理论开了一个不大不小的玩笑：新兴资产阶级随着“夺权”成功，地位日渐巩固，对精密的职能分权设计不再像当初那么热心，而是有意识地承接“传统”，对之加以新的修正。他们开始从关注权力的分立转向强调权力的均衡，“均衡观念从先前的均衡政制理论蜕变为这种新理论中的一个不可或缺的部分；均衡观念仍然要求组织和职能的分立，但伴随了一套不同的、必须适合这种新政制理论框架的概念”。① 边沁和奥斯丁就曾激烈抨击孟德斯鸠的三权分立论，主张建构一种“法律的主权”。“到了20世纪初的几十年里，18世纪那种漂亮的、简单化的关于政府职能的观点已被打得血肉模糊、残缺不全。”②尽管如此，当时仍未出现一种全新的标准来取代这一濒临死亡的学说，它依旧享受着“活死人”的种种荣光。随着英国非政治性的文官制的建立，以及世界范围内对官僚制的不满，一种新的“分权”要求渐趋凸显，那就是强调“政府的政治性部门与官僚制之间的分权”。③这种分权实质上是对“政治”与“行政”、“统治”与“管理”的区分，这种区分有利于介于二者之间的“准政府部

①②③ ［英］M. J. C. 维尔：《宪政与分权》，苏力译，三联书店1997年版，第4、5、6页。

门”的发展。

如果要对这种分权提前制造一个理论标准，我觉得，称之为“过程标准”比较合适。相对于古典分权学说的主体标准，这种分权强调确定主体行使法定权力的过程区分，从统治权之决策到管理权之执行，再到中介权之联结——它们构成了政制运行的一个完整过程。相对于近代分权学说的职能标准，这种分权又不是那么形式化，细密得天衣无缝，而是通过一定的有意模糊处理，将各种具体的权力职能纳入一个有机的过程博弈，从而更有效地实现分权背后的均衡理想。

但是，这一标准并非没有缺陷，显见的问题包括：理想政体的主体力量无法在这一理论标准中得到均衡化阐明，究竟是何种主体，单一的还是混合的，精英的还是平民的，传统的还是现代的，能够塑造政制过程？假定这一问题无须回答，这一标准也不便于解释统治为什么以及凭什么区别于管理，毕竟，政治与行政在很多方面是无法分离的。它们的重合区域如何用“分权”程式加以调控？这肯定是个不好回答的难题。另外，那些“中介权”，或者说准政府组织是如何形成的，它们是否必须通过政治权的确认才能得以运行？如果是，那么三权区分就失去了意义；如果不是，那么为什么只能是“准政府组织”才享有中介权？其他那些具有类似功能的社会团体为什么就不能行使这种权力？当然，我们可以提出有力的理由辩论。比如，这种新的分权标准尚未正式成型，还只是雏形、构想而已。又如，这种分权严格来说只是“二分权立”，即“政治”与“行政”之区分，所谓的准政府组织只能算是“副产品”，等等。无论作何辩解，我们都难以回避这样一个结论，那就是，这一新的分权标准并不是真正意义上的“三权分立”理论之承继，它只是将政制职能（审议、裁断、执行）从内部名义转换为外部名义——以一种“过程”的表见暂时平息了古典政体均衡与近代政制制衡的紧张。

在一种彻底的均衡过程论视域中，分权学说应当是多维的，既有政体性又有政制性，既有主体性又有职能性，它们均衡地存在于政权运行过程。在这种理论视域中，司法权既应被视做均衡政体之权，也是制衡政制之权。司法权的政体意蕴在于它是主体均衡的形成过程。政体之定立、选择、混合而臻均衡，各种主体力量的博弈都是凭借各自的法理进行角力，都在“司法”，最后的结果即均衡点便构成了政体的路径依赖与制度模型，继而启动了政制意义的司法权。这一层面的司法权，更多属于一种职能履行，主要体现为“法律司法”，它与立法权、行政权等权能一道完成政体均衡的具体使命。在这一过程中，无论是作为统治权的司法权还是作为管理权的司法权，都会“依法而行”，即以“法的统治”和“法律治理”为圭臬，实现原初/第一性司法权的承诺，也为其自身的合法性创造实践的依凭。相对于政体均衡意义的原初/第一性司法权，它是次生/第二位的司法权。此外，在国家/政府司法权运行之外，还存在一些经由合法授权而生的主体行使的“准司法权”——它们零散不成系统但又不可或缺，因为它们在细节处、微末处弥合前面两种司法权之弊漏，是谓司法的“第三种力量”。

四、施密特：司法均衡的宪政框架

毫无疑问，施密特的人生履历完全合乎“法政精英”的各项要求，对于施氏的不同看法，也无形中加强他作为一位法政精英的个人魅力。正是这样一位说出了“传统政治的主体是国家，现代政治的主体是人民”之经典名言的宪法学家兼政府高官，对权力均衡的宪政思想始终热忱，并结合魏玛宪法对其作出了精致的分析与设计，在他的理论框架里，司法权处于一个“均衡中”的角色。

施氏认为，权力分立是近代法治国理想的基本原则之一，与宪法确保公民各项基本权利的原则相比，它是“一项组织原则，对它的实施可以确保一切国家权力的可预测性和可监督性”。① 权力区分的理论与实践最早起源于法律与国家意志的区分；法律的本质

---

① ［德］卡尔·施密特：《宪法学说》，刘锋译，上海人民出版社 2005 年版，第 193 页。

源于理性，传统西方法哲学向来注重将“理性”与“意志”对立起来，所以法律与国家意志是截然不同的。“法律是对所有的人——甚至对立法者本人——均有拘束力的永久规范，因而就是一般规范，任何人都不得因某一个别情况而打破它。”① 基于普适法律理性与特别立法命令的区别，议会权力势必应当受到法律上的限制，究竟由何种权力代表法律理性，随之成为政治斗争的幕后根蒂。克伦威尔三次解散议会，在施氏看来，并非复辟君主制的倒退，而是“力图针对议会建议一个强大的、拥有行动能力的政府”的权力区分尝试，这种尝试为后来权力区分理论的正式提出奠定了经验之基。无论是哈林顿在《大洋国》中对相互监督、相互掣肘的政府系统的乌托邦勾勒，还是洛克在《政府论》中对立法权、执行权与对外权的正式区分，都不约而同地指向了权力均衡的宪政理想，而这一宪政理想事实上又建立在法与法律、法律与立法二元区分的法理基底之上。

对于孟德斯鸠的经典权力分立理论，施氏并未给予过多的赞词，他平静地指出，孟德斯鸠的分权理论事实上受到了博林布鲁克（Bolingbroke）的深刻影响。博林布鲁克才是“权力平衡学说的真正始作俑者”。②只不过，博林布鲁克并未通过系统的学术著作阐述其思想，而是通过一系列论战性的政论和短文表达了权力相互制约、相互监督、相互钳制、相互遏制之光辉论点，提出了三重平衡、权力均衡等不朽命题，“对英国宪法的理想设计具有特殊意义”。③施氏认为，这种有关权力平衡的思想还可前溯，因为，“自16世纪以来，对立力量的相互平衡（gleichgewicht，balance）一直支配着欧洲人的思想。这一观念在形形色色关于平衡的学说中表达出来：外交上的平衡……商业决算中的进出口平衡；沙夫茨伯里（Shaftesbury）道德哲学中利己主义与利他主义冲动的平衡；牛顿万有引力学说中引力与斥力的平衡”。④施氏特别指出，权力分立学说的根本目的不是要造成权力的分离，“因为若是这样的话，就会

①②③④［德］卡尔·施密特：《宪法学说》，刘锋译，上海人民出版社2005年版，第193、194、195页。

导致一系列孤立的国家活动的毫无联系的并置；相反，区分的目的是为了达到一种平衡，一种‘均衡’（equilibrium）”。① 施氏特别不满孟德斯鸠对于司法权的定位，他说：“孟德斯鸠有一句令人不解的格言：它（司法权，引者注）在某种程度上是不存在的。”②所以，孟德斯鸠的权力区分实际仍是立法与行政的两权区分，真正创设出三权分立框架的美国宪法并非孟氏理论的实证。在总结前人学说的基础上，施氏提出了自己有关权力分立与均衡的主张：权力分立不等于权力分离，也有别于权力分享。完整意义的权力区分应当包括权力外部的分立与权力内部的分享。“分享”（teilung）的正确含义是同一项权力的内部区分，例如，立法权由两个议院——比如说参议院和众议院——共同分享。③权力均衡也应当是全面、深入的，外部权力分立应是立法、行政和司法这“典型的三权组织模式”的全面均衡，内部权力分享也应是同一项权力中不同行使主体与方式的深入均衡。

接下来，施密特开始建构一种严格的权力分离模型，在他看来，这是建构权力均衡的宪政框架之必要一步，在实践中不可能完全实现，但在理论上却有说明立法、行政、司法三权组织原则之不同特性的功用。施氏用L代表立法，E代表行政，J代表司法，列出了下述基本要点：④

1. E不对L发生影响（政府对议会）

(1) 政府无召集国会之权

(2) 政府无立法创制权

(3) 政府与议会没有共同的法律决议

(4) 没有授权法，不得转让立法权

(5) 没有行政否决权

(6) E不得针对L的议决案下达公民投票的命令

(7) E不得偏就和公布法律

①②③④ ［德］卡尔·施密特：《宪法学说》，刘锋译，上海人民出版社2005年版，第194、196、197、198~208页。

(8) E不得解散议会

(9) E无赦免权

(10) 在法院和其他官署面前，国会议员享有免责权和豁免权

(11) 严格实行职务不相容原则

2. L不得对E施加影响（议会对政府或行政机关）

(1) 一般性地禁止L实施行政行为

(2) L不得选举国家元首或政府官员

(3) L对E无控告权和审判权

(4) 政府无须取得议会的信任（无不信任案）

(5) L不得提出通过公民投票罢免国家元首的动议

(6) L无权同意对国家元首的刑事追诉

(7) 议会对政府的影响仅限于预算法上的监督，不能采取直接下达指示等直接干预做法。

3. E不得对J施加影响（政府和行政机关对司法机关）

行政与司法的分离有助于确保法官的独立性，尤其有助于确保法官不受免职和调任。魏玛宪法第一零二条规定："法官独立，只服从法律。"第一零四条规定："普通裁判之法官为终身职。惟依据法律规定之理由及形式，由司法机关决定，始得不顾本人意愿，将其免职、停职、调任或退休。法官之退休年龄，以法律定之。"

4. J不得对E施加影响（司法机关对行政机关）

(1) 特别行政法庭建制

正是依靠这种建制，排除了普通法院对国家行政机关的监督，从而也就拒斥了纯粹的司法国。

(2) 负责裁决权限之争的特别法庭建制。

(3) 对公职人员进行刑事追诉或对其提起民事诉讼时冲突的发生，导致行政机关从普通法院调回诉讼案件，交由行政法院裁决或自己先行裁决。

5. L不得对J施加影响（议会对司法机关）

(1) 法官独立性的合宪保障

(2) 法治国的法律理念：个别命令和议会司法不得进行。

(3) 议会调查委员会不享有法官的权力。

(4) 负责立法的议院没有司法权：政治裁决导致权力混乱，只有当这种司法类型仅仅影响到公职人员，才被允许。

6. J不得对L施加影响（司法机关对议会）

(1) 法院对法律一般没有审查权：法院不得就议会议决的普通法律是否与宪法法规相符进行复审，行使司法审查权意味着司法对立法的干预。

(2) 法官出于某种原因拒绝适用一项形式上合规的法律，并没有干预立法过程，只是监督和制约立法权的滥用。

(3) 法官司法审查的限度：法官必须服从法律，但这并不排除如下情形：如果一项法律或其中的某些个别规定与优先于它们的、必须受到法官重视的其他法规相抵触，法官可以否定其个案的有效性。

特别值得一提的是，施密特在为“司法审查权”的存在合理性进行论证时，出现了罕见的矛盾立场（这与他作为一名以“政治决断论”著称的铁腕法学家之一贯形象不符。一方面，他质疑法律合宪审查权交由法院行使的合理性，认为“问题并不在于违宪的法律是否无效（这是不言而喻的），而在于谁来裁决一项法律是否合宪，谁负责作出这种特殊的裁决，在遇到疑难情况时，究竟是由颁布法律的机关在其权限范围内予以裁决（正如一切主管机关通常所做的那样），还是由法院予以裁决？如果只是说，宪法没有指定一个别的机构，因而法院就是裁决机构，那就并没有解决这个问题”。① 施密特的洞察力是深邃、致命的。他看到了法律合宪性审查的实质其实就是权力的争夺，法院要获得这项权力，必须有法律的依据，而现实法体系并未给予法院以合宪性审查的权力。另一方面，他又不得不承认：“鉴于普通法律必须符合宪法法律，我还

① ［德］卡尔·施密特：《宪法学说》，刘锋译，上海人民出版社 2005 年版，第 208 页。

是想对司法审查权表示肯定，因为权力分立的原则仍然得到了维护。"①"在这种情况下，司法并没有对立法施加任何影响，它根本不能像其他国家活动那样，施加影响，进行干预。司法要受法律约束，就连在裁决涉及法律的有效性的疑难案件时也并未离开纯粹的规范性；它仅仅起钳制的作用，并不下达任何命令。司法不是一种'权力'，在这一点上不同于其他权力。孟德斯鸠说，司法'在某种程度上是不存在的'，大概就是这个意思。据此，我认为，对法律有效性的司法复审并不违反法治国的权力分立原则，因为这里并没有发生真正意义上的'干预'。"②

推理至此，施密特已精疲力竭，他已然肯定了曾经的否定，连孟德斯鸠那句令他费解的格言也绽放了真理的光芒。司法不是一种"权力"（power），这一推理的底线已逼近了真理的极限，只需再向前一小步，他便可以完美达成理论的全部。可惜，施密特止步了，他所承认的司法审查只是一种客观无力的规范研究，不会对立法过程产生任何实质性影响，但这样的司法审查究竟有何实践功用？司法权在权力均衡理想的重担承担中，难道注定只是一个可有可无的看客，一种无权力的摆设？

五、司法"人民神"：国父元勋的立宪心语

按照法政精英司法均衡理论的思路，我们很容易推导出司法权的类型学框架：第一性司法权：谁来设计"基本规范"？第二位司法权：统治与治理如何进行？第三域司法权：受托之权左右逢源？《联邦党人文集》记载了美国国父的"立宪心语"，他们的观点不尽相同，甚至相互之间还存在尖锐差异，但在第一性司法权的归属问题上，他们惊人一致，他们将基本规范的设计主权赋予了"人民"这样一个至上的主宰。

"人民"作为第一性司法权之专享主体，是均衡政体的现代创造。在美国的开国元勋这样一个奇特的叙事背景下，司法权论也充

---

①② ［德］卡尔·施密特：《宪法学说》，刘锋译，上海人民出版社2005年版，第208页。

满了奇特的异形。正如“詹姆斯·麦迪逊既是一个伟大的思想家，又是一个蓄奴者”，① 美国司法权论一方面表现出言辞宏大、境深意远的“文本崇高”，另一方面也容忍了历史造就的诸多非善。在美国国父们眼中，以最高法院为至上权威的司法权运行面临着“反民主”的立论困境，因此，首要任务便是对其进行合乎民主本性的正当化说明。如何将司法权描述为一种体现民主、保护民主而绝非推翻民主决议，制造民主麻烦的权威，这实在让他们头疼。于是，在他们内部，有了所谓“一元民主”与“二元民主”的分歧。“一元论者将司法审查的每项措施推定为反民主的，并竭力通过一两次机敏的辩论，从‘反大多数人的困境’中保全最高法院。相比之下，二元论者则将法院的保守作用视为秩序井然的民主制度的基本部分。”②二元民主论者相信在美国，人民是最终的权威，他们与一元论者最大的区别就在于，“二元论者不赞同仅有一种简便的方式，即普选出的政治家能充分利用人民的权威来要求立法”。③

不妨这样理解，美国司法权论的成熟，标志性事件正是这种“谁能最终有效代表人民权威”之争议，无论一元民主论，还是二元民主论，都不否认人民权威的至上性，都主张司法权的背后是人民权威在发挥决定性作用。

由谁来选择政体？政体选择中的司法权究竟由谁来行使？第一性的司法权所依之“法”究竟为何种法？它如何被设计，以何种方式和面目降生出世？这些问题的主体答案都是——“人民”！

阅读《联邦党人文集》的过程就是一个玩味人民司法权威如何被置于至上地位，止于至善境界的理路探险。多数阅读者会轻易被这些语言打动、俘虏，坚信普布利乌斯们是孟德斯鸠的忠实信徒。④ 不是吗？普布利乌斯在第51篇明言陈辞：防止把某些权力逐渐集中于同一部门的最可靠办法，就是给予各部门的主管人抵制其他部门侵犯的必要法定手段和个人的主动。在这方面，如同其

①②③ ［美］布鲁斯·阿克曼：《我们人民：宪法的根基》，孙力、张朝霞译，法律出版社2004年版，第4、8页。

④ 普布利乌斯是汉密尔顿等《联邦党人文集》作者共用的笔名。

他各方面一样，防御规定必须与攻击的危险相称。野心必须用野心来对抗。毫无疑问，依靠人民是对政府的主要控制。但是经验教导人们，必须有辅助性的预防措施。"事实上，这段著名的论述是普布利乌斯论述了'通向人民的宪法途径应当被规划出来，而且保持在特定的非同寻常的时期应当是开放的'后，才撰写的。"① 在他们看来，"当进行党争的政治家们突破宪法的限制时，法官们应当宣布他们提议的法案无效并且予以披露，因为他们只是'人民'的代言人，只有人民才能改变宪法，法官必须阻止国会单方面对宪法作出根本性的修改"。②

《联邦党人文集》中的这样一段话可视为美国司法审查理论之完美滥觞："以上结论并无假定司法权高于立法权的含义。仅假定人民的权力实在二者之上；仅意味每逢立法机关通过立法表达的意志如与宪法所代表的人民意志相违反，法官应受后者，而非前者的约束，应根据根本大法进行裁决，而不应根据非根本法裁决。"（第78篇）

如此，第一性司法权与第二位司法权便完美契合于"根本大法"（基本规范）这一稳定的均衡层面。人民作为司法最高权威，设计政体、修正宪法、改造国家都是其司法权威应有之义。政治家是人民之一代表，法官同样是人民之代表。倘若政治家立法意志与人民意志相违反，法官所行使的司法治理权力显然不能屈从于政治家操控的司法统治权力，否则，法官就因违逆第一性司法权而丧失司法主体资格。同理，倘若法官裁判违背了人民意志，政治家同样可以掌控的司法统治权对其加以惩戒和处罚——司法统治与司法治理、司法政权与司法治权之契合与均衡，均无可置疑地系于对宪法的尊重与服从。

返观中国政治精英们的视界，同样有这样的司法"人民神"的宪政关切，但在具体内容上明显不同。在孙中山的思想深处，民众是一个混乱的集合，必须有赖精英的教育和训导才能发挥革命的

①②　［美］布鲁斯·阿克曼：《我们人民：宪法的根基》，孙力、张朝霞译，法律出版社2004年版，第136、137页。

功用。所以，与美国开国元勋们不同，孙氏并没有构建“人民司法权威”这样的第一性司法权理论，而是力求从精英组织民众、教育民众，进行革命的政治实用主义立场，探求司法政权与司法治权的辩证分合。他的司法权论可谓一种成熟、纯正的第二位司法权理论。毛泽东创立了一种第一性司法权与司法政权交叉的理论，主要强调在“人民”权威下的司法政权建设，主张政治化的司法权运行。

邓小平则结合新的时势要求，创立了一种第一性司法权与第二位司法权交叉、融和的理论。既不否定人民的最高司法权威，也不抽象、玄虚地谈论人民民主，而是务实地将人民权威转化为人民利益问题，并以之为标准构建司法政权与司法治权的沟通渠桥。在他眼里，依法治国既是强调法律权威的统治，又是奉行法律权威的治理。统治事关国体，所谓“人民民主专政”，司法必须讲政治，民主与专政都不可放弃；治理则事关国瘼，所谓“社会治安综合治理”，司法必须发挥自身优势，运用灵活多样手法完成人民之重托。法律权威之根基在于人民。

将毛、邓等伟人之思想贯行于司法实务，在践行中衍发出新见解的，不乏其人，他们同样是开国元勋，思想精深，位高权重，虽没有毛泽东、邓小平的至隆声望，却于细流、默息中悄然推开了司法权论的新视窗。董必武的司法权论代表了这样一种“综合性提升”。在他的思想谱系中，孙中山、毛泽东是对他影响至深的“双璧”。在他担任最高法院院长期间，对第三域司法权给予了理论上的高度关注，并化作成熟的表达。他的继任者谢觉哉，通过对人民调解制度的建设、发展并部分落实了董氏的司法权深思。

第二章 司法均衡的学说刍议：洛克以降的法学家

我永远忘不了那一双为夏洛克而流泪的大黑眼睛！我一忆起那些眼泪，我就要把《威尼斯商人》列在悲剧一类里去。……夏洛克虽然有他的丑态，而诗人却由着夏洛克的角色中拥护了一个被压迫的民族。……

［德］海涅①

如何有效解决国家司法权力与个人司法权利的冲突，实现二者的制度化均衡，可谓当今西方宪政理论在司法权领域的核心关切，成为近现代法学家努力破解的“斯芬克司之谜”。围绕这一主题，“洛克定理”的贡献，在于从社会契约论的角度论证了司法公权与人权二分并均衡的奥义，为现代司法均衡理论的发展奠定了坚实的学理基础。卢梭学说的意义，在于从政治法的三位一体的均衡角度出发，提出了司法结构性均衡的时代课题。卡多佐、德沃金、布莱克这些近世的美国法学家（大法官），则从现实的司法过程角度论证了均衡的方法与标准，这些对于完善司法均衡的具体指标大有裨益。

---

① 《莎士比亚全集》，梁实秋译，内蒙古人民出版社 1995 年版，第 392 页。

第一节　司法权均衡的奥义："洛克定理"

一、洛克定理 1：政治权力起源于司法权的"人民委托"

在洛克眼中，"政治权力被定义为一种三重权利：制定法律来维护和管理臣民的生活、行为和财产（立法权）；运用共同体的力量来执行这些法律，以判处死刑和较轻的处分（行政权）；发动战争以保护包括国外的殖民地和臣民在内的共同体免遭他国的侵略（联盟权）"。① 洛克并没有将我们习以为常的司法权从立法权、行政权中分离出来，单列为政治权的一支，这句话的潜台词是，洛克心中的司法权或许并非我们习以为常的那种形象。果若如此，洛克的司法权论必将是革命性的，体现出"概念的突然转换"。②

洛克的表现并没有让我们失望。他在剖析政治权力的起源问题时，反复强调了司法权这一原初权利的转换功用。没有司法权性质的转变就不可能诞生与原初状态不同的政治状态。"洛克指出，解决'权利争端'是每个个体的义务和权利。这包括管理自身和他人的三种可能性：一旦任何人违反了权利法规（自然法）就通过'审判'或'诉求'来裁决；通过惩罚有罪的一方来执行判决；寻求对受害一方的补偿。现有政府的这三项权力经历了历史的发展，并且可以合乎逻辑地从政治权力的这一原初形式中推演出来。因此，'自然状态'与'政治社会'之间的区别在于，在前者中每个个体都是（自然）法的裁决者和执行者；在后者中裁决的权利被自愿而有条件地委托给了一个共同的立法机关和司法机关，执行的权力被委托给了一个执行者（帝王或君主）。所以，政治社会由代表性的统治机构组成，自然社会则由直接的、非制度性的自我统治

① ［加拿大］詹姆斯·塔利：《语境中的洛克》，梅雪芹等译，华东师范大学出版社 2005 年版，第 8 页。

② Quentin Skinner. Vision of Politics. Cambridge Press, 2002, Vol. 1, p. 180.

实践组成。”①

洛克之所以提出这样一种独特的政治权起源理论，源于当时各地如火如荼的针对国王的造反和叛乱。为了解释这些造反的合理性，洛克创造了他的经典政府论，指明政权源于人权。“洛克的革命概念使他能更精确地表述这些斗争，并在欧洲人的思想中首次将革命视为人民对政治权力的行使。他参与组织的 1681 ~ 1683 年革命必然有助于他认识到，实际上人民在作出政治裁决，并且在执行裁决，就 1685 年的蒙茅思叛乱来说也是如此。”②司法权是人的最基本权利，是人民对它的转化和委托构成了政治权力的诞生，而一旦政权行使者违反自然法，人民可以再次行使司法权，通过造反和叛乱惩罚政府，恢复自身的权利状态，并补偿受害的损失。

二、洛克定理 2：司法公权的行使必须尊重自然法即自然权利的一般原则

当司法的职能为政治权力垄断，公权状态的司法平台很容易被统治者搭建，却不那么容易被一般人便利而平等地享用。当司法公权成为统治者压迫人民的工具时，这种政治权力显然在法理上丧失了正当性，成为洛克眼中的造反对象。人民可以通过重新行使原初状态的司法权来重构司法公权。于是，政治革命与斗争在洛克的“造反法理学”中获得了司法层面的深度解证。洛克甚至将人民发动战争的权利也解释为一种司法人权的表现。在他看来，“战争权利是由武力作出的司法裁决；通过武力对违法者进行裁决与反抗是‘诉诸上天’”。“战争反过来不是作为一种自卫行动，而是作为一种由武力决定的司法对抗。”③

司法公权的行使必须服从两项基本的自然权利原则：保护自己和他人。这两项原则可合并为一项规诫：“保护人类。”④在我看来，用“人权”取代洛克著作中的“人类”更能起点睛之效。

①②③④［加拿大］詹姆斯·塔利：《语境中的洛克》，梅雪芹等译，华东师范大学出版社 2005 年版，第 14、15 ~ 16、18、19 页。

因为，抽象的人类只有具备了确定的权能范围，才能彰显出控制公权的良效。要实现保护人权这一基本的自然法规诫，洛克认为，“需要使用两种不同形式的权力：通过惩罚自然法的违反者以保护自己和他人生命的权力（政治权力），以及保护自身和他人免于饥饿的权利（劳动权或生产权）”。① 政治权力可以由人民间接行使，通过政府权力的运作达到公共福利的要求。但劳动权、生产权则是不便于间接行使的权利，需要由人民分别直接控制。② 一旦出现了政治权力侵犯劳动权（生产权）的情况，自然法权的均衡结构势必不复存在。蕴藏在人民权利内部的司法权就会被唤醒，以抗议、反对、不合作乃至武力、战争的方式惩罚公权者。

因为财产权的纷争，人类总是显得动乱不宁。洛克主张，“自然的财产权是在一个更大的权利和义务框架内运用权利来保护共同体（人类），并让每个人通过控诉体制来加以管理”。③这种司法控诉机制实质上包含两个层面：一般而言，人们可以诉求司法公权内蕴的财产权救济机制达到权利维护的目的；而特殊情况下，即司法公权缺位抑或腐溃无能时，人们便有权直接行使原初的司法权，实现自力救济。

三、洛克定理3：司法人权的委托是有条件的公共契约

尽管如此，洛克还是真诚地希图构造一个完美的国家司法框架。他睿智地指出，自然状态下的司法权有三个让人们放弃它的缺陷：“缺乏一种确定的、规定了的、众所周知的法律，缺乏一个知名的和公正的裁判者以及缺少权力来执行一项判决。”④为了补正这些缺漏，洛克创生了一种权利委托理论，用以解释司法人权的委托及其相应的公法要求。

在正式讨论这个问题之前，我们需要明确，洛克的权利委托理

①③④ ［加拿大］詹姆斯·塔利：《语境中的洛克》，梅雪芹等译，华东师范大学出版社 2005 年版，第 19、20、27 页。

② 但这并不意味着它们是不可让渡的，有关论述请参见下文。

论与在他以前的种种权利让渡理论截然不同。现在，我们习惯于将这两种理论笼统对待。细究洛克的著述，我们不难发现，他其实是个鲜明的反权利让渡主义者。洛克反对权利让渡理论有三个理由：首先，让渡权利意味着人民自愿放弃对暴政的造反权，而这种造反权利是以原初的司法权为根据的重要人权。权利让渡说无疑是将人民当成愚蠢的傻瓜。其次，政治权力天然具有演化为苛政的本性。政府会随着时间的推移走向腐溃。所以，不能对政治权力抱以绝对的希望和信任。再次，通过实证观察和亲身体验，洛克意识到，"人民革命是近代政治的永恒特征"。① 即便是宗教、政治变革，也难以从根本上促使人民放弃、让渡其最终的反抗权。

既然权利让渡理论为洛克拒绝，那么，他又将以何种新的理论形式解释国家公权的建构呢？因为只有合理的解释，才能实现他所谓的对自然状态司法机制缺陷的弥补。事实上，洛克提出了权力契约理论，达到了他的目的。

首先，权力契约的达成必须基于统治者与被统治者双方最基本的信任。要达成这种信任必须双方在长期的博弈中形成制度化的妥协。历经某个时段的统治试验，双方都会学着理解对方，并给予各自利益以充分的关照和考量。信任感是历史形成的政治文化与氛围，不是随手可得的免费宣传单。

紧接着，权力契约的双方应当把握好难得的信任时机，通过积极的约定以及表达承诺的协定，达成明确的权力转移条款，构成政治社会并努力，使每个人都成为其中不可分割的一部分，直到这个政治生命宣告解体和完结。

所以，这样的评价对洛克是恰如其分的："尽管洛克是一个天生的政治个人主义者，他也是一个传统的政治整体论者，因为同意使个人成为社会的主体，而社会则体现了政治权力并根据多数人的意志行动。"②一旦政治社会形成，最高的权力形态就不再是司法权

①② ［加拿大］詹姆斯·塔利：《语境中的洛克》，梅雪芹等译，华东师范大学出版社 2005 年版，第 24、25 页。

了，而是洛克所谓的“立法权”。这种最高的立法权也是以原初司法权模态为蓝本运行的。“设置在人世间的裁判者有权裁判一切争端和救济国家的任何成员可能受到的损害，这个裁判者就是立法机关或立法机关所委托的官长，而由于这种裁判者的设置，人们便脱离自然状态，进入一个有国家的状态。”①

可以说，洛克视界中的立法权不过是司法人权进入政治社会后的变形，其背后的依据仍然是人民那种最原初但又是最崇高的司法主权。立法权的出现，是政治国家构建完毕的标志，同时，也是它从此以后将严格受到权力转移时的有条件的公共契约约束的开始。

四、洛克定理4：保障政治权力不被滥用是司法权的应有之义

在《政府论》中，洛克明确宣称：“立法权既然只是为了某种目的而行使的一种受委托的权力，当人民发现立法行为与他们的委托相抵触时，人们仍然享有最高的权力来罢免或更换立法机关，这是因为，受委托来达到一种目的的权力既然为那个目的所限制，当这一目的显然被忽略或遭受打击时，委托势必被取消，权力又回到当初授权的人们手中，他们可以重新把它授予他们认为最有利于他们安全和保障的人。”②

要实现政治权力不与人民委托相抵触，洛克认为，统治者必须做到三点：第一，法律应当根据公共福利和自然法加以制定和执行；第二，统治者自己必须服从他们制定的法律，带头守法而不能带头坏法；第三，不经多数人通过其代表同意，法律上的合法权利不能被政治权力随意改变。公民可以诉诸法律裁判他们之间的争端以及他们与政府之间的争端。当这种常规的司法方法行不通时，“人民转而采取第二种补救方法：发起革命，将它作为执行自然法的方式”。③

洛克一次次申明，每个人都有这种造反司法权。“这里有一个

①②③　［加拿大］詹姆斯·塔利：《语境中的洛克》，梅雪芹等译，华东师范大学出版社2005年版，第25、30、31页。

假设的前提条件，因为当其他形式的诉讼失败时，革命即是人民像他们自然地所作的那样来支配违法者。”① 造反司法权使人民自己继续行使立法权，这似乎是个吊诡，是个矛盾。但如果我们了解了洛克有关政治社会解体与政府解体的区别观念后，这就不难理解了。因为造反司法权并未造成政治社会解体，在洛克看来，外部征服是政治社会解体的唯一途径。造反司法权导致的是政府解体，政治社会此时处于一个政府过渡阶段，所以，根本不是有些批评者所说的“无政府状态”。人民在行使造反司法权过程中，可以建立一系列临时的革命法庭或议会，继续政治权力的运行，直到发现一个新的合适政府，或者干脆“回到习惯的旧政府中去”。②

五、洛克定理5：司法权运行机制需要人本主义的选择

上帝还是公民，谁是司法权的主宰？洛克提出并回答了这个问题。在《论宗教宽容》中，洛克指出：“我以为下述这一点是高于一切的，即必须严格区分公民政府的事务与宗教事务，并正确规定二者之间的界限。”对宗教信仰的关切，应当属于公民自由的范畴。易言之，公民应当成为主宰自身的绝对权威，包括其对上帝信仰的选择或背离，这样的公民主体需要诸多理性的重构。首先，洛克从法理上将公民的一系列权利界定为“自我所有权”，甚至将公民发展自身、救济他者的能力也包括在权利范围之内，这为公民构成主体奠定了基础。然后，洛克还从“人类理解”的高度，以“心灵白板”的理由提供了公民自由选择思想与行动的法理根据。公民要接受某种意见或证据，应当通盘考虑他人的看法以证明自己的观察与经验。在《人类理解论》中，洛克列举了据以判断他人证据的标准：“1. 数量。2. 完整性。3. 证人的技巧。4. 作者的原意，即所引证的出自某本书的证据所在。5. 各部门各情节是否一贯。6. 相反的证据。”③理查德·博瑟吉将洛克的这种概然性推理

①②③　［加拿大］詹姆斯·塔利：《语境中的洛克》，梅雪芹等译，华东师范大学出版社2005年版，第32、37、180页。

称作“司法同意”，而洛克将它称为“诉诸司法的论理”（argumentum ad judicium）。

经过了思想、良心的司法论理，公民主体的行动选择就应当以遵从法律为主要性征，守法于是构成了一种道德上的善。洛克讲道：“因此，道德上的善恶，仅仅指我们的自愿行动是否契合于某种法律而言。它们如果契合于这种法律，则这种法律可以借立法者的意志和权力使我们得到好事，反之则得到恶报。这种善和恶、乐和苦是看我们遵守法则与否，由立法者的命令所给我们的，因此，我们便叫它们为奖赏和刑罚。”①

问题至此，洛克开始将目光转向具体的司法机制构建。通过考察、比较三种不同类型的司法控制机制，洛克倾向于选择一种人本主义的司法模式。

在洛克看来，可供选择的三种司法机制分别是：

“第一种包括上帝、神法或自然法、天堂的奖励和地狱的惩罚、罪恶与责任明细表。良心，或判断，将一种行动与神法相比照，以判断它是罪孽还是责任。这种天意司法机制是由近代早期欧洲教会和国家构成的庞大的统治机器之一。”②这种以基督教信仰为主题的天意司法，被洛克定性为社会失范的重要根源。诚如他在《论宗教宽容》中倡导的神俗分离，洛克一向主张将宗教尽可能地驱逐出司法公权运行的范围。所以，他毫不犹豫地摒弃了这第一种选择。

“第二种司法机制涉及国家：主权者或立法者、法律、刑事制度的奖与惩、合法与非法行为法规。这是近代早期政治理论与实践的基础。”“这种国家司法机制是这样一种统治观念的原型，即，权力是由一个主权实体通过法律手段并借助奖惩机制来实施的，其目的是倡导一种确定的行为。”③这种依据国家最高主权建构的司法机制，也非洛克心中理想的司法权类型。毕竟，他是一个力图为“造反”正名的革命型法理家。况且，一开始他就将国家的政治权

①②③ ［加拿大］詹姆斯·塔利：《语境中的洛克》，梅雪芹等译，华东师范大学出版社2005年版，第192、193、194页。

力置于人民原初的司法主权之下。

对洛克而言最有效的司法机制，是人本主义司法权。之所以将这种司法类型称为人本主义的，“是因为洛克在此所做的是要将人本主义——它的德行与恶性以及荣誉、称赞、荣耀及名誉等各种动机转化成他的司法框架。人本主义并不像许多人原来和现在仍宣称的那样，是政治理论和实践的一种可供选择的形式。它是一种司法管理类型”。①

人本主义司法之所以受到洛克的极度钟爱，原因不难推导：以人的需求（内在和外在）为逻辑起点的司法权运行可以有效地将国家司法公权与人民司法主权均衡一体，既可以保有权威化的司法管理框架，又可以贯注个性化的司法回应内容，可谓各得其美。

1697 年，洛克曾向贸易委员会提交了一份关于济贫法体制改革的报告，贯彻其中的正是他的人本主义司法思维。洛克认为，当时英国穷人倍增，济贫院虽遍布全国仍不堪重负的根本原因在于，规训的松弛和举止的败坏。在他看来，德性总与勤奋为伍，恶习则与懒惰同行。因此，他希望通过一系列制度措施，包括矫治与习艺所、义务学徒制、放逐以及通过通行证和徽章控制旅行等方式使穷人服从法律、强化规训、养成美德，最终有利于雇佣，摆脱贫困的生活境遇。洛克倡导的司法统治技术后来为福柯著作深刻揭示，这种特殊的人本主义司法占据了近代国家司法政治实践的主流，同时代表了造反后的重建，破与立的缠绵。

必须指出，洛克的人本司法，精奥不在于张扬国家权力，否则其与他所谓的第二种司法机制就几无差别了。人本司法的落脚处，在洛克心中，是增进有关人权利的能力，这种“权能增进”是保卫司法权原初性的最佳手段。洛克在《给贸易委员会的报告》中指出，个人就像一张白纸或一块石蜡，将按照其喜好来塑造和培养，内力的自我塑造固然重要，但适当的外部规训也必不可少。洛克认为，“既然每个个体都渴望避免痛苦或惩罚，追求快乐或奖

① ［加拿大］詹姆斯·塔利：《语境中的洛克》，梅雪芹等译，华东师范大学出版社 2005 年版，第 195 页。

励，那么通过惩罚和奖励的运用，个人就能够被引导着从事精神或身体行为。任何一种复杂行为被恰当地分解为可操作的若干部分，然后连续地重复、实践，其结果，个人就会对它习以为常，并最终从中发现乐趣”。① 洛克并不认为政治的规训、司法的奖惩就会改变个人权能的属性，面对劳动者，他明确指出，“他的身体所从事的劳动和他的双手所进行的工作，我们可以说，是正当地属于他的……劳动者的无可争议的所有物……人……既是自己的主人，又是自身和自身行动或劳动的所有者……”②

第二节　政治法的均衡结构：卢梭司法观

一、社会契约：理想的均衡之约

卢梭《社会契约论》（*Du Contrat Soclal*）又名《政治权利的原理》（*Ou Principes du droit Politique*）。我们知道，法文“droit”是“抽象法”的一种表达，类似于英文中的“right”，所以将其译为“权利”。就其原初意思而言，将《社会契约论》的这一副名译为“政治法原则”也符合卢梭的理论旨趣。在某种意义上，这一译法更能体现社会契约论内蕴的古典自然法精核。

在《社会契约论》的前言，卢梭开篇即指出：“这篇简短的论文，是我不自量力从事而后又久已放弃了的一部长篇著作的撮要。”③ 据中译者何兆武介绍，这部长篇著作指卢梭原来计划要写的《政治制度论》一书，这部书是卢梭最感兴趣、思索最久、期待值最高的巨著，可惜他因为这部书写作所需时间太长而放弃，将其中的精要抽出，其余付之一炬。《社会契约论》或曰《政治法原则》正是《政治制度论》的精华凝结。在卢梭心中，政治制度的

---

①② ［加拿大］詹姆斯·塔利：《语境中的洛克》，梅雪芹等译，华东师范大学出版社2005年版，第233、234页。

③ ［法］卢梭：《社会契约论》，何兆武译，商务印书馆2003年修订第3版，第1页。

核心问题无非是经由社会契约确定的政治自然法的基本原则问题，没有先定的政治法原则就不可能有良善的政治制度。用卢梭在《忏悔录》中的话说便是："我看出一切问题在根本上取决于政治，而且无论人们采取什么方式，任何民族永远都不外是它的政府的性质所使它成为的那种样子；因此我觉得什么是最好的政府这个大问题，就转化为如下的问题：什么是适合于形成一个最有德、最开明、最睿智并且从而是最美好的民族的那种政府的性质。"① 政治法原则正是先定良善政治的那些"政府的性质"，它构成了卢梭看问题的根本关切。

在探究政治法原则的核心方法上，卢梭采用了"功利正义均衡"研究法，诚如他在《社会契约论》第1卷开首处所言："我要探讨在社会秩序之中，从人类的实际情况与法律的可能情况着眼，能不能有某种合法的而又确切的政权规则。在这一研究中，我将努力把权利所许可的和利益所要求的结合在一起，以便使正义与功利二者不致有所分歧。"②在卢梭心中，陈义甚高、格调非凡的正义权利规则总是不经意间会与现实机动、因时而变的功利利益要求相抵触，发生不相一致的情状，以致于正义与功利总是难以均衡与契合。探究政治权利原理必须顾及政治功利要求，否则会陷于空谈与自恋。浪漫不羁的卢梭与精明世故的卢梭此时合二为一，在对政治法原则的研究中，均衡化的卢梭采用了一种均衡化的方法。

用这样的均衡方法，卢梭力图在第一卷中解释"人为什么天生自由却无往不在枷锁之中"这一悖论。对这一悖论的解释引起了卢梭政治论中的两大基本论域——自然权利与人民主权，以及两者如何在现实政治制度环境中达成有效均衡的关键思绪。

就自然权利（natural right）的享有而言，人生而自由、平等，但这种自然权利造就的"自然状态"并不是尽善尽美的，其中充满了私欲的膨胀和斗争，社会秩序无法形成。于是，由自然状态向

①② ［法］卢梭：《社会契约论》，何兆武译，商务印书馆2003年修订第3版，第1页。

社会状态的过渡便成为势所必然。“由自然状态进入社会状态，人类便产生了一场最堪瞩目的变化；在他们的行为中正义就取代了本能，而他们的行动也就被赋予了前此所未有的道德性……虽然在这种状态中，他被剥夺了他所得之于自然的许多便利，然而他却从这里而重新得到了如此之巨大的收获；他的能力得到了锻炼和发展，他的思想开阔了，他的感情高尚了，他的灵魂整个提高到这样的地步……”① 在卢梭看来，社会状态使人实现了由愚昧、局限的动物向“真正的一个人”的根本转变，社会契约是“人”诞生的宣言，人们丧失了自然的自由却获得了更为广阔、文明、可靠而理性的社会自由——这才是真正的人类自由，唯有这种自由“才使人类真正成为自己的主人”。“唯有服从人们自己为自己所规定的法律，才是自由。”②

自然状态下，强力横行，奴隶式生存在所难免。社会状态下，权利约定，主人式生存方可实现。卢梭认为，强力不能构成权利，社会状态的达成“总需追溯到一个最初的约定”。③“人民”的诞生，与“人”的诞生，是同一个过程，没有联合起来的人民就不可能有处于社会状态中的“人”。“人民”之所以能够形成，关键在于，那个“最初的约定”。“人民是通过什么行为而成为人民的”，这一问题被卢梭定义为“社会的真正基础”。④显而易见，社会状态是人们权能聚合后的产物，但在此过程中，又难免发生个人自由被妨害甚至被剥夺的情况。

如何缔造既保证公权能至上，又维护私权能增进的均衡机制？这是卢梭社会契约论的关切要旨。用他的话说便是：“要寻找出一种结合的形式，使它能以全部共同的力量来卫护和保障每个结合者的人身和财富，并且由于这一结合而使得每一个与全体相联合的个人又只不过是在服从其本人，并且仍然像以往一样地自由。”卢梭认为，“这就是社会契约论所要解决的根本问题”。⑤这种社会契约的本质，卢梭用了一句简短的语言作了阐述：“我

①②③④⑤ ［法］卢梭：《社会契约论》，何兆武译，商务印书馆2003年修订第3版，第25、26、17、19页。

们每个人都以其自身及其全部的力量共同置于公意的最高指导之下，并且我们在共同体中接纳每一个成员作为全体之不可分割的一部分。”①

确保政治共同体符合原初公约精神的关键在于，公权能与私权能的均衡必须有效实现。在《爱弥儿》中，卢梭有过这样的论断：“自然人本身自成一个单位，他是整数，是绝对的整体，他只对他自己或他的同类才具有比例关系。政治人则只不过是一个分数，他有赖于分母；他的价值就在于他对全体，也就是对社会体的比例关系。”②卢梭所谓的“比例关系”、“分数”、“分母”无非是要指明政治共同体所内蕴的均衡使命，唯有实现了基本的权能均衡，政治体才能称之为真正符合社会公约要求的“公共人格”，结合为公共人格的集体才能被称为人民。国家、主权者、政治体、政权等称谓都不过是对这种公共人格的不同角度之阐释。个人一旦加入人民这个集体就必须放弃所有的自然权利，并宣誓终生效忠，只要有轻微的违约行为就会丧失公民资格，恢复到自然状态。可以说，人民主权的形成是以个人自然权利的均衡化结合而成的，具有政治上的神圣性、权威性与至上性，任何有悖于“公意”的行为都会构成个人违约而退出政治共同体，不再是作为行使公共权威主体的公民，也不再是作为服从公共法律主体的臣民。

卢梭并没有将加入政治共同体作为个人必须的义务，同意并履行社会契约是个人自然权利的选择，退出社会契约也不会受到实在的国家法裁判。在这个意义上讲，卢梭是一位坚定的自然权利论者，在他心中，始终不愿接受一个事实：那就是公共联合会削弱个人权利，最好的状态是二者有机均衡、相互促进。他的立场因均衡而显得飘移甚至矛盾，所以他本人也成了争讼激烈的非议人物，要么大受赞扬要么饱受责难。如何公正对待卢梭，与如何有效理解卢梭之均衡论立场，紧密相关。

总而言之，卢梭所勾画的社会契约本质上讲是一种理想的均衡

①② ［法］卢梭：《社会契约论》，何兆武译，商务印书馆2003年修订第3版，第20、21页。

之约，是在均衡研究方法之下得出的均衡政体原则，离开了对均衡理性的把握，我们永远无法看清真正的卢梭以及他光辉、复杂的政治思想。

二、三位一体：权力的均衡之体

卢梭眼中的“主权”是一种最高的司法权和裁决权，是不可分割、不可转让的均衡权能。主权源于每个结合者的无保留让渡，是不能为个体丝毫保留的。“因为，假如个人保留了某些权利的话，既然个人与公众之间不能够再有任何共同的上级来裁决，而每个人在某些事情上又是自己的裁决者，那么他很快就会要求事事都如此；于是自然状态便会继续下去，而结合就必然会转变为暴政或者空话。”①“社会契约的成立乃是一种特殊的公约，由于这一公约每个个人就和所有的人订了约，由此也就产生了所有人对每个人的反约；这就是结合的直接目的。我所谓这一订约是一种特殊的订约，就在于它是绝对的、无条件的、无保留的，它永远不可能是不正义的或者为人所滥用，因为共同体不可能想要伤害它自己，而全体也只能是为着全体。它之所以是一种特殊的订约；还在于它把订约者联系在一起，使他们不受役于任何人，而且在以他们的唯一意志为律令的时候，它还使他们仍然一如既往那样地自由。从而，大家的意志就是至高无上的秩序与律令；而这一普遍的、人格化了的律令，就是我所称为的主权者。由此可见，主权是不可分割的、不可转让的，而且它在本质上就存在于共同体的全体成员之中。”②卢梭反对将主权分为不同的部分，认为这是一种“江湖幻术”，时而“把社会共同体加以肢解，随后不知怎么回事又居然把每个片断重新拼凑在一起”。③之所以会出现这种分割主权的思想，卢梭认为，根本原因在于未能将主权权威与主权权力加以有效区分。主权权威是不可分割的，统一的主权权威表现在不同方面，自然形成各种类型的主权权力及相应的主权行为。主权权威只能由人民集体行使，

①②③　[法] 卢梭：《社会契约论》，何兆武译，商务印书馆2003年修订第3版，第20、31~32、33页。

但主权权力却可以分配给不同的公民个人行使，权力与权威之间矛盾与冲突的解决最后还要诉求公私权能的社会均衡之约。

赋予政治共同体以生命是社会契约，但仅有它，尚不足以使政治共同体开展具体的行动。所以，卢梭开始将关注点转到了“法律”和“立法”。在他看来，正是立法赋予了政治体以行动和意志。

法律是正义应用于社会现实的有效手段，在价值基础上渊源于最高的上帝正义。法律也是公意的行为，它关注普遍的抽象的行为调整，“结合了意志的普遍性与对象的普遍性”。① 法律不同于行政号令，它是抽象普适的主权行为法则，是均衡公私权能的正义规诫。任何单个人或者一般公众都无法发现真正的法律，所以立法者应当拥有“能够洞察人类的全部感情而又不受任何感情所支配的最高的智慧”。②“要为人类制定法律，简直是需要神明。”③

在对法律进行分类时，卢梭依然念念不忘比例均衡的追求。规定主权者对国家之比率的法律叫做政治法，政治法是以政府这个“比例中项”为基本通渠的根本法。规定第二种比率即成员之间关系以及成员对整个共同体关系的法律，卢梭称之为“民法”。规定个人与法律之间第三种比率关系即不服从与惩罚关系的法律，卢梭认为正是“刑法”。还有第四种法律，卢梭认为它“是一切之中最重要的一种”，“这种法律既不是铭刻在大理石上，也不是铭刻在铜表上，而是铭刻在公民们的内心里；它形成了国家的真正宪法；它每天都在获得新的力量；当其他的法律衰老或者消亡的时候，它可以复活那些法律或代替那些法律，它可以保持一个民族的创制精神，而且可以不知不觉地以习惯的力量取代权威的力量”。④卢梭最后指出，在这些法律中，只有构成政府形式的政治法才是与其主题有关的。

为了实现社会契约与法律共求的均衡目的，卢梭将政府界定

---

①②③④　［法］卢梭：《社会契约论》，何兆武译，商务印书馆 2003 年修订第 3 版，第 47、49、50、70 页。

为“在臣民与主权者之间所建立的一个中间体，以便两者得以互相适合，它负责执行法律并维护社会以及政治的自由”。① 卢梭甚至企图用一种精确的数学语言表达这种均衡的追求：“正是在政府之中，就可以发现中间力量；这些中间力量的比率就构成全体对全体的比率，也就是主权者对国家的比率。我们可以用一个连比例中首尾两项的比率来表示主权者对国家的比率，而连比例的中项便是政府。政府从主权者那里接受它向人民所发布的一切命令；并且为了使国家能够处于很好的平衡状态，就必须——在全盘加以计算之后——使政府自乘的乘积或幂与一方面既是主权者而另一方面又是臣民的公民们的乘积或幂，二者相等。”②在政府状态下，社会契约是唯一的。所以，“政府的创制绝不能是一项契约”。③人民意志作为立法权根源时决不能被代表，只有行政权才有可能通过代表制加以推行。④卢梭赞赏霍布斯的理论，因为霍布斯阐述了政治统一的必要性，而政治统一是政府得以创建的前提。他指出，“霍布斯之所以为人憎恶，倒不在于他的政治理论中的可怕的和错误的东西，反而在于其中的正确的与真实的东西”。⑤

卢梭在考察了诸种政制形态后并未得出具体的改良结论，他或许毕生在探寻这些解决之道，但直到最后依然以空白和沉默表达了对这个至尊问题的敬畏及理智。他提出的最有力的结论，莫过于构建“公民宗教”的理论。他说：“要有一篇纯属公民信仰的宣言，这篇宣言的条款应该由主权者规定；这些条款并非严格地作为宗教的教条，而只是作为社会性的感情，没有这种感情则一个人既不可能是良好的公民，也不可能是忠实的臣民。它虽然不能强迫任何人信仰他们，但是它可以把任何不信仰它们的人驱逐出境；它可以驱逐这种人，并不是因为他们不敬神，而是因为他们的反社会性，因为他们不可能真诚地爱法律、爱正义，也不可能在必要时为尽自己的义务而牺牲自己的生命。”⑥ “公民宗教的教条应该简单，条款

①②③④⑤⑥ ［法］卢梭：《社会契约论》，何兆武译，商务印书馆2003年修订第3版，第72、73、124、122、172、181页。

很少，文词精确，无需解说和诠释。全能的、睿智的、仁慈的、先知而又圣明的神明之存在，未来的生命，正直者的幸福，对坏人的惩罚，社会契约与法律的神圣性——这些就是正面的教条。至于反面的教条，则我把它只限于一条，那就是不宽容。”①

卢梭勾画的政治法是“主权者—政府—臣民”三位一体的均衡结构，这个结构既是一个合法性的结构，也是一个功能性结构。该结构兼容了两种思想路线，个人的意志自由决定了该结构的合法性，而自然和文化的因素在一定程度上决定了这个结构的功能和功能发挥的具体形式。② 司法权在政治法的三元均衡结构中自然也要遵循均衡化的运行逻辑。

第三节　本体与方法：卡多佐的司法哲学

在《法律的生长》（*The Growth of the Law*）这次著名演讲的首段，卡多佐大法官开宗明义：“我们今天的法律面临着双重的需要，一是需要重新表述，它将为那些杂乱无章的判例带来确定性和条理化，这是法律科学的任务。二是需要一种哲学，它能够调和稳定与进步这两种相互冲突的要求，并提供一种生长的原则。”③ 这次演讲是卡多佐继“司法过程的本质”（*The Nature of the Judicial Process*）演讲之后，在耶鲁大学所做的第二次有轰动性的法理学讲座。它被认为是对《司法过程的本质》一文有关观点和论据的补充和修正，特别是，他对司法过程的本质分析在这次演讲中进入到了一个哲学关切的层面。因此，从这次演讲出发透视卡多佐的司法哲学应当是一个不错的选择。

---

① ［法］卢梭：《社会契约论》，何兆武译，商务印书馆2003年修订第3版，第181~182页。

② 参见陈端洪：《政治法的平衡结构——卢梭人民主权的建构原理》，载《政法论坛》2006年第5期。

③ ［美］本杰明·内森·卡多佐：《法律的生长》，刘培峰、刘骁军译，贵州人民出版社2003年版，第3页。

一、不做看风景的人

在卡多佐看来，以促进法律确定性为己任的法律科学，在当时的美国已受到人们充分的重视，但以阐发法律生长原则为目标的法律哲学，却未得到普遍重视。把法律确定性与有机生长原则均衡合一的司法哲学作为一个整体加以揭示，更是鲜有人用心于斯。卡多佐力图填补这个缺憾，主要以法律生长原则的哲学探究为切口，均衡法科学与法哲学的学术格局。

他首先从法律内在的均衡品质谈起："法律一如人类，要想延续生命，必须找到某种妥协之道。""法典要辅之以敕令；法律要辅之以衡平；习惯要辅之以条律；规则要辅之以自由裁量权。"① 出于一名兼法官与学者二任于一身的法律/法学职业人的特有敏感，卡多佐意识到普通法的优点和弱点很可能都与"衡平"有关：有效的衡平可以实现法律内在的均衡性要求，无序的衡平则又有可能导致法律的高度不确定状态。总之，在卡多佐眼中，"我们拥有的是一件线条错综复杂、纵横交叉，从中心向四周散开的精致饰品。我们会陷在这张网的细节中不能自拔，除非高瞻远瞩的智者揭示出结构的秘密，将我们提升到能够俯视整体的高度"。②

卡多佐甘愿充当这样的"智者"——他愿以学者的智慧解答法官的困惑。他欣喜地看到，1923 年在华盛顿成立的美国法律研究所在捕杀法律不确定性这头怪兽中发挥的卓著功用，对于重述、统一美国法律的力量，充满信心。③他对法律发展中学术力量的日益显要，表示了由衷欢迎，还引用了德国古代司法中著名法学院拥有案卷裁决咨议权的旧事，来说明庭外力量尤其是大学和其他学术机构在法律发展中的显要地位。④

在对学术力量加以讴歌的同时，卡多佐并未忘记给予法官以必要的警戒。他说："我们的法律为何需要重新阐述，其原因之

---

①②③④ ［美］本杰明·内森·卡多佐：《法律的生长》，刘培峰、刘骁军译，贵州人民出版社 2003 年版，第 3、5、5～6、7～8 页。

一是法官们孜孜以求的确定性，是只能让法律在他们的辖区、他们小小的司法管辖范围内保持一致的确定性，而不是使法律与那些同普通法本身一样宽广、与正义的要求一样深刻而基本的真实性和原则相一致的确定性。”① 卡多佐的真实目的，正是为了批评普通法“遵循先例”原则造成的法官个案衡平取向，这种取向使司法过程与司法哲学、个案裁判与法律生长完全脱节，未能达成他所期待的“真实确定性”。所以，法官只能每每处于进退两难的窘境——“他不喜欢自己所到达的地点，但是他却不愿意或者已不能从中自拔。”②法律的生长需要更广阔的司法视野，“现行的规则和原则可以告诉我们现在的方位、我们的处境、我们的经纬度。夜晚遮风挡雨的客栈毕竟不是旅行的目的地。法律就像旅行者一样，天明还得出发。它必须有生长的原则”。③

二、让法律死而复生的力量

为探知法律生长的原则，必须高度重视法律哲学，尤其需要在司法过程中展现并实践有助于法律均衡生长的法哲学——这正是卡多佐司法哲学论述的背景与宗旨。

为了消除不必要的疑义，卡多佐首先为哲学与生活的密切关联作了辩解。他真诚希望那些对哲学存有误解的人士知道，哲学不只是盘旋于云端，也能实践于俗世。与人类生活密切相关的法哲学更是一门务实的生活之学，它探究法的含义、起源、目的或功用，都不是单纯的形而上学思辨，而是有着确定情境的主体交往。一般而抽象的法学概念，“引导着法学思想的发展，左右着法官的头脑，在权衡不定时决定着疑难案件的结果”。甚至，“在每一个具有普遍性问题的判决中，其实都隐含着有关法的起源与目的的哲学，担任最后裁决者的其实是哲学，无论它多么隐蔽。它接受一些观点，修正一些观点，摒弃一些观点，但它依然故我，履行着终审法庭的

①②③ ［美］本杰明·内森·卡多佐：《法律的生长》，刘培峰、刘骁军译，贵州人民出版社2003年版，第10、11页。

职能”。①

在卡多佐看来，对司法过程性质与本质的分析，正是法哲学在法律裁决中重要地位的有力说明，因为，司法在本质上正是法官运用法哲学思量、裁判以达到法律生长之均衡要求的有机过程。“对司法过程的分析包含着对法的起源及生长的分析，而这又涉及对法的功能和目的的研究。”②司法过程的诸多争执，实际上都是对何为“法”以及“法”为何的哲学争议。对此，卡多佐对庞德的哀叹怀有同感：“‘法律’一词的含混不清，要求我们使用另一个词来指称那些得到特定时间和地点的法庭实际认可和采用的法规，来指称作为这些法规之主要起源，我们据以对它们进行批判的更具普遍性的学说和传统。”③在卡多佐看来，法律的形成是一个过程，在司法过程未能给予一个最后的确定之前，任何法规都不能称之为法律。“只有在存在着明确的法院裁决或准确无误的确定性时，我们才达到了法的层面。”④司法所依据的“法”只是初级的、粗糙的、不完备的法的渊源，只有通过司法过程的最后铸造，法才能形成最终的有效力、有型构、有权威的“统一货币”，在法的王国中自由流通。“真正的法”和“乔装打扮的法”永远同时混杂在司法过程中，使这个问题具有无比的复杂性和根本的哲学色调。

卡多佐意识到了司法过程中对法重新“正名”的必要，但他却未能提出一套有效的方案解决这个问题。或许那只不过是次演讲，无须也无力回答如此艰深的问题，但这个问题的提出的确为我们提供了丰厚的深研信息。

卡多佐说：“法律不仅是一系列孤立的判决，在调解那些引出它们的争端时，它们行使着法律的力量，据以推导出判决。‘我们据以批评这些判决’的‘一般学说和传统’，也必须被算做法律，这不仅因为它是我们的研究主题，还因为它对法官的自由裁量权所构成的限制不单纯是建议性的，而是包含着程度或大或小的强制性

---

①②③④ ［美］本杰明·内森·卡多佐：《法律的生长》，刘培峰、刘骁军译，贵州人民出版社2003年版，第16、18、19页。

因素。不管怎样，如果它不是法律，那就必须发明一个词来表示它。”①

正是司法过程中高级哲学法理的存在，使得有必要“给这种持续不断的一致性冠以法律（规律）之名”。②法律必须在司法过程中充分体现法律的可为人们正常预期的性格。法律必须为人们正常预期，否则将贻害无穷。唯有能被准确预期的法律才是一致性的法律，才配冠以法律之名。使我们能有效预期法律的因素，正是卡多佐所谓的那些即便不是法律的东西也应发明一个与法律有着相当紧密关联的语词来表示——这些因素正是我们现今所谓的“司法法理”。司法法理支配着人们对法律可预期的程度，“当这种预期达到较高程度的确定性或可靠性时，我们就说法律是稳定的，尽管这种不稳定性不管表现得多么强烈，仍然总是存在着预期出错的可能性。当这种预期不符合如此高的标准时，我们就说法律是不确定的或有疑问的。再往下去就是会令法律不复存在的死亡之地了，这时我们无论如何也要用自由创设的行动使它死而复生”。③

为了论证自己的观点，卡多佐引用了霍姆斯大法官和吴经熊博士的有关法律预测性的论述，并特别指出这些论述背后的实用主义哲学，“至少是检验真理、了解其成效的一条可行的规则”。④

对于司法过程中的“法”，卡多佐认为，除了有法理和法律的区别，还有如狄骥所言的“建构性规则”与“规范性规则”的分野，甚至还包括严格法律规则（原则）与非严格行为标准（规范）的不同。总体上看，法律是司法者必须遵循的一致性，它必须为人合理预期；这个“理”正是影响法律运行的法理性力量，它不同于法律，但又与法律难以割离。就法律规则自身而言，规范多数人行为的规则也并非唯一。“当组成社会群体的众多个人理解并承认，以践踏规则者的回应能够通过社会组织加以实施，这时便存在着规范性的规则或司法规范。”⑤而建构性规则是为了最大限度保证规范性规则之实施建立起来的次生规则，类似于哈特所谓的“第

①②③④⑤ ［美］本杰明·内森·卡多佐：《法律的生长》，刘培峰、刘骁军译，贵州人民出版社2003年版，第18、22、24、25、26页。

二性规则”，是关于司法权自身合法性的规则。在卡多佐所引用的狄骥论述中，司法过程被解析为两种面相：一种是规范者的面相，即司法过程作为司法规范行使、实践的权力运动；一种是建构者面相，即司法过程作为国家权力存在、合法的权威证明。这样，关于司法权的建构规则问题便成为司法之“法”的另一个焦点问题。此外，将严格法律规则（原则）与那些没有在法规或裁决中被正式宣布的非严格行为标准（规范）比较而言，后者“却是有望得到法规或裁决遵守的类型或模式”。①“它们扎根于商业和伙伴关系的习惯形式与方法中，扎根于公平和正义的主流信仰中，扎根于我们称之为时代风俗的信仰和实践的复合体中。”②

在卡多佐看来，这些“社会立法”是凌驾于“国家立法”之上的力量。最后，卡多佐对自己的司法哲学作了一个小结，以阐明自己的“均衡”立场。他希望，在布莱克斯通的原则（先例）至上论和奥斯汀的个案（特例）至上论之间，找到一种圆通的法哲学路径。他的原话是：“在这两个极端之间，我们所持的观点是，法律是一个规则、原则和标准组成的体系，在它们面对新的复杂事件时，需要对它们进行梳理、筛选和重铸，并要根据某种目的加以应用。试错的过程产生判决。试错的过程决定着它们再造自身的权利。”③

三、酿造硕果满枝的未来

在法本体论上解答了司法中“法”的若干基原性疑难后，卡多佐迅速将目光转向了法律方法论视野中的司法过程与法律生长之关联分析。这个问题让他想起了一年前自己有关“司法过程的本质”之演讲。卡多佐谦虚而不乏真诚地认为，那是一场十分草率的讲演，言外之意是，现在是修正当初那些观点的时候了。他究竟对司法过程中的方法与法律生长的性质做了哪些修正和补充呢？抑或是全盘否定？还是让我们进入卡多佐的本来思路与原初话语。

---

①②③ ［美］本杰明·内森·卡多佐：《法律的生长》，刘培峰、刘骁军译，贵州人民出版社2003年版，第27、28页。

在“司法过程的本质”讲演起首，卡多佐打了一个贴近的比方，他将法官裁判案件比喻为将众多材质熔为一炉的化合物酿造过程，使法官保持前后一致的哲学倾向至关紧要。而支配法官哲学倾向的诸多因素，“那些无法命名，法官也不能清晰辨别的东西，譬如遗传本能、传统信仰、后天知识等，都成为与法官进行殊死角斗的制约性力量，并贯穿了法官生活的全部与始终，结果是，法官产生了一种对日常生活的独到见解、对社会需要的独特理解，和一种用詹姆斯的语言来说是有关‘宇宙整体逼迫与压力’的独有感觉。诸多理由因之得以精细均衡，正是这些奇特的力量使得法官的司法抉择呈现确定的模样”。① 所以，了解“法律化合物”的酿制比例，保证各种力量与理由的精确均衡，就成为司法过程中法官理性的关键职责。而对这些比例的发现和找寻，正是通过法官司“法”的具体方法体现出来。卡多佐的良苦用心正现于斯——他希望打破传统法哲学本体论与方法论的森严壁垒，将方法的运用与本质的证立有机统一起来，形成一种崭新的本体与方法相均衡的司法哲学观念，以实现他所盼求的法律正义。

卡多佐首先列举、回顾了大陆法系国家有关司法者必须合乎宪法和制定法意图的主张，指出，由于法律条文含义经常模糊不清或深藏不露，它需要法官加以解释，以阐清立法者的原意。对于法条的空白和漏洞，法官也要在司法过程中加以补充和填实。随后，他笔锋一转，谈及普通法系国家之情形，指出，“活跃在我们自己国土上和法律中的问题同样是这些方法的问题，这些方法论问题同样源自法律文字与法律精神的不一致与反差”。②基于这样一种共通的司法情形，卡多佐敏锐地意识到，必须有效搁置法律本体论的诸多无谓争执，将问题研判的焦点转移到司法方法的探究上来，解决司法方法问题实质上是为司法本体论问题的澄清奠定坚实基础。

卡多佐认为，真正严肃的法官工作开始于没有决定性先例可以遵循的时刻。他还引用门罗·史密斯《法理学》中的段落，将法

①② Benjamin N. Cardozo. The Nature of The Judicial Process. The Yale University Press, 1921, p. 13, 17.

院比喻成一个“司法实验室”，在一场场“案件实验”中，法官不断检测判例法中既有规则与原则的合宜性。“如果一个规则不断造成不正义的结果，它最终将被重新塑造。”① 当法官抽象出了判决理由与一般原则，随后的工作才是至为繁复且至关紧要的。因为，司法过程至此，摆在法官面前的大致有4种不同的司法路线与方法选择：

1. 逻辑方法。卡多佐反对把霍姆斯那句名言“法之生命一直皆非逻辑，而是经验”尊奉为不变的信条，他辩解道：“霍姆斯并没有告诉我们当经验沉默缺席时应当放弃逻辑。”②在卡多佐眼中，逻辑类推的司法方法是哲学观念的推衍，无论大陆法系国家还是普通法系国家，在这一点都没有什么明显的不同。当然，在具体方式上，大陆法系国家的法官习惯于运用三段论推理，运用演绎法推导出一个合乎逻辑的判决结果，但在普通法系的司法过程中，“大前提”的获得往往首先是一个经验归纳的问题。逻辑方法决不能推向极致，卡多佐在他的演讲中反复强调这一点。逻辑方法的运用，最终是为了满足法律一致性的需要。

2. 历史方法。逻辑方法的限度首先体现在法律自身的历史进化上，“某些法律概念之所以呈现既有性状，这几乎完全要归因于历史”。③“历史在照亮了昨天的同时也照亮了今朝，在照亮了今天的同时又照亮了未来。”④在不同法官、不同案件的不同情境中，历史方法与逻辑方法经常发生冲突，但也存在互相补充的可能，对它们做出非此即彼的判析，实在过于困难。

3. 习惯方法。“如果历史和哲学尚不能为原则的发展方向确定路标，习惯也许就会乘机介入。”⑤卡多佐首先批评了夸大普通法国家习惯所占地位的做法，坦诚地指出：“在普通法的发展中，一个确定无疑的事实是，习惯的创造性功用已大不如昔。”⑥时至今日，有关权利和义务的一般性标准已然确立，习惯本身也必须服从这些标准，但是，“如果对习惯略加延伸，我们就会很自然地将习

---

①②③④⑤⑥ Benjamin N. Cardozo. The Nature of The Judicial Process. The Yale University Press, 1921, p. 23, 33, 52, 53, 58, 59.

惯与通行道德、流行的正确行为标准以及时代风气混同起来”。① 如若采纳这种广义的习惯界定，我们就无法否认这种司法方法内蕴的巨大生机和无穷生命活力。它的存在，有利于生活与法律的契合；它的运用，为的是行为与秩序的均衡。

4. 社会学方法，尤其是社会正义的利益均衡法。这种方法是卡多佐花费篇幅最长、耗费心智最多、竭力论述的“所有力量中最大的力量”。②从公法到私法的各个领域，卡多佐一一检视，发现社会学方法的运用的确无处不在，地位显要。在公法领域，卡多佐为司法审查制辩护，他认为司法审查制的主要价值在于让那些受到遏止的理想表达发出声响，并让人们听见这些声响，使那些理想获得持久的生命和丰富的表现；在于在一个有法可循的正义状态下，为人们的理性选择提供指引。但要实现这些价值，必须让司法者具备洞察社会价值，顺应社会需要，秉持社会正义的超强权能。在私法领域，卡多佐认为，社会学方法的支配地位更是显而易见。大量的私法规则都受到公共政策的渗透与影响，而公共政策的形成与宣示，都离不开对社会利益的正义均衡。“无论在哪个领域，这种方法都硕果满枝，”卡多佐说，“即便貌似补充，它也总能留作备用。它是其他方法的仲裁者，越到最后，就越需要它还对相互竞争的方法主张进行衡平和估量”。③

可以说，社会正义的利益均衡法是卡多佐司法方法论中的兜底之物，也是效用最强的杀手之锏，是他阐述司法方法的至尊王牌。在《法律的生长》中，卡多佐明确指出：“这些原则中有一条是至高无上的，有一条原则总是优越于其他原则；逻辑因素必须永远服从历史因素，或历史因素永远服从习惯因素；或一切事情都要服从作为社会福利组成要素的正义或功利。”④ 他自称对司法过程分析

①② Benjamin N. Cardozo. The Nature of The Judicial Process, The Yale University Press, 1921, pp. 63-64, 66-67.

③ Benjamin N. Cardozo. The Nature of The Judicial Process. The Yale University Press, 1921, p. 98.

④ ［美］本杰明·内森·卡多佐：《法律的生长》，刘培峰、刘骁军译，贵州人民出版社2003年版，第42页。

的唯一结论便是，逻辑、历史、习惯、效用以及人们接受的正确行为标准这些独自或联合起来共同影响法律的力量，在具体案件中，谁将起支配作用，这在很大程度上取决于因此得以推进或损害的社会利益的均衡评判。① 为了掌握这种均衡评判方法的精要，法官应当像立法者那样从生活实事本身获取司法知识，久而久之，尚有可能形成一种何为“得体”、何为“比例匀称”的艺术感觉。这样的司法者，才不是法律的工匠，这样的司法，才称得上是艺术化的司法。

卡多佐认为，司法过程的最高境界是在一些特殊案件中，创造法律。这些案件数量不是很多，但也不在少数；这些案件的决定对未来大有裨益，会极大影响法律的生长。法官在处理这些案件过程中，必须善于将各种因素均衡为一个富有创造性的“司法整体”。“在这里，起作用的是对判决的均衡，是对逻辑、类比、效用、正义等因素的综合考量与分类整理。” “在这里，法官成了立法者。”②卡多佐在演讲尾声，提出了下意识因素对于司法过程不可忽视的影响。他承认，“在意识的深层还有一些力量，比如，喜恶、偏好、才能、情绪、个人习惯与信念等，这一切的复合构成了一个活生生的人，无论这个人是诉讼者还是法官”。③卡多佐希望对这一主题，将来可能的话，要加以深入研究。

四、遗愿：胜利属于谁?

卡多佐清醒地认识到，对社会功利加以正义的评估和均衡，非常困难，“任何法学理论大师都未曾细致地做过这种演算”。④庞德尽管对此进行过富有成效的深入透析，但也只能被认为是暂时的和试探性的。“它就像一团乱麻，梭子在无数的阴影和色彩间穿梭，线束大小不一，零碎散乱。许多线索表面看很简单，一经分析，即可发现它们是一种复杂的、不确定的混合物。我们惯于作为试金石、作为理想求助的正义本身，对于不同的头脑和不同的时代，可

①②③④ Benjamin N. Cardozo. The Nature of The Judicial Process. The Yale University Press, 1921, p. 112, pp. 165-166, p. 167, 47.

能意味着不同的东西。企图将它的标准客观化甚至描述它们，从未获得完全的成功。”“正义是一个比任何仅仅通过遵守规则而产生的概念都要微妙和含糊得多的概念。无论说了多少或做了多少，它在某种程度上依然只是一种鼓舞、一种昂扬的情绪、一种美好向上的渴望。”①

尽管正义如此多变、繁杂、令人迷惑不解，但卡多佐始终没有放弃对社会正义的均衡追求。他坚信，“在极端之间存在着一个可以良性调整的不确定空间，它们随着两头辐射出的引力而在某种程度上晃动着。当新问题出现后，公平、正义将引导人们去解决，在解决中又会发现，当它们被检视时，与对称和秩序是一致的，甚至是此前不为人所知的一种对称和秩序的起点”。②正义的解决方案总是与均衡性相关联，尽管不均衡的社会情势总是事物的常态，案件总在极端之间不停晃动，但只要是正义的引导，就必须会在诸原则的权衡下，达成不为人知的对称与秩序。卡多佐将这种过程视为一门艺术。他引用文德尔班以及冉森的著述，反复强调司法过程中应当达成有意识与无意识亦即司法规律与下意识的均衡。“分析与综合互相交替，演绎与归纳互相交替，理性与直觉互相交替。”③

有鉴于此，卡多佐企求借助一种或多种外部力量来达致“正义均衡”的司法要旨。首先，卡多佐想到了立法机构对法律中过时之物的清除作用。他形象地指出：“这项清理古代瘟疫区的工作，有一些应当由法官亲自动手。在他们不愿或不能做的时候，就必须借助于立法机构。”④同时，卡多佐也意识到法官与立法机构之间的权能隔阂，他提出了建立一个“司法部”以沟通法院和立法机构的设想：“它可以使立法机关了解法院的要求；其次，在这种要求被知晓后，它可以得到明智而及时的满足。”⑤总之，“如果司法过程没有外部的帮助就无法进行这种变革，那就必须利用某些能够提供这种帮助的外部力量”。⑥在卡多佐看来，社会科学、政治经

①②③④⑤⑥　Benjamin N. Cardozo. The Nature of The Judicial Process. The Yale University Press, 1921, p. 48, 49, 50, 66, 67.

济学、商业习惯、哲学等都是影响司法过程中“正义均衡”实现的重要变量。

尽管卡多佐看到了立法机构、司法部，社会科学、哲学等司法外部力量对正义的意义，但他始终对以“法规代替判例”的说法保持警惕、怀疑，坚守司法的独立性创造。“以法规代替判决，你改变了权威的中心，却没有增加受着灵感启示的智慧。如果立法机构取代了法院的创造性活动的位置，一个立法委员会就必须在每次开庭时站在我们背后，扮演起高级法院的角色。”①

在卡多佐提出了司法均衡研究的若干纲领性构思后，他立刻表达了惊人的绝望，恰如他曾给予我们实现司法最高工艺的那种火光式的激励一样，他的绝望表达同样让我们震撼，无比汗颜。他说：“我们中间没有人同时拥有如此敏锐和宽阔的视野，能够深入观察这些从未测量过的深渊，把这种隐蔽的前景一览无余。我们多半只能依靠过去积累起的经验，依靠使这种经验得以形成的普遍真理、原则、规则和标准。”②“我们中间的任何人对它的长期发展所作的贡献或提供的动力，都是微乎其微的。即使这种微乎其微的贡献也需要殚精竭虑，调动我们或其他人的一切可以利用的资源。”③“我深深感到，我们的许多麻烦从根本上说都需要对这个问题的存在有更好的理解，尽管对其答案得到更好的理解在今天也许只是一种奢望。我还深深感到，法院受到的许多批评和它犯下的许多大错，都源于对司法权的界限、司法功能的本质、司法过程的性质等问题的错误认识，或至少是对它们不同的认识。”“为更好的理解而发出的呼唤，仍在催促着人们做出回应。”“胜利不属于那些坚持不容变更的逻辑的人，也不属于那些让所有规则和所有先例平起平坐的人，胜利将属于那些知道如何将两种趋势融合在一起，运用于一个仍未得到完美测定的目的的人们。”④

---

①②③ Benjamin N. Cardozo. The Nature of The Judicial Process. The Yale University Press, 1921, p. 71, 75.

④ Benjamin N. Cardozo. The Nature of The Judicial Process. The Yale University Press, 1921, p. 76.

第四节　司法的唯一正解：德沃金法理学批判

长久以来，将司法官的形象描绘为严格依法判断的铁面脸谱，似成定习。诸多智达之士，不惜花费浓重的笔墨，反复强调法官依法得出最终判决的天然合理性，力求最大限度地将法官的自由裁量权控制在一个法律允许的范围，法官永远不能凌驾于法律之上。但什么才是真正的法律？“理想的法”成为法哲学家心头最大的梦魇，挥之不去。若干年的争执，纷纷扬扬的论讨，都无法根本澄清这个法学的根本问题。但如同飞蛾扑火般，一位位声望卓著的法学家，还是勇毅上前，探究这个问题，提出独特解答。在这些法学人物中，德沃金无疑是表现突出、成就卓异的一位。

一、让童话成为神话

德沃金在其系统性论著《法律帝国》的首章即开宗明义：“法院是国家机构中最重要的一个。”“经常，人们由法官的一次点头或摇头中能得到或失去的往往大于参众两院制定的法律。”① 司法如此重要，但它可以超越法律吗？德沃金的回答是斩钉截铁的“不可以”——“如果法官可以不依法而判，守法的人走入法庭竟然也有出乎意料败诉的可能，人民守法的动机将荡然无存，社会秩序无法建立，而终至天下大乱。”②法官依法审判，在德沃金看来，是绝对的义务。对于任何法官造法，德沃金都是不能容忍的。在《疑难案件》一文中，德沃金明确指出：“如果一个法官造新法，然后以回溯的方式，用到先前发生的案件上，那么败诉的一方之所以受罚，就不是因为他的行为违背了某些他原本应守的法定的义务，而毋宁是违背了一个他行为后才被（法官）创造出来的义务。”③

法官依法审判，必须绝对在现行的法律之下司法，绝不允许对

①②③　林立：《法学方法论与德沃金》，中国政法大学出版社2002年版，第1、2~3页。

现行法加以自由续造。所谓法律漏洞的补充和完善，在德沃金看来，无不是为法官滥权提供良好的借口。有鉴于此，德沃金希望建构一个封闭完美的法律体系来指引法官依法审判。对这一理想的执著，德沃金很像欧洲大陆法系的要念法学家们，相信“法律将是一个永无漏洞的完美存在者……它永不需要由外部引入任何东西来补充它，因为它永远是完满的……这可不是荒诞的杜撰，而是无法不这么认为的事实”。①

这种观念，在英美判例法国家也一度流行，但是，在今天，这种法律理念已受到越来越多的批评和质疑。瑞德爵士曾讥讽主张这种观念的普通法的人士为“芝麻开门派”。他戏谑而严肃地说：“曾经有那么一个时代，人们认为法官造法是极不得体的一件事，而应说法官只是在宣示既有法律，因此，那些喜欢听童话故事的人们似乎就想到了在天方夜谭中，那个阿拉丁的洞穴中藏有普通法体系的整全宝藏；在法官的命令下‘芝麻开门’的咒语就给予了他。法官如果还会判错，那是因为他弄错了咒语而开错了门。但如今我们不再相信童话故事了。”②但德沃金恰恰就是想续造这个美丽的童话，并锦上添花，使司法的童话变成法制的神话。

二、神话里的璞玉及雕像

在德沃金看来，别的国家法律尚不敢论，单就英美两国，其法律已累积发展到一个至善至美之境界，只不过对现行法律不完善的误解多因法官运作方式的不当，而对讥讽与抨击，德沃金毫不含糊地表示：“此刻，我将使在我主张的神话中的古老理念重新获得公信力。我的主张的核心在此：我所主张的神话将是可理解的，如果我们视其为是在表达一种解释性的司法运作方式。”③对于司法运作方式，或曰司法权运行的研判，成为德沃金法理学对法律体系完美神话构建的关键步骤。

---

①②③ 林立：《法学方法论与德沃金》，中国政法大学出版社2002年版，第7、9、10页。

于是，德沃金提出了他的核心发问：当法官遭遇疑难案件时，究竟是采取实利主义立场（pragmatism），还是因袭主义态度（conventionalism）？德沃金认为，二者皆不可取。

"'实利主义'完全不理睬民主政治中国家权力分立的原则，而把司法当成促进公益的工具（通常这应是政治及立法者的工作），而不是依法保障人民法定权利的机构；法官审判根本不必依法，只要认为怎么判最能增大社会整体利益就这么判。"① 德沃金把实利主义比喻为"向前看的工具性策略"（forward-looking instrumental programs）。与之相反，因袭主义则是"向后看的事实报告"（backward-looking factual reported），属于"法律翻书派"。对于因袭主义的吸引力，德沃金也坦承"对于法律翻书派的模式采取高度的服从，对于一个正义的社会而言是必须的"。② 但对于因袭主义面对疑难案件时强调法官自由裁量的做法，德沃金却坚决不予容忍，他直率地批评道："因袭主义在简单的案件中的确行得通……在简明的案件中法官依从明晰的法律规范或原则，在其他的情形中（即在 hard cases 中），法官就径自扮演起立法者的角色了。"③

在德沃金看来，法官在处置疑难案件时，寻找法律依据的过程实质上是通过一番"立论"（argumentation）之后找到法律中存在且适用于案件的"原则"。在他心中，"'原则'代表法制传统一贯秉持不渝，而持恒加以实践的道德价值；当然，此一道德理论已是被'制度化'、纳入法律体系的价值，已具有法律身份。过去的案件既然一直依由此道德理论所导出的'原则'来被决断，今日的案件自然不可例外。基于法律的'原则'所下达的判决，无疑是依法的判决，而且是发扬法的安定性的判决"。④

法官能否达到"原则立论法"的要求，显然成为整全性法律能否在个案中，尤其是疑难案件中得以适用和正义实现的关键所在。对此，德沃金也意识到，一般的法官很难做到。他假设了一位

①②③④　林立：《法学方法论与德沃金》，中国政法大学出版社 2002 年版，第 11、23、24～25、47 页。

理想化的"哲学家法官"，并以希腊神话中的巨人阿喀琉斯为名。这位法官充满超人的技能、耐心、专业素养及敏锐，他有能力找到最合适的法律原则，并用以成功解释历史上所有的判例。他了解其他法官的原则立论之内情，并能准确指出他们的错误，证实唯有自己的原则立论才是对过去判例及当下条件的最佳正解。德沃金虚构的阿喀琉斯无疑是法官的典范，是司法过程中原则立论法的理想主体的情境化身。

法官不能造法，但他可以促使法律自我趋向完善。德沃金的法理学图将法律与法官、立法与司法的传统壁垒击破，代之以一种两合无间、彼此一统的新局面。"整全性的法律"正是德沃金此种"法律雄心"（law's ambition）的核心范畴。法官通过发现法律原则的隐性存在，解决疑难案件中法律不明的困境，这正是有效达成法律自我完善的要道与秘诀。"因此他称此方法是法律'自我趋向完善'即法官只凭既有法律，没有造法，没有偏离既有法制的传统价值路线，却可以达到不断扩大在实际世界中所赋予的人民的权利。"① 这种论说的言下之意，诚如林立之评论："这仿佛说明有的法律是一座未被开发完的矿山，它内部蕴藏着一切宝物，可以透过诠释不断地被发掘出来。当然我们不能因此说是山增加了东西，因为宝物并非取自外地，而是此山固有的。或者是在一块未被雕琢的璞玉中，存有潜在的一个价值连城的雕像。"②

三、比牧师幸运的法官

对司法判决"唯一正解"的探寻，构成了德沃金法理学有关司法本质的最有力诠释。德沃金首先从外部标准上革新了法院的"符应真理观"（truth as correspondence）和时髦的怀疑主义立场，主张对"真实"的司法探知既不同于物理世界客观法则的自动对应，也不同于价值世界主观态度的多元相对，它类似于罗尔斯的反思均衡主观态度（reflective equilibrium）与"慎思判断"（consid-

---

①② 林立：《法学方法论与德沃金》，中国政法大学出版社 2002 年版，第 57、58 页。

ered judgment)。对于“慎思判断”，罗尔斯曾作过细致论述：“比方说，我们可以摒弃那些在犹豫之后才做成的判断，或是那些我们不具充分把握的判断。同样地，也摒弃那些我们在激动或惊恐下所得的判断，或者我们以某种方式坚持一己的获益之下所做的判断也必须被放一边去，这一切的判断很可能都是错误的或太过注意我们己身的利益所影响。(反之) 慎思的判断仅仅是那些在有利于实现正义感的情境下所做出的判断。”①

达成“慎思判断”的具体方法正是“反思均衡”。所谓反思均衡是指判断人在己身信念与原初信念之间不断往返观照，适时建构，直到两者完全处于和谐与均衡。用罗尔斯自己的话说便是：“假设将有不一致的情形发生，在这种情形之下我们就有一个选择。我们要么就修改对原初状态的解释，或者就修改我们现有的判断。因为，即使我们暂时看做固定点的判断也是可加以修正的。借着来往反复的修正，有时修改了契约环境的条件，有时又收回了我们的判断使之与原则相一致。最后我们将达到这样一种对原初状态的描述：它既表达了合理的条件，又同时产生了符合我们所考虑的并且及时修正和调整的判断。这种事态我称之为反思平衡。”②“一个正义的理论不能由自明的原则之条件或前提中被演绎出来；反之，其正当化是许多相互支持的思虑才可成就的，即一切观点都相互符应成为一个一以贯之的观点相互支持。”③

对于罗尔斯“反思均衡”方法的吸收与发挥，成为德沃金构造司法判决唯一正解理论的主题资源。他认为，“Rawls 的反思平衡是一种过程，且是双向的；我们在和理论的符应与和信念的符应之间来来往往，直到我们达到完美的相互符应。”④与此同时，德沃金以司法过程的独特角度检验并拓展了罗尔斯的“反思均衡”理论。罗尔斯开放的“反思均衡”，在德沃金的笔下，变成了高度确定的“三角结构”，即“(1) 蕴涵在判例中的前代法官的价值观(或说是体制的价值信念)，(2) 当今法官个人的价值信念，以及

---

①②③④　林立：《法学方法论与德沃金》，中国政法大学出版社 2002 年版，第 180 ~ 181、182、184、186 页。

（3）当下法官所要建构的道德理论”。① 在这三者中，德沃金着力强调的不是法官个人的价值观，他只是将其作为有条件的符应，即法官在优先符应体制价值信念的前提下，有限度发挥的弱意义自由空间。

法官运用自己的价值信念，尝试性建构道德理论，最终目的是为了有效符应体制的价值观，做到当下判决与历史先例的高度契合。“在体制的价值观不是绝对明晰的情况下，法官尚可以由自己个人的信念出发，并暂时假定这个信念即是体制的信念，而后建立其道德理论。理论建构完成后，加以检验，用它来解释过去的一切判例，只要这个道德理论可以解释过去的一切判例，那么法官就可以用它来决断当下的案件。不过，如果这个道德理论不能通过检验，解释不通过去的判例，则法官必须放弃，而后再详加浏览推敲过去判例的意旨，而后再试由另一个信念出发去建构道德理论，很可能那就不再是法官本人认为最好、最喜欢的价值信念了；但法官他终是必须以‘配合体制’为第一考量，如此尝试到能找到完美地解释过去一切判例的道德理论为止。”②诚如19世纪德国著名法学家Karl Bergbohm之言：“我们会轻视一位违背自己信念去讲道的牧师，但是我们会崇敬一位在依其法感对适用的法律感到厌恶，却仍毫不动摇对其所应执行的法律之忠贞的法官。”③为此，法官有必要放弃自身价值信念的绝对独立与崇高，一切以完美无缺的法律体系为依归，透过极高明而道中庸的“原则立论法”，解决一个又一个横亘在司法者与社会公众面前的hard case。这可谓德沃金法理学最后落脚于“司法唯一正解”的理论背景，也可谓德沃金特色的司法均衡哲学之宏大开幕。

四、美梦的延续

德沃金的“唯一正解”理论遭到了不少法学同道的激烈抨击，最有力的批评者莫过于新分析实证主义法学派的当家花旦——哈特

---

①②③ 林立：《法学方法论与德沃金》，中国政法大学出版社2002年版，第186、187、191页。

教授了。在1977年题为“以英国之眼透视美国法学：恶梦与高贵之梦”的演讲文稿中，哈特将德沃金的唯一正解理论比喻为脱离美国司法实况的高贵之梦。他认为，“美国的法学传统大致上一直被这两种极端对立的见解所把持，即‘恶梦’和‘高贵之梦’这两派”。① 他通过分析美国联邦最高法院的判例，指出，“显然我们只消用一清晰之眼审视美国的宪法判例，似乎就足以支持‘恶梦派’的主张”。②恶梦派的美国法学家属于我们现今通称的“现实主义法学派”，他们“认为美国司法的实情是法官一直在造法”。③“对于法律现实主义者来说，一个想要打赢官司的人若是把精神放在研究法典之上，那他是完全投错门径了！因为法律根本不存在于法典中，法典只是装饰品。法律是存在于法官将要下达的判决中。判决之根据并不是法典，也非判例汇编，而是法官根据其个人背景将会做出的判决。所以，如果想胜诉，则明智的做法不是去研究法典，而是先去打听法官的性格、教育背景、宗教信仰、出身阶级、家庭状况、政治倾向……方为制胜之道。”④在哈特眼里，德沃金无疑是高贵梦想的代表，其理论不足以解释纷杂的司法现实。

德沃金称这种批评为“内在的怀疑论”。对于美国司法实践中的前后不一、自相矛盾，德沃金并不认为其足以构成否定司法唯一正解的充分理由。很多情形下，这些司法实践源于“误判”，正好是司法过程未能找寻到唯一正解的恶果。不同法官可以对同一概念提出不同构想，但最终都必须最大限度地接近“唯一正解”。在德沃金眼里，司法上的唯一正解有些类似于哈贝马斯的“商谈理想情境”，或者罗尔斯设想的“原初状态”。但与这些理论鲜明的乌托邦色彩不同，“唯一正解”是极其现实的司法权运行状态，是每一个法官在实际判决中都必须牢牢把握，尽力探求的正义规诫。

要真正达到司法过程的唯一正解，离开了司法均衡是不可想象的。下面，我就德沃金法理学的困境及其解脱，略抒陋见：

1. 司法过程的唯一正解是主客观双向视角下的均衡解。“唯

---

①②③④　林立：《法学方法论与德沃金》，中国政法大学出版社2002年版，第218、219、221页。

一”是指司法真理的客观性，源于法的安定性要求，如若司法过程出现诸多正解，势必会造成法内部的竞斗。究竟什么才是真正的司法决定？可以说，“唯一”的意义在这里主要不是数量限制功能的，而是状态描述指向的，司法唯一正解乃是最适合法之价值追求、法价值内部均衡状态最优化的最佳解。“正解”之“正”乃是司法过程主观性的说明。何谓司法之“正”，正确、正直、正义的判决需要不同主体的主观判断。司法正解的形成势将经历伦理观念与法律意念的厮杀、磨合。法官的道德理论只是这种战斗中的普通一员，虽然从形式上看，它居于发号施令的首长位置，但最后的成败还得依仗其他主体的法理博弈与均衡。故此，拉兹对德沃金的批评是很有道理的。他说：“法律是一个社会体制，而不应该只单单由法官的观点来查考。”①

2. 司法唯一正解是司法过程内外双面的均衡。司法唯一正解首先面临的是“外部非均衡”的挑战，即司法真理与客观事理之间的非均衡格局。对于司法过程中真理的发现与探知，德沃金继承并发展了罗尔斯的“反思均衡法”，有效否定了符应式的真理观，塑造了一种建构式真理解释论。然而，对于司法唯一正解面临的“内部怀疑派”挑战，德沃金却没有坚守司法均衡思维，未能有说服力地回应法律现实主义者的质疑。其实，司法过程内部法官个体价值倾向与法律整体价值追求之间的非均衡状态，并非无法解决。二者之间的关系处置，可以通过一系列“情境理性”的均衡解探求，来加以廓清和说明。遗憾的是，德沃金未能针对个案的均衡解分析着力，而是下意识地采取了大而化之的模糊处理法，用哲学的大词回避、躲闪，反而使自己的理论伤痕累累，险些全盘崩溃。

3. 司法唯一正解立基于历史与现实、法传统与法未来之间的均衡解。作为一名普通法系国度的法学家，德沃金力图捍卫判例法的历史纯洁及完美，无可厚非。同时也需留意的是，他并未因此否

---

① 林立：《法学方法论与德沃金》，中国政法大学出版社2002年版，第258页。

思现实，放弃对法未来的展望与愿景。他用现实主义大师的哲学睿智提炼出“整全性法律”的法理想，以其为依归，努力以司法判决为根本视角，弥合法律理想与法律现实之间的缝隙，实现法律生长的传统不息，捍卫美国法制的至上与崇高。虽然这带有极强的法学政治情怀，但从法学的品格而言，这也在情理之中，甚至可以说，是一名优秀法学家的必要性格。在这种广阔的均衡思维面前，德沃金法理学的一些细节失态自然不再是致命的错误，而是可以宽宥、谅解并予以克服和修正的学术起点。它预示着，司法均衡哲学的使命在于，为更进一步的司法权运行揭秘留下宝贵的遗产和空间。

第五节　定量的公理：布莱克的司法社会学

一、司法运作的宏观定量公理

运行是现实的变动之面。一切事物，无论它是分子，还是有机体、行星或人，无论它有无生命，都在运行。这同样适用于社会生活，适用于家庭、组织、城市、友谊、交谈、政府和变革。社会生活无不处于运行之中。将司法权运行置于社会生活的范畴，布莱克的法运行理论框架无疑非常合用，依据这一理论，我们可以大致测算出某个特定社会状态下司法权运行的总需求量与分配、变化的一些基本规律。

从《法律的运作行为》开始，布莱克便坚持不懈地追求着一个可望而不可即的目标——像研究自然现象那样研究法律和司法现象，提供一整套用以分析、解释和预测司法权变化的客观普遍的方法和理论。在《法律的运作行为》这本书中，布莱克试图建立一个超越时空、“放之四海而皆准”的理论体系，用定量分析的方法来说明贯穿于“社会宇宙”（social space）之中的司法运行轨迹。他在1972年发表的一篇论文中曾明确指出：“我们需要这样一种理论，它不仅适用于美国法，也适用于纳粹法，不仅适用于颇费猜详的传统的中国法，也适用于殖民地法和革命法。”布莱克认为，对司法的真正科学的研究必须恪守三条基本原理：（1）科学只分析现象而不探究本质；（2）科学的观念应该是具体的、可以与经验相参照的；（3）价值判断不能求诸于经验世界。必须指出，布莱克的法行为学与行为法学（behavioral jurisprudence）以及计量法学（jurimetrics）是有所区别的，特别是在研究对象上大异其趣，布莱克理论着力于宏观；而行为法学和计量法学着力于微观，即应用心理学和统计学的原理和技术来分析个人的守法行为和司法行为，根据经验资料预测法律实施的效果和审判结果。基于这样的理论关切，布莱克试图通过对诉讼的社会结构的分析把他的抽象思维体系与司法实践结合起来，开辟了所谓“判例社会学”的新领域。据说这门学说所提供的社会地位、关系距离、权威性、组织与案件、诉讼当事人以及权利主张之间的函数关系的客观知识，将有助于律师和当事人进行正确的预测和选择。①

布莱克在《法律的运作行为》一书中有关司法权运行的量化公理可总结如下：

1. 司法运行的分层（社会生活的纵向方面）公理——基于财富不平等（资本差异，包括经济资本、文化资本、社会资本等）的司法权。

公理一：司法权运行需求与社会分层数量成正比。“如果产生争议，不同等级的人们更可能将问题提交法庭或其他司法机构。例如，在土耳其农村，几乎所有由警察或其他官员处理的案件都是涉及不同等级的人们的案件，而相互平等的人们则自行解决他们的问题，这种情况可见于每一个社会。”②

公理二：司法权运行需求与等级地位成正比。“不论是什么样的问题，比较富有的人之间总是更爱打官司。他们更可能就任何问题相互提起诉讼，不论是欺诈、过失、诽谤或是离婚。”③法

---

① 季卫东：《法律变化的定量分析和预测（代译序）》，载［美］布莱克：《法律的运作行为》，由唐越、苏力译，中国政法大学出版社2004年修订版。

② Donald J. Black. The Behavior of Law. Academic Press, Inc. 1976, p. 17.

③ Donald J. Black. The Behavior of Law. Academic Press, Inc. 1976, p. 20.

律与群体的等级变化成正比，这种等级不仅存在于群体之间，而且存在于群体与个人的关系中。甚至可以在各个社会之间列出每个社会之等级，列出社会中区域、社区和邻里之等级。这可以根据居民的财富分配状况来划分，也可以按照社会或地区的财富来划分。

公理三：向下运行的司法权总量多于向上运行的司法权。司法权从较高向较低等级移动，叫向下运行，反之，从较低等级向较高等级移动，叫向上运行。“对于民事或刑事案件，在司法过程的每个阶段，在不同等级之间的法律运行都是纵向移动。”① “从长期看，一旦指控转向较高等级的人，法律甚至可能会自动缩小其先前的管辖权。因此在马萨诸塞海湾殖民地，当巫术指控转向上层时，巫术审判就陷入停顿。指控之网开始遍及各地，不仅覆盖了这个国家的表层，还触及社会上流，于是一些颇有影响力的人们也被投入了人满为患的监狱……在这种形势下，怀疑主义的苗头逐渐地然而是确定地出现了……被折磨的女孩们……开始显露出远远超过了她们信用程度的勃勃野心。当她们指控诸如 John Alden 和 Nathanial Cary 时已经够糟糕了，而当她们提出兼有波士顿第一教堂主教和哈佛学院院长双重身份的 Samuel Willard 的名字时，地方法官直截了当地告诉她们，她们搞错了。② “即使法院受理一个低等级的原告提出的指控，并且原告已保证了他的对手出席法庭，原告对于审理的结果也没有多少信心。因为有势力的人，即使不使用贿赂或胁迫，获得胜诉的可能性也很大。法官和陪审团（如果有的话）很容易为被告的社会地位、财富和优良品性等特点所影响，而这种影响又被认为是完全正当的。”③

公理四：向下的司法权运行比向上的司法权运行更具有刑事

① Donald J. Black. The Behavior of Law. Academic Press, Inc. 1976, p. 20, 24.

② Erikson. Kai T Wayward Puritans: A study in the sociology of Deviance, New York: John Wiley, 1966, pp. 148-149.

③ Garnsey. Peter Legal Privilege in the Roman Empire. A Journal of Historical Studies 41 (December), 1968, p. 9.

性。向上的司法权运行比向下的司法权运行更具有赔偿性、治疗性与恢复性。"当富人拿了穷人的财产，对他的要求是返还财产或进行精神治疗；而穷人拿了富人的财产则更多被作为罪犯来处罚。"①

公理五：同一等级的人们更适于和解性司法权运行。"和解性法律的变化与分层成反比，这意味着，同一等级的人之间无论是高等或低等都要比不同等级人之间更易于达成妥协。等级相等越远，和解的可能性越小。随着一个社区或社会的分层增加，和解就会减少，而更多地为刑罚、赔偿和治疗所替代。"②

2. 司法运行的关系公理——基于形态—社会生活的横向方面，即人们相互关系的分配，包括分工、结合和亲近的司法权。

公理一：社会分化程度与司法权运行需求的关系呈曲线型。法律的变化与分化成正比，达到某一点之后，则成反比变化。具体地讲，法律随分化而增加，一直到分化到相互依赖的某个程度，然后随共生（symbiosis）的出现而式微。当人们在功能上没有分化，相互之间很少或根本没有交换时，法律很少；而在另一极端，当每个人都完全依赖于他人时，法律也很少。③

公理二：司法权运行需求与亲近程度（关系距离）的关系呈曲线型。在关系密切的人们中，司法权是不活跃的；司法权运行需求随人们之间距离的增大而增多，而当增加到人们生活世界完全相互隔绝的状态时，司法权需求开始减少。在陌生者之间，司法权需求达到最高值。

公理三：司法权运行总量与社会一体化程度成正比。居于社会生活中心，社会一体化程度高的人所需司法权运行多于处于社会边缘的人们。换句话说，处于社会边缘的人们之间的违法要轻于与社会生活更加一体化的人们之间的违法。"大量法律所调整的也总是与一体化程度高的人们相关的事情，如就业、交换、组织行为、管理和婚姻等。"④ "一个社会化一体化的人对社会边缘化的人提出控诉的可能性随他们的社会一体化程度的差异的增大而增大，控诉

---

①②③④ Donald J. Black. The Behavior of Law. Academic Press, Inc. 1976, pp. 33-34, p. 35, 58.

成功的可能性也随之增大。"① "未婚者、离婚者或失业者、逃学者、流民、缺乏友谊的人以及破裂家庭中的孩子——所有这些人，按照边缘性理论，都更有可能进行不轨行为。"② "在法律过程的每个阶段，社会边缘化的人都更容易受到法律的威胁。"③

3. 司法运行的文化公理——基于社会生活符号的司法权——司法权运行总量与文化总量成正比。"文化的量因社会环境不同而变化。在某些地方，文化非常多，以致初来乍到者需要花费数月乃至数年的时间来熟悉它的许多特性，否则就无从知晓，而在有的地方，只有很少的文化，并且早已众所周知。" "在文化稀少之处，法律亦少；而在文化丰富之处，法律亦繁荣。"④ "在创造性活动或其他文化活动繁荣之时，立法和诉讼也随之增加。例如，在欧洲文艺复兴时期，18 世纪末 19 世纪初以及 19 世纪末 20 世纪初，法律的发展尤为迅速。"⑤ "在一个社会或社区内，法律在文化空间中的分布是不均衡的。"⑥ "个人的文化取决于他有多少思想，取决于他的穿着、饮食、行为、观察和娱乐。个人生活中的文化的量预示了其生活中的法律的量。"⑦

4. 司法运行的组织性公理——基于社会生活的组合方面，即采取集体行动能力的司法权——司法权运行总量与组织性程度成正比。⑧即使如今组织在许多方面增加了，它的范围却在向相反方向发展。越来越多的人从一个组织流向另一个组织。这些组织继续存在，而其成员的成员身份的寿命却越来越短。⑨未来的组织将是长久的，但却很软弱。这涉及司法权运行量质的组织化均衡问题：从总量上看，我们必须采取有效手段控制司法组织的构建总量，但在质上，我们应当明确司法组织的独特性。控其量而隆其质也可以称为一种特殊的均衡要求：量与质的均衡。

5. 司法运行的社会控制公理——基于社会生活规范方面的司

①②③④⑤ Donald J. Black. The Behavior of Law. Academic Press, Inc. 1976, p. 60, 65, 76.

⑥⑦⑧⑨ Donald J. Black. The Behavior of Law. Academic Press, Inc. 1976, p. 76, 77, 100, 160.

法权——司法权运行总量与其他社会控制力量成反比。社会控制规定了不轨行为并对这种行为作出反应，它规定了什么是应出的，什么是对或错，什么是违反、责任、反常或扰乱。① 社会控制可以解释处于组织内、邻里间、公共场合中和面对面偶然相遇中人们的行为。②社会控制的量根据不同场合而变化。例如，私人场合中的社会控制多于公共场合，而法律则少于公共场合。有自己的保卫系统的组织，法律也较少。朋友间的法律也少于一般关系。法律甚至在同一天的不同时刻也不同。例如，当人们入睡时，大多数社会控制也就松懈了，而法律却增加了。③ “夜晚是警察活动最频繁的时刻……睡觉期间的公共控制的加强可能是与非正式控制的瓦解相联系的。当人们之间的交往停止时，除了官方的威胁或身体的制约外就没有其他制裁了。在夜晚，社会的法律结构变得赤裸裸，白天里那些如同血肉一样附在法律骨架上的非正式社会控制的复杂系统在黑夜里都剥落了。”④ 在布莱克看来，如果现代社会的这些趋势继续下去，很可能在几个世纪内或迟或早，将出现一个新的社会。这将是一个平等的社会，人们专业化了，但又是可互换的；这是个游牧者的社会，人们既亲密又有距离，既同质又多样化，既是有组织的又是自治的，名誉和其他地位每天都会变化。昔日将在一定程度上回归，但社会却是不同的社会。它将同时是公社型的和情势型的，是一个对立统一的均衡社会。

布莱克对未来均衡化社会生活的畅想，可以表达他力图建构一种司法均衡运行分析框架的雄心。他说：“可以设想，这是一种亲密和疏远、相似和差异、稳定和变化在同一场合的共存。可以想象一下这样的人们，他们在某些方面是共生的又是可互换的，在某些方面是密切的和同质的，而在其他方面则又是陌生的和异质的，想

①②③ Donald J. Black. The Behavior of Law. Academic Press, Inc. 1976, p. 123, 124, 129.

④ Aubert, Vilhelm & Harrison White. Sleep: A Sociological interpretation in the Hidden Society. Bedminster Press, 1965, pp. 129-130.

象一下成员不断流动的组织，并且想象一下地位和名誉的不断流动，即使存在着不平等和污名也都只是暂时的。"①

二、司法运行的微观社会结构

在《法律的运作行为》之后的《社会学视野中的司法》一书中，布莱克致力于微观法社会学的研究，试图揭示那些法律上相同的案件常常得到不同处理的内在原因。他认为，案件的社会结构是司法过程中隐蔽的关键所在。在他看来，法律规则、原则无非是法律表层的一些"技术性特征"，除了法律的技术性特征——法律准则具体应用于实际案件中的过程之外，每一案件还有其社会特征：谁控告谁？谁处理这一案件？还有谁与案件有关？每一案件至少包括对立的双方（原告或受害人以及被告），并且可能还包括一方或双方的支持者（如律师和友好的证人）及第三方（如法官或陪审团）。这些人的社会性质构成了案件的社会结构。② 这些社会结构的内在差异决定了法律量的不同。易言之，法律量的变化与案件社会结构的差异性是紧密关联、结为一体的。具体而言，包括下述几种"效应"：

1. 对手效应，即"谁告"的问题

对立双方不同的社会地位会带来不同的司法效应。布莱克以美国社会为例，在美国，当一个黑人被认定杀死了一个白人时，被判极刑的危险要远大于任何种族组合的情况。在俄亥俄州，它比黑人被认定杀死黑人而判极刑的可能性高出近 15 倍；在佐治亚州高出 30 倍；在佛罗里达州高出近 40 倍；在得克萨斯州高出近 90 倍。③ 此外，关系距离、文化距离也构成对案件司法处理的实质性影响。

2. 律师效应，即"谁辩"的问题

布莱克发现，"律师的社会地位越高，其当事人获得的利益越

---

① Donald J. Black, The Behavior of Law. Academic Press, Inc. 1976, p. 155.

②③ 参见［美］唐·布莱克：《社会学视野中的司法》，郭星华等译，法律出版社 2002 年版，第 5、8 页。

多”，“律师还可能显著地改变案件的关系结构”。①

3. 第三方效应，即“谁审”的问题

“谁是法官？谁是检察官？谁是警官？谁是陪审员？他们是男人还是女人、老人还是年轻人、已婚还是未婚、富有还是贫穷、白人还是黑人、是英格兰人、爱尔兰人、犹太人还是西班牙裔或葡萄牙裔？法官在此案之前是否认识当事人或律师？”②这些在布莱克看来，也是案件社会结构的一个重要组成部分。布莱克发现，第三方权威性高低程度直接影响司法案件的处理，并且第三方权威性程度往往与其自身相对的社会地位成正比。“与对立双方和他们的支持者的社会地位相比，第三方的社会地位越高，其行为越容易表现出更大的权威性。”③权威性程度高的法官往往倾向于依据法律条文作出明确的判决，而权威性低的法官及陪审员往往倾向于折中处理，一般不会作出完全有利于某一方的判决。不仅相同的第三方与对立双方的亲密程度，关系距离也是造成司法处理不同的一大原因。布莱克指出，这种关系距离与权威性程度的关联模式同样适用于文化距离，例如种族、职业、性别、代际之间的文化距离。总之，对立双方与第三方（法官或陪审团）的社会文化距离越远，判决的结果往往越具有权威性和决定性。

4. 言谈效应，即“谁说”的问题

布莱克引用最新的实验结论，指出，如果人们以一种社会地位高的人的方式作证，可以提高他们在法庭上的可信度。④

布莱克认为，差别待遇在司法生活中是稀松平常的，但传统法理学观念却视社会差别为异常。⑤所以，他倡导与传统法理学注重逻辑分析截然不同的法律社会学视野中的司法分析方法——注重对案件的社会结构加以科学描述与揭示，侧重于对法律变量的解读，以更合理地阐释不断变动、随时有异的司法过程。

他从律师视角具体解说了这种“法律实践中的社会学”。它们

---

①②③④⑤ ［美］唐·布莱克：《社会学视野中的司法》，郭星华等译，法律出版社2002年版，第11、12、15、18页。

包括，从专业角度筛选案件；设计费用支出；选择参与案件人员；决定是否要求庭外调解；审判前的准备工作，选择法官、陪审员、审判地点；设计审判中的策略；当败诉后决定是认罪还是继续上诉。① 如何减少法律上的歧视与差异实现司法的均衡理想？布莱克也从方法论的角度开出了自己的药方。

1. 建立法律合作社团

这种法律联合体具有类似于索马里传统社会中“通赔团体”的特征，这是因为现代法的发展很多情况下都是对传统法的超越性复原。在布莱克看来，法律合作社团有利于增加个人的法律权能力量，使“法律事务中的势力均衡状况发生戏剧性变化”。②法律合作社团既可以解决内部纠纷，同时也处理涉外冲突，既可以介入民事案件，也可以介入刑事案件，特别是在对刑事案件的介入中，法律合作社团有利于现今“恢复型司法”的勃兴，避免刑罚手段过多被采用，“法律合作社团为现代生活中调解及谈判方式的发展注入了新的内容”。③ “法律合作社团不但有那些以家庭或其他原始群体为单位的个人参加，而且面向所有个人敞开。它将法律带入社会发展的主流，向那些现代社会中没有组织身份的个人在遇到法律问题时提供组织的帮助。”④ “法律合作社团不仅减轻了个人相对于组织的懦弱性，而且使案件在很大程度上均质化了。因此，组织及其他方面的歧视能够得到缓解与中和。”⑤

2. 减少司法过程中的社会信息量

布莱克发现，如果在司法过程中没有社会信息的渗入，无论案件本身有多大的不同，只要其性质一样，严格来说其处理结果应该相同，只有当事人的社会特征为司法者所知晓，社会特征才会对司法过程产生影响。所以，从理论讲，减少司法过程中的社会信息量，有效控制社会特征对司法处理的不良影响，是实现司法价值的重要途径。“案件社会信息的减少——法的非社会特征化将彻底消

①②③④⑤　[美] 唐·布莱克：《社会学视野中的司法》，郭星华等译，法律出版社2002年版，第29、48、53、56、63页。

除法律歧视。"① 对此，布莱克论述了三种情形：一种是法庭审理的部分非社会特征化，比如某些特定社会信息不允许作为证词，禁止盘问过细等司法规定。第二种是所谓激进的非社会特征化。比如，禁止当事人证人当庭陈述，因为这有可能暴露相关社会信息。法官和陪审团主要依据规范化、统一化格式编辑而成的手写陈述与证词。甚至，律师也要排除在法庭审理之外，因为律师本身也能透露案件有关的社会信息。第三种是最为彻底的非社会化特征司法，布莱克名之为"电子司法"，用电脑处理案件，将法官和陪审团逐出法庭，这样所有案件处理都会彻底的非社会特征化和标准化。最后分析的结论，布莱克承认，或许"这种歧视是法律与生俱来的"。②

3. 社会的非法律化

布莱克批评了霍布斯式的国家法律至上主义，认为，"大量的人类学证据表明：许多处于无政府、无法律状态的社会，不仅普遍地存在于现实中，而且运行良好"。③相对于正式的司法救济，自助、逃避、协商、第三方调解、忍让都可能是"法律的替代物"，④相反，对法律的过度依赖和沉湎往往是极权主义的结果和体现。"极权主义社会对法律的依赖似乎达到了登峰造极的程度，如斯大林时期的苏联和希特勒时期的德国"，"这种社会制度之所以能够实现全方位的社会控制，是通过鼓励人民把所有的纠纷交由官方处理而实现的，不管所涉及的纠纷多么微小"。⑤ 布莱克用"基蒂·吉诺维斯综合症"这一术语描述过于倚赖国家正式法律救济的恶性处境。⑥ 布莱克对于日本当局有意识寻求法律最小化的政策

①②③④ ［美］唐·布莱克：《社会学视野中的司法》，郭星华等译，法律出版社2002年版，第72~76、81~84页。

⑤ ［美］唐·布莱克：《社会学视野中的司法》，郭星华等译，法律出版社2002年版，第85页。

⑥ 1964年，基蒂·吉诺维斯（Kitty Genovese）小姐被一名歹徒强奸并杀死。在她受害的过程中，38位邻居都听到了其呼喊，却无一人采取任何救援行动。事后这些邻居解释说，他们都认为当时已有人报了警，或者干脆认为这种事情就不是自己应该理睬的，警察才是唯一合法处置的主体。参见［美］唐·布莱克：《社会学视野中的司法》，郭星华等译，法律出版社2002年版，第87页。

非常欣赏，他认为，“日本的社会控制体系似乎并未引起反社会的行为，相反，它比当今世界上任何法律体系都更为有效”。①

在《社会学视野中的司法》的最后一章也即“结论”部分，布莱克重申了法社会学研究的重要意义，并着重针对作为法社会学的法理学和社会政策之间的关系加以讨论，提出“法律和司法的本质到底是什么？目前面临的挑战和问题是什么？对策是什么”？②

为此，布莱克分析了法律的三个维度：“第一个维度是实体的，包括它的内容和目标。什么样的行为被禁止和限制？某具体条文的目的是什么？第二个维度是程序的，具体规定法律规则如何被制定和实施。什么决定其真实性？诉讼如何开始？什么时候证据可以在法庭上作为呈堂证供？”③第三个维度，在布莱克看来，是传统法理学忽略的，即“就像不同的案件在实体上和程序上是不同的一样，案件在社会意义上也是不同的：谁起诉谁、谁支持谁、谁裁决谁的案件。法律的第三个维度就是社会学的维度”。④

布莱克将法社会学的意义归结为两大方面：一是危机意义，一是改革意义。“法社会学的核心发现就是，案件的处理具有社会相关性——歧视是普遍存在的。”⑤这一发现使得传统法理学的诸多正义神话不攻自破、无地自容，同时也使因社会差别造成的法律歧视与非均衡具有了某种学理上的合法性，造成了现代法律认识论的“危机”。由于这种危机，这就必然要求实行法律改革以减少歧视，通过诸如把个人凝合为法律合作社团、减少案件社会信息、减少法律自身的司法权限和法律的应用等方法尽可能实现法律运行过程的均衡化目标。总之，“一种新的社会学的法学，将认为把法律概念仅仅理解为条文的做法是不完善的，也是已经过时的”。⑥

---

①②③④⑤⑥［美］唐·布莱克：《社会学视野中的司法》，郭星华等译，法律出版社2002年版，第85、93、103、105、111、115页。

第三章 司法均衡的理念新解：现代后的人与法

> 自然选择所不能做的是：改变一个物种的构造，而不给它一点利益，却是为了另一个物种的利益。
>
> [英] 达尔文①

第一节 均衡的法理人

人的问题向来被哲学家视为最神奇的领域，在科学主义甚嚣尘上的今天，对人的分离性宰制已让人的形象支离破碎。在消解本质生存设问的日常生活中，人的问题已成为不必要的追寻。有关人之本质的探寻也被视为装点性哲学必要的思想浪费，它提供给受众的无非是日复一日大同小异的论调与聒噪。

研究人的问题，目的何在？方法何在？对象何在？评价何在？这一系列的前提发问都迫使“人学”的研究走向一种“非人”的路径。人的本质不是人自身，而是外在于人但也内在塑构人的神奥力量，它来自于朦胧的民族精神也好，归属于现实的权力意志也罢，都不能摆脱“非人”化的论说。那些本是基于人而模拟、虚构的制度、国家、社会反倒置于人之上，成了其本质。那些本是无

---

① [英] 达尔文：《物种起源》，周建人等译，商务印书馆 1997 年版，第 101 页。

关于人的正常生存之精神与意志，也摇身变做了人的始点。在马克思看来，人本学的研究都有一个共通弊病，那就是不从人自身的过程来看待人的本质。

人与物的区别，在于其独特的生命过程，这种过程是历史文化意义上的过程，广而言之，是人为法理构造的过程，而非简单的自然规律支配的实体。

一、睿智的理性人

人对己身的思考，永远不会有完美的答案。人论的本质，自身便能折现人性的本质。人思考世界的向度有两个侧面：向内和向外。内在的沉思，被柏拉图赋予了先验主义哲学的光辉，外在的探索，则被亚里士多德打上了知识合法性的路戳。而关注人的哲学转向，发生在苏格拉底身上。他把人定义为：是一个对理性总是能给予理性回答的存在物。人的知识和道德都包含在这种循环的问答中。正是依靠这样一种对自己和他人作出回答（response）的能力，人才能成为“有责任的”（responsible）存在，成为一个法理上的合格主体。基于人的理性回答权能，人的向内思考与向外探索才能聚合为整全的知识体系。可以说，人的知识论核心正是在于对己身的前提思考，人文学是伦理（社会）科学与自然科学的契合点，也是人类知识的中枢神经。

人的理性回应权能，集中体现在人在自我质询中的判断力上。在斯多葛主义眼中，人一旦确信自我在整个宇宙秩序中的真实存在，这就是不可改变并不可扰乱的神圣秩序，同时也就意味着人固有的辨别力和判断力的不可侵犯。“在人那里，判断力是主要的力量，是真理和道德的共同源泉。因为只有在判断力上，人才是整个地依赖于他自己的，判断力乃是自由、自主、自足的。”① 在马可·奥勒留看来，人的焦虑不安，奴役受制，很多时候就因为注意力分散，判断力消泯。变动不居的宇宙，只有在明确而理智的生活

① ［德］恩斯特·卡西尔：《人论》，甘阳译，上海译文出版社1985年版，第11页。

判断下，方可成为人诗意栖居的场所。人与宇宙的和谐及均衡，也根系于这种人特有的理性判断权能。

二、神秘的宗教人

古典哲学中人的形象往往呈现某种原初的纯朴，如同深处的山泉，甘洌之余还能引发诸多观照现实的批判之思。睿智的理性人，苏格拉底就是一个经典形象。然而，苏格拉底面对审判的困惑，让他的睿智与理性回应显得不那么完美。当睿智的个体面对非理的大众，理性对话如何可能？人的标准形象并非现实的描述，确系哲学上的前设与虚构。而当一种哲学放弃了这个前提，其结论自然大相径庭。

中世纪最伟大的教父奥古斯丁的人的理论正是基于尘世中非理大众的客观现实。根据奥古斯丁的看法，在耶稣基督降生以前的所有哲学，都有一个根本的错误倾向，那就是将理性的力量追捧为人的最高力量。然而，理性本身是世界上最含混不清、最成问题的东西之一。理性不可能为普在的，为我们提供通向真正澄明、真理与正义的道路。只有靠基督的神启，我们才能破除理性的蒙蔽，回返真正的理性本原。在他看来，人的理性是分裂为两部分的矛盾体：一部分是神赐的，另一部分则是堕落之后自身获求的已遭扭曲的理性。神的力量是人的理性重返自身本源的唯一希望，人永远不可能靠自身的力量找到救赎的方法。

在宗教思维中，人永远是被神秘化的对象。这种神秘化，或许是人本质认识史上的必要之惑。用巴斯噶在《沉思》中的话就是“再没有什么能比这种学说更猛烈地打击我们了。然而，如果没有这种一切神秘中最不可理解的神秘，我们就不可能理解我们自己。关于我们人的状况这个难题在这种神秘的深渊中结成了难解之结，以致与其说这种神秘是人所不可思议的，倒不如说没有这种神秘，人就是不可思议的”。①

---

① ［德］恩斯特·卡西尔：《人论》，甘阳译，上海译文出版社 1985 年版，第 17 ~ 18 页。

三、自负的科学人

古典哲学与基督教哲学尽管对待人的具体方式有别，但把人看作宇宙之目的，在这一点上是共通的。“两种学说都深信，存在着一个普遍的天道，它统治着世界和人的命运。这种概念是斯多葛思想和基督教思想的基本假定之一。”① 这个假定，在科学思维中，被首先推翻。新的宇宙观降低了人的地位，人要求成为宇宙中心的权利失去了基础，人被置于一个广阔无垠的空间，在这种无声的包围中，人失去了反思自身的兴趣与动能，开始将外在知识的探寻作为内省观照的基础。

自卑的转化，即是自负。人类面对宇宙时感到的渺小与惊恐，一旦渗入理性权能观念的复兴，便会意外发酵出新的人之本体：自负的科学人。

蒙田曾宣称，只有人才能根据诸事物的真实价值和宏伟外观评价大自然与人类自身的各个族类，因为人具有理性的力量。布鲁诺以近乎诗一般的语言，宣扬了无限的宇宙，它意味着广大无边和不可穷尽的丰富性，也意味着人类理性不受任何限制的力量。伽利略主张，人在数学中可达到同上帝一样的广知博识。笛卡尔认为，“我思”的怀疑是“我在”的证明。莱布尼茨主张用微积分式的数理工具看待世界及人类心智。斯宾诺莎干脆创立一种有关伦理世界的数学理论，以描绘新的人之本质与理想。狄德罗断言数学将是人类理性的终点。达尔文主张对“变异”微观研究也是构造理论大厦的重要技巧。丹纳甚至觉得艺术哲学也是一个力学的问题，他还在《现代法国的起源》一书序言中明确声称，要像研究“一只昆虫的变化”那样去研究法国大革命。

四、迷惘的现代人

自康德开启了对科学理性的哲学清算，非理性主义的潘多拉魔

① ［德］恩斯特·卡西尔：《人论》，甘阳译，上海译文出版社 1985 年版，第 18 页。

盒便不断爆发出有关焦虑、迷惘、死亡的奇异精灵。叔本华宣称“世界是我的表象”，这是一个真理，是对于任何一个生活着和认识着的生物都有效的真理，不过只有人能够将它纳入反省的、抽象的意识罢了。① 人对纷乱现实的内省，在现代生活中，集中体现为一系列现代性意识的产生与滋长。迷惘，正是现代人的突出意识表征，也是非理性主义对科学人形象的彻底颠覆。

叔本华说：“欲求和挣扎是人的全部本质，完全可以和不能解除的口渴相比拟。但是，一切欲求的基地却是需要、缺陷，也就是痛苦，所以，人从来就是痛苦的，他的本质就是落在痛苦的手心里的。”②痛苦的现代人只有在神秘的直觉或权力的意志中获得解放。如果说叔本华塑造了一个消极、悲观、沉思、静默的迷惘现代人形象，尼采则以其狂放不羁的酒神精神，释放了现代人非理性情绪的极限。尼采构思的“超人”，是被超越了的人，是理想化的人、完全的人。超人是“非人”，是“金发野兽”。在叔本华和尼采生活的时代中，还有一个不为世人所知的基督徒，他叫索伦·克尔凯郭尔。他是一个生性忧郁、孤僻的人，在他看来，只有人的存在才是真正的存在，哲学的任务就在于研究人。而“人”首先意味着“个体的存在”，人的本质是非理性的孤独个体，必经审美、道德和宗教三个思想阶段。人的终点是对理性的否定，信仰之光只有在理性死后方能点亮。

法国存在主义大师萨特更是直接将人的存在定性为“荒谬”。在萨特小说主人公眼里，周围一切和他本人一样都属于同一类的丑恶和痛苦，“存在的关键”、“生命的关键”、“厌恶的关键”，就是荒谬。一切都是荒谬，“我们的出生是荒谬，我们的死亡也是荒谬”，存在即是荒谬。

现代人的迷惘，可以用加缪《薛西弗斯神话》中的隐喻表达。薛西弗斯是希腊神话中的一个人物，因为得罪了天神，被打入地狱，罚做苦役。每天都得把巨大的山石从山脚推到山顶，每到山

---

①② ［德］叔本华：《作为意志和表象的世界》，商务印书馆 1982 年版，第 25、427 页。

顶，巨石又会重新滚到山脚。他又得再次奋力推巨石上山。如此循环，经年累月，永无休止。然而，薛西弗斯并不感到厌倦，人生的荒谬性决定了现代人的“焦虑”和“迷惘”永无终点。

五、均衡的法理人

剥离“均衡”添附的技术性征，将其原本意义提纯，并运用于抽象的哲学思辨层次，我们不难发现，均衡应当是人之生活的基本主旨与样式。均衡的人性，意味着“善”、“恶”的先定立场在具体生活中的失效，检测人性的标尺不再掌握在真理制造者的手中，因为均衡必须从生活过程本身体验和把握。均衡的人生，同样意味着“成”、“败”的功利主义标准不再放之四海而皆准，评价人的价值理应从不同主体的不同境遇出发，结合实际的欲求及对欲求正当化满足的不同程度确认。均衡的人权，也不带有权利本位或权利中心的话语强势，以某种体悟式、参与式、广延式的方法确立人在社会、群体中的正当位置，再来议论权利的类型与界限。均衡生存的人，不再是先在、超验的睿智理性主体，也不再是逻辑、经验的几何科学构造，更不会是神秘、虚无的上帝肖像与荒谬存在。均衡的人因为内具了法理层面的敏锐判断力、正义感与法律推理技术，而能有效地安顿身体与内心、群体与个我、实存与意识之矛盾与乖张，并巧妙利用悖论后的动能，在正义化生活目的引领下，合乎法意地正义栖居。

均衡的法理人通过“法”的辅助、导引，谋求人的“在场”。无论“法”是先验的神光还是理智的造物，它都是因人而生为人而存的文化符号。法的生命，因人的形象而激活，也因人的变化而折转。人的“在场”，本质在于，人不是作为手段和工具认识论或方法论的对象而存在，人的“在”是本体性地存在，具有“亲在”的意蕴。人，首先作为“自在”主体而降临世间，没有任何理性化的演算与推断，也不带有明确的功利主义意图，人来到世间这个“场”，任何规范、约束对人的初生都是陌生而外在的，人的自在状态决定了他不可能立即承担法律上的责任或义务，此时的人，不算是“完人”。自在的人，是人之在场过程的第一个阶段。接下来，人要进入“定在”状态。对人性、人情、人权等人之基本存在要素的确定，是一切外部规范的共同任务。在诸多规范中，法律规范是具有权威性和确定性的，是对诸多定在规范的兼摄与综合，因而，人的“定在”过程就是人与法的亲密接触过程。此中，有的人是严格的守法主义者，有的人则是狡猾的避法主义者，还有的人则是公然的犯法主义者。通过法的定在，人实现了分化，也塑型了不同的人生、人心与人格。并非所有的人都能走到人的终极阶段。虽然在生理上，所有的人都走向共同的终点——死亡；但在法理上，并非所有的人都能获得超越“定在”而奔向“亲在”（实在）的结果。人的自由，仿佛一夜间全然回复，人心仿佛回到婴孩般无知和纯洁，人的行为又是那么从心所欲不逾矩，这大概就是儒家的“仁人”境界，这种境界，也是法理人的均衡图景。

第二节 司法过程与人的“在场”

卡夫卡在《诉讼》中讲述的正是司法过程中“人”的形象探寻问题。现实主义会把这个故事解读为反映资本主义世界法律罪恶，尤其是司法腐败的生动教材。存在主义则倾向于从中体察人的无奈与荒谬，认为建立于人权之上的法律同样是自我悖谬、无法理解的“怪灵”。理想主义会在绝望中发现解脱的亮光，毕竟，在故事主人公 K 临死的一刻，“不灭的光”有了喷薄而出的迹象。其实，“卡夫卡所写的全部故事都是关于一个问题的直接的想象的表述，这个问题就是：置身于这个世界的人类怎样才能调节自己的生活以便与属于另一个世界的法律保持一致，这法律的奥秘是人类也无法确切地加以解释的，尽管看上去这些奥秘并不是什么奥秘”。①确而言之，卡夫卡力图透过悖谬境态的司法个案论证学术话语不及的深邃法理：司法过程中“权”、“法”、“人”三者的有效均衡如何达成。卡夫卡一生都生活在矛盾、苦闷与无法解脱的困境中，法学专业素养与法律职业经验启发其心智的方向：能否透过某种寓言

① 叶廷芳：《论卡夫卡》，中国社会科学出版社 1988 年版，第 65 页。

式的笔法向人们展示一种司法权运行的均衡图景？他最终找到了答案，这个答案就隐藏在本节解读的《诉讼》文本中。

一、法与人之间：司法权的位置

卡夫卡那则著名的“法门”寓言，表达了一种带有浓厚自然法观念的法本体论。“法”，居住在无人知晓的内宫，是神秘莫测的世间主宰。法的作用与形象，只能透过具体的人生来解读。当卡夫卡将“法”的大门毫不吝惜地向读者敞开那一刻起，对“法”的理解便成了人的宿命和权利。乡下人虽然无缘最终见到“法”，实现他对正义的要求，但是，在“法”的门前，日复一日年复一年的观察与研究，使他具备了理解“法”的独特权能。守门人必须认真对待乡下人，因为，求见“法”这一行为本身就代表了某种权利原型。可以说，人与法的缠绵，源于无知的法律观。司法权的起源秘密，也在于这种“正义情感”的自然流淌。① 对司法权的研究，必须从“正义”入手，正义观，换句话说，就是人之“法理”。

在试图接近“法”、理解“法”，甚至占有“法”、征服“法”的人当中，K是特殊的一个。K的最初形象，可以说处在“自在”与“定在”的过渡阶段。当他被逮捕的那一天，他还天真并执著地认为，自己生活在一个法治的国家，人人安居乐业，所有的法律都在起作用，谁敢在他的住所里侵犯他呢？② 正是这种朴直的法理误导了K的行动，现实生活再一次用荒谬讥讽了K的理想。他不知为何，无缘无故被一群莫明其妙的“打手”宣布逮捕，恰恰发生在他的卧室、床边——号称法治社会最隐私的空间。虽然如此，

---

① 对于“正义情感”，斯宾塞说：“这种情感显然并非由他人经历的简单的愉快和痛苦的再现所组成，但它是由一些情感的再现所组成的，这种情感就是他人在已被或将被允许或禁止做能获得快乐或逃避痛苦行为时所感受到的情感。”［意］加罗法洛：《犯罪学》，耿伟、王新译，中国大百科全书出版社1996年版，第41页。

② ［奥地利］卡夫卡：《诉讼》，孙坤荣译，上海译文出版社2002年版，第5页。

K依然坚信法律会自动发生作用，他依然把事情想得很简单：那天正是他三十岁的生日，或许是同事们善意的恶作剧。K不喜欢将自己融入法律的“定在”，蔑视那帮法律守门人的行径，对他们的一切都感到厌恶和可笑。K是个内心笃定的法理独立主义者，但这样一个异端，一旦面对法律的既定逻辑，势必遭遇连续的挫败。

司法权首先以强制性的国家公权面目出现。它面对的“人”是不确定的，所谓“普遍的大多数”。司法公权凭靠的依据同样是不确定的法律，至少，K无法理解自己为什么会被司法机关逮捕、传讯直至最后的审判与执行。K一开始就不像乡下人那样谦恭，具有坚定的寻“法”意图。K的“法”是无须寻找的，它自在于内心，外化为公理。所以，K接受的诉讼与审判，从本质上讲就是不均衡的权能博弈。K在司法过程中的权利，被他逐一放弃和否定，而司法公权力又不顾这些，继续神秘运行，最终的结果必然是K的人生终结。

换个角度思考，K或许并没有放弃对自身权利的吁求。他渴望获得公正的对待，司法的透明、合规、公开、权威等等，都被K不断提起。可以说，支配K的正义观是非常符合现代性司法理念的，但是由于这种吁求没有制度管道实现，成了无声的抗争。K无法在法律体制内部找到与他意见相合、逻辑相符、旨趣相投的“人”——这说明，司法公权本身具有权力天生的弱点，与法理人的多元性并不合契。法律的人形象，在卡夫卡笔下，多是昏愦、无理、色情、贪婪、狡猾之辈，他们希图将“法”的恩泽全盘霸占，对“法”的操纵能最大化地满足自身利益。但是，真正与“法”相关的人是普遍的、多元的“法理人”，他们信奉的法意与法律人的解释可能不相一致，甚至根本冲突。这个时候，如果没有必要的均衡平台，悲剧就难以避免。

司法权，究其本原，无非是对“法”的掌握权。但“法”的先在、神秘使人只能努力接近正义，而不可能完全实现正义。对正义的追求，有着相对确定的法学步骤，无论是专业的法律人还是普通的法理人，都需要沿着这些既定的路线行走，这样的“司法”才是合乎法意本原的过程，才会产出相对理想的法律结果。问题关键在于，司法权的掌握主体究竟应当如何均衡？现代宪政原理的伟大之处，正是以凝约的宣言表达了“权能均衡”这一不朽主题。司法过程中的人权与公权的博弈均衡，是司法权运行的最佳正解。

二、法律与法理：司法权的依凭

卡夫卡在大学攻读法律，并获法学博士学位。法院的实习经历以及长期的保险法实务工作，使他获知了法律实体上的诸多知识与细节。透过对实在法的悉心观察，卡夫卡说，“我们的法律不是大家都知道的，它们是一小撮统治我们的贵族的秘密。我们深信，这些古老的法律被严格地遵守着，但是，依照人们不知道的法律而让人统治着，这毕竟是一件令人痛苦的事”。① K 在临死前还不知道法官在哪里？他心中最高法院的正义宣谕者又在哪里？K 并不是未见过法官，未到过法院，只不过，他所接触的法官与法院都不符合其内心认同的“司法”形象。他从法理上否定法律的实存，势必造成有关他的那个莫名指控在一种非均衡的司法境态中展开。K 不希望成为法律的“定在”，最后用生命的代价捍卫了内心的法理。

这与苏格拉底的审判何其神似！苏格拉底与 K 一样，明知法律的实际运行逻辑，偏偏不肯作一丝妥协，最后都或主动或被动地接受“死亡”的判决。司法权运行终端都不约而同地指向某种宗教上的解脱：摆脱世俗司法罪恶，迎接天国司法拯救。对法理“不灭之光”的探寻，构成了另一种完全不同于国家实证司法公权运行的图景。这种图景，我们可称之为“司法人权”的运行，正是这种别样的“司法权”构成了司法均衡最具深意的风范和表现。

司法人权的依凭，是不同于法律的法理。司法人权的主体，是不同于专业法律人的均衡法理人。司法人权的内容，也是不同于审判、审查权的正义情感、裁量理性及整全关怀。司法人权的获致，必须有人的“在场”，前提是“法本于人”理念的张扬。“法”不再是上帝，不再是科学，也不再是规范，它更多的是人的模拟，或者说，是对理想人形象的重生与型构。司法不再是实体权力的实在

① 《卡夫卡全集》，叶廷芳编译，河北教育出版社 1996 年版，第 411 页。

结果，而是程序权能的程式操控。程序化的司法人权并不意味着多元法理见识的删同一律，而是重叠法理共识的制度建构。司法人权的发展与证立，是司法权运行机制创新的核心与关键。

三、失范的规范：司法公权的悖谬

在《诉讼》中，卡夫卡极尽心力地描绘了一系列生动鲜活的司法公权者形象。这些形象大体可分为：（1）公权的初级代表，或者说是法律之门的第一道看护者。逮捕K的两个看守和一个监察员，正是这一形象的代表。用看守的话说："我们的机构……从来不去民间寻找过错，而是如法所规定的那样，被罪所吸引，因而不得不把我们这些看守派出去，这就是法。"① 他们力图高升自己的地位，垄断法律的操控权。（2）正式代表，即审判者、法官。他们报复心强，好发脾气，善变难测，并淫秽好色。法院也延伸到民房、画家的阁楼、律师的私宅，因为法官的权力必须与这些因素打交道。虽然法院和法官是司法公权正式意义的代表，但实际上影响法官裁决的隐蔽权力主体流散于社会的各个角落。（3）外围力量，也就是那些暗处强化、分化司法正式公权的主体力量。了解法院内幕的画家、律师、打字员小姐、厂主、神甫，甚至法庭的听众、法院阁楼、楼梯上玩耍的女孩子们都具有某种非正式的司法公权力，这种权力符合福柯定义的权力特性，也在事实上与司法公权的运行粘为一体。

司法公权的网状建构，在K看来，是不可思议的怪象。但在那些熟悉、认同这种现实的人看来却再正常不过。来自于乡下的K的叔叔希望自己能代表K处理这个棘手的案子，在他看来，自己"熟悉这方面的门道"。② K最终拒绝了叔叔的好意代理，因为他希望通过自身的法理抗辩获得正义的实现。在K看来，他所面对的

---

① Franz Kafka, Der Proze. Frankfurt am Main: Fischer Taschenbuch Verlag. 1994, p. 14.

② ［奥地利］卡夫卡：《诉讼》，孙坤荣译，上海译文出版社2002年版，第73页。

一系列司法公权运作都是不合常规的乱象，都不应当遵从与忍受，但K没有跳出这个司法公权巨网的权能，他只能既心游其外又身处其中地悖谬式的抗争。他没有觉察到，司法公权运行“失范”的背后，潜藏的正是“行动中的法”规范式的结构与生态。

司法公权的悖谬，正在于这种失范的规范。从权力弥散分布的规范到权威聚焦体现的规范再到权能妥协配置的规范，这一过程本身便蕴含了司法公权日常的理性。不愿做任何妥协的诉讼，势必是司法公权肆意横行的结果，因为，在某种意义上，妥协意味着均衡与和谐的前奏，对“混乱”的理解也是走向“秩序”的必经步骤。

K在接受审判中，也曾试图利用司法公权内部的争斗达成自己的目的。但他所用的技巧服务的不是案件的最后解决，更多时候是对司法公权的嘲弄与小小报复。当他利用女人的芳心挑起大学生书记员与初审法官及法院勤杂工的不合时，其快意的根源正是他永不妥协的顽固。也正是这种可爱的顽固，让他失去了一次次妥协的时机。可以说，K进行的不是一场有关自身命运的个案诉讼，而是一种事关司法本质的哲学试验。结果是什么？结果正是K对司法公权的绝望和不解。这是司法权认知的成功产品，也是司法权均衡的失利证明。

四、走向法理均衡的人本司法：卡夫卡的“不灭之光”

虽然《诉讼》并未提出任何制度改革的建言，它只是一部小说，但透过《诉讼》的文本，我们还是发现，在多元的法理人与单向的法律人之间，在失范中规范的司法公权与先验中经验的司法人权之间，都必须依靠一种以“法理均衡”为本位的人本司法制度的均衡性支撑。

司法中的“法”一定是整全的法，而非片面的法理或法律。这种“法”的型构直接渊源于正义观的均衡。从普适的正义论出发，提炼一套“法”生成原理及“司法”过程图式，是准确界定司法中的“法”必要之举。司法均衡的前提就是司法“正义”的均衡，只有明确了正义司法的价值论共识，才能为正义司法制度均衡的建构指引方向。

司法权运行的制度均衡建设，必须立基于实在的法律救济制度与理念的法理正义共识，这两个基点，是司法制度均衡的双柱，少了其中任何一根，司法巨厦都会崩塌，正义女神都会流下伤心失望的眼泪。从实证法制角度出发，结合均衡正义观要求，重构出司法制度均衡图式，可谓当然的推理、显然的结论。

司法均衡的检证，还不能脱离历史演进与理性设计兼顾的法治文明视野。在现实的政治生态中，司法权如何实现均衡的法理念，这是一个“证伪”与“证实”交相浮现的繁复命题。如何将K的个体性问题转化为法治文明的一般性关注，这也是司法均衡理论不得不认真对待的关键问题。它涉及宪政哲学的核心，即如何将司法过程中的人权诉求与公权逻辑有效统合，最终归结于“人”的终极价值与目的。

可以说，上帝般“法”的死亡，是人本司法重生的标志。K的死亡，也是“法”死亡。K的遭遇，不是偶发的现代性荒谬，而是普遍的司法权内部悖论的凝结。K的死，是“新人”降生之始。这是卡夫卡《诉讼》的意蕴，也是司法过程中的人“在场”的证明。

第三节　司法与叫魂：一种另类平衡

一、古典中国的司法理想

古典中国司法权的运作，如果必须找到它与现代社会的不同，“圣俗合一”恐怕是不得不着重探究的症结。本来，司法权运作理应与民众的世俗生活贴合无间，从日常的行为规范出发，塑造共通的行为标准，将那些“另类、异端”矫正为泯然于众的安全分子。然而，这种运作在古典中国的上层精英看来，是神圣的“圣品权力”，只有圣人般的君子、贤人才有资格承担这样的重责。基于“民本”、“民权”思想，上层精英力图让每一桩案件都能圆满处置，至少必须符合“天理”、“国法”、“人情”的三重均衡。这种高标准的司法要求，有些早熟和过于超越的司法理念，成为广大实际掌控司法权运作的各地官僚“不可承受之重”。为了在形式上符合这些要求与理念，他们不惜耗费巨大心力，研究案件的制作术、表述术、处决术，这些“司法技术”一定要做得天衣无缝，最起码得蒙混过上司的眼，并且，还得逃过最高大法官——皇帝的最后审核。这样的事情，在圣君眼里，绝对是对圣品司法权的可恨亵渎，通过掌握最后的审核，并赋予任何细微案例以圣道荣光，皇帝可以在日常政治控制之外建立一套隐蔽而机巧的权力控制系统。到头来，那些官僚们苦心研发的司法技术，都被他们的总上司——皇帝夺去了知识产权，变成了巩固皇权专制的有效手段。

在古典中国，社会阶层的区分有明显的标记。上层精英通常是受过儒家教育的高级人物，声望、资财、地位都与一般民众不同。所谓的良民就是大众一层。除去他们，中国还存在一个非常重要的阶层，他们既不受上层的垂青，也不受中层的喜爱，孤独、顽强、隐忍地生活在社会的角落，说他们是“底层”，很恰当但并不准确。因为这些底层并不是柔弱的鸡羊，束手就擒，乖乖听话，他们往往具有中层甚至上层难以企及的生命力，包括某种独特的抗争技艺。许多席卷全国的重大司法案件，都源于这些底层的杰作，为上层司法集团制造了种种麻烦。当然，结果很少有底层抗争的真正胜利。但正是一次次的挑衅、刺激，在无形中洗刷、修缮了陈旧的司法权运作机器，让上层、中层都体会到，对底层的法律处置必须均衡、得当，否则就会引发其他更为严重甚至是致命性的恶果。

当然，就“古典中国”这个模糊、弹性的用语而言，指涉的并非某个确定的朝代。所谓的历史真确，不过是对于“典范”崇拜的副产品。透过对历史典范的深度判析，我们或许可以从总体上揭示一些原理性的问题。在清代乾隆时期，曾经发生过波及全国，以妖术、叛乱等政治敏感问题为原材料的司法大案。美国著名学者孔飞力《叫魂》一书以深刻的笔锋、翔实的史料、独到的视角，展示了这个案例的典范意义。其实，除了可以从这个案例中发现古典中国政治控制的技巧外，有关司法权运行的特殊均衡，也值得一探。

二、“叫魂”背后的阴霾

那是一个朝野离心的盛世危局。表面上看，国祚强劲，民生富庶，普天太平，一切都显得秩序井然，安乐祥和。但这只不过是一层华美的纱。只要一阵微风，便可拂起内里的躁动，显出久以成痂的疮疤。民间生活的压力源于人口数量的激增。资源的有限与受众的扩张势必激发新的争端，使原有的利益关系格局发生调整。朝廷主人的不安源于特殊的种族与凝固的文化之间，始终存在某种说不清道不明的龃龉。满汉之间不仅仅是“谁来当王”的争斗，还有“谁是圣者”的交锋。民间关心的是己身的利益，不被外力侵夺，任何危险都足以构成他们“正当防卫”的理由。朝廷忧虑的是尊贵的恒久，在酒池肉林、纸醉金迷中尚须持有骄傲的资本、挥霍的源头。虽然，朝野都是在为利益而奋斗，但二者的注意力并不在一个方向。交会时，那绽放的光亮，比那历史深处的响雷更能震慑今者。“叫魂”的发生及其司法处置，正是朝野交会时发出的那道强光，如平地惊雷，震得那个盛世摇摇欲坠。

据孔飞力介绍，清末妖术由来已久。尤其在1768年，“某种带有预示性质的惊颤蔓延于中国社会：一个幽灵——一种名为‘叫魂’的妖术——在华夏大地上盘桓。据称，术士们通过作法于受害者的名字、毛发或衣物，便可使他发病，甚至死去，并偷取他的灵魂精气，使之为己服务。这样的歇斯底里，影响到了十二个大省份的社会生活，从农夫的茅舍到帝王的官邸均受波及”。① 在中国的民间意识深处，身体与灵魂是可以分离的，即使是内在的灵魂，也有“魂魄之分”。深层的魂一旦被人唤去，就会使一个人真正死去，并借魂之力，为祸他人。拥有这种叫魂技法的人，通常叫“妖道”或“妖人”。与西方巫术掌握者不同，“妖人”的妖术不是与生俱来的，而是通过学习、秘密传授获得的后天技能。这种技能是不能摆在光明处的，远不如西方历史上巫术曾经受到的崇信。但是，这种技能也并非官家律法明文禁止的，其地位处于正式法律的

① ［美］孔飞力：《叫魂：1768年中国妖术大恐慌》，陈兼、刘昶译，上海三联书店1999年版，第1页。

"灰色地带"。与官方暧昧不明的态度不同，民间法对这种妖术的态度是异常明确的。尽管很多时候民众不得不屈服于这些"妖术"的神魅，甚至还会花金消帛，奉供那些"妖道"，但在合法性、正当性判断上，他们的立场是坚定不移的。与这些妖人产生关联，只有情非得已，才构成一丝自我宽宥的理由。民众始终不敢相信，拥有"叫魂"技术的人不会做出侵害他们利益的事情。因为，长年的儒家宣谕使他们明白一个简单而朴素的道理：真正值得他们信任的人一定是身居高位的有德之人，决不能是那些不如他们的社会底层。但传说中的"叫魂"技能恰恰被那些僧道、游乞、莫名者这些被传统农耕生活鄙薄、抛弃的人掌握。对于这些底层危险者的恐惧，构成了那个特殊时代民间意识最具爆破性的导火索。

构成这种焦虑、不安、危惧的深层缘由，是当时社会经济结构的转型与变迁。当时的中国已有了全国性的市场网络，各种消息可以通过连接各个村民与市镇的商道迅速传播。商业的迅猛发展，对传统农耕生活方式提出了严峻挑战。习惯了在"熟人社会"下生活的民众，一旦遭遇陌生人的竞争，就会无由恐慌。"从一个18世纪中国普通老百姓的角度来看，商业的发展大概并不意味着他可以致富或他的生活会变得更加安全，反而意味着在一个充满竞争并十分拥挤的社会中，他的生存空间更小了。商业与制造业的发展使得处于巨大压力下的农村家庭能够生存下去，但要做到这一点，就必须最大限度地投入每个人的劳动。从历史的眼光来看，当时经济的生气勃勃给我们以深刻印象；但对生活于那个时代的大多数人来说，活生生的现实则是这种在难以预料的环境中为生存所作的挣扎奋斗。"① 一旦民众的焦虑与恐惧形成气候，势必会通过某种形式表现出来并很快蔓延，影响整体社会的意识结构。这种自下而上的冲力，是现代性滋生的标志，也是传统社会面临危机和解体的不祥预兆。

任何处在转型状态的社会，都或多或少地沾染"非均衡发展"的特性。不同地区之间的经济发展差异，甚至同一地区内部的经济

① ［美］孔飞力：《叫魂：1768年中国妖术大恐慌》，陈兼、刘昶译，上海三联书店1999年版，第43页。

繁华程度，都出现了明显的分层。这种不均衡的经济发展现实，决定了传统的民众阶层内部也会产生新的分化和对立。那些在转型中保有了既存利益并有效扩张的人士，与那些不幸破产、生活无着的人们，构成了或潜或显的敌对。中心地区与边远地区、富庶的长江三角洲与贫瘠的山区之间的经济发展差异带来了人口的频繁、持久流动。“移民与过客，商人与江湖骗子，僧人与进香者，扒手与乞丐，拥塞在18世纪的道路上。人们外出旅行，有的是为了雄心勃勃的事业，有的是基于献身精神，有的则是出于绝望与无奈。”①在当时的司法记录中就有不少平民打死乞丐的案例，这些案例多是源于乞丐的“强行行乞”或“无理行乞”，激起了民众的厌恶，痛恨甚至杀心。虽然最后的行凶者多被判处绞监候，但那种象征民众内部分化的仇视之情，却随着生活压力的增大，变得越来越浓郁、阴森、可怕。

对当时民间敌意的滋长，朝廷主人们并不感到忧虑。在潜意识里，民众相互怀有一些敌意，只要不酿成大的动乱，总比他们紧密联结、互契同心要强。统治精英们最担心的是，民众对政权的忠诚与服从是否还在，政治上的谋叛比任何罪行都要严重。造成政治谋叛的主体，不仅包括一般民众，还有各级官僚，尤其是那些对前朝怀有眷恋的文人儒士。就清朝特殊的征服史而言，削发令的推行具有别样的政治合法性意义。削发，仿佛政治转变的符号象征，标志着民众对新政权的服从，一种发自身体发肤的内心忠贞。然而，削发令遭到了各地的抵制，许多可歌可泣、闻名天下的抵抗运动表明了新政权合法性建构的困难，也在很大程度上打击了新统治者们的自信，甚至有些伤害他们的政治自尊。这种政治上的不自信与敏感源于长期以来的满汉文化差距，或者说是因为文化上的自卑感。一旦触及这根脆弱的“文化—政治”神经，朝廷主人的暴躁与震怒便属自然反应。这也说明了，为什么在1768年妖术大恐慌的发生过程中，乾隆皇帝也会焦虑不安、坐卧不宁。以皇帝为主人的朝廷

---

① [美]孔飞力：《叫魂：1768年中国妖术大恐慌》，陈兼、刘昶译，上海三联书店1999年版，第50页。

并非害怕妖术本身，也并非真正关心民间的纠葛与冲突，他们害怕的是在“叫魂”事件的背后隐藏着一个谋叛的大阴谋，一个与朝廷根本对立的指挥集团，以及那些受之操纵的无知百姓。

1768年大多数叫魂案都有一个共通的情节：妖人将受害者的辫子剪掉，以头发为中介掠占其灵魂。例如，在福建南部，一个受害者告诉知县，一天他正在读书，迷糊之间睡着了。当书童将他推醒时，他才发现自己的辫梢已被割下。另一个受害者，在出城买柴时听到背后有声响，回头却未发现有人，突然似乎有什么东西打在自己背上，一阵晕眩后，自己的辫子已被剪掉。还有一个受害者，经历更加离奇，在一座寺庙的门道上与村民聊天时，一阵“怪风”吹来便顿然失去知觉摔倒在地。当他醒来，半条辫子已经不见了。这些案例通过层层审查，级级增添，汇总到乾隆那里自然呈现出某种规律性的谋叛意象。剪人发辫与削发令的主旨精神违背，借此夺人灵魂，那肯定是谋叛的恶行。这样的推理使乾隆忧虑无比，于是，在他的最高指挥下，全国展开了一场轰轰烈烈的叫魂案的司法查处运动。这场运动有效地炫耀了皇权的至高无上，也有力打击了官僚系统内部的行政推诿与拖延，更进一步强化了“皇权司法”对于各种公权的统摄作用。

这让我们想到了邦雅曼·贡斯当（Benjamin Constant）。在他看来，“最高权力总是要受到诸如人身自由、宗教自由、实业自由、财产不可侵犯以及出版自由等形式的个体自由限制。没有什么权力能够伤害这些权利而又不破坏自己的正当性称号。他认为，主权实际上是受到限制的，首先是受保障‘所有众所周知的真理’的力量也就是舆论限制；其次，更准确地说是受权力分立与制衡限制。贡斯当将政府权力划分为代议权、行政权，也就是各部部长的权力、司法权，然后最重要的是第四种权力，即王权。国王以中立权力（pouvoir neutre）的身份出现，维持所有其他三种权力之间的平衡，主权构成了稳固的政体均衡所必须的力量”。① 这样的权力

① ［美］小查尔斯·爱德华：《卢梭以来的主权学说史》，毕洪译，法律出版社2006年版，第35页。

结构，在叫魂案中另类地表现为皇权没有受到独立的公共舆论的监督，也没有真正保证权力分工的内部平衡，而是通过司法过程统一其他诸权，结果是一种反均衡的伪平衡。

郑也夫在《秘密社会》一文中，以“叫魂”案为例，阐释了中国社会内部变迁与建构的重要原理：静态、封闭的社会一旦遭遇流动、陌生，势必带来恐惧暴力，由于异乡人力量弱小，往往成为受迫害者，这些社会底层为了“自救”，势必自我结社，构成某种黑社会性质的秘密团体。一旦秘密社会形成，根除它是极其困难的，特别是在重视证据的法治社会。① 法治社会的实现，当然是要反对秘密社会的自我结社的，但是，更为关键的是，如何将最高的司法权能均衡地分配于广大的民间。这就需要我们首先从法本体的视角，找出司法人权的法理根据，并有的放矢地培植于“均衡法理人”的生命内里，让“叫魂”的阴霾在司法过程中永远散去……

第四节　法理与法律：法本体的均衡论

一、深刻理解“法理”就是深刻理解世界

“法，自其最大之义而言之，出于万物自然之理。盖自天生万物，有伦有脊，既为伦脊，法自弥纶，不待施设。宇宙无无法之物，物立而法形焉。天有天理，形气有形气之理。形而上者固有其理，形而下者亦有其理。乃至禽兽草木，莫不皆然，而于人尤著。有理斯有法矣。复案：儒所谓理，佛所谓法，法理初非二物。”②“有灵物焉，能自为其法度。虽然，法度之立，必有其莫之立而立者。盖物无论灵否，必先有其所以存。有所以存，斯有其所以存之法。是故必有所以存之理立于其先，而后法从焉。此不易之序也。使有谓必法立而后有是非者，此无异言辐有长短，得轮而后相等也。复案：孟氏意谓，一切法皆成于自然，独人道有自为之法。然

---

① 郑也夫：《秘密社会》，载《开放时代》2000年第5期。

② ［法］孟德斯鸠：《法意》，严复译，商务印书馆1981年版，第1页。

法之立也，必以理为之原。先有是非，而后有法，非法立而后以离合见是非也。既名为辐，其度必等，非得周而后等。得周而后等，则其物之非辐可知。其所言如此。盖在中文，物有是非谓之理，国有禁令谓之法，而西文则通谓之法，故人意遂若理法同物，而人事本无所谓是非，专以法之所许所禁为是非者，此理想之累于文字者也。中国理想之累于文字者最多，独此则较西文有一节之长。西文'法'字，于中文有理、礼、法、制四者之异译，学者审之。"①在严复看来，将西方的"法"翻译为"法"或"法律"并不那么准确，理是法的本源，法理是法律的本质。

梁启超先生1904年在《中国法理学发达史》中也讲道："法律先于法理耶？抑法理先于法律耶？此不易决之问题也。以近世学者之所说，则法律者，发达的而非创造的也。盖法律之大部分，皆积惯习而来，经国家之承认，而遂有法律之效力。而惯习固非一一焉能悉有理由者也。谓必有理而始有法，则法之能存者寡矣。故近世解释派（专解释法文者谓之解释派）盛行，其极端说，至有谓法文外无法理者，法理实由后人解剖法文而发生云尔。虽然，此说也，施诸成文法大备之国，犹或可以存立，然固已稍沮法律之进步。若夫在诸法樊然淆乱之国，而欲助长立法事业，则非求法理于法律以外，而法学之效用将穷。故居今日之中国而治法学，则抽象的法理其最要也。"②

法理是什么？这比"法律是什么"更难回答。许多辞书给出了答案，但几乎都千篇一律将"法理"简单等同于"法律的原理"，而对于何谓"法律的原理"，它包含哪些具体内容，缄口不谈。也有这样的解释：从静态视角看，法理是法律的结构原理。法律虽是人造的精神品，但其本身的独特规则，使其从结构上区别于道德、宗教、政策等"上层建筑"。③从动态视角看，法理是法律

① ［法］孟德斯鸠：《法意》，严复译，商务印书馆1981年版，第2~3页。

② 范中信编：《梁启超法学文集》，中国政法大学出版社2000年版，第69~70页。

③ 参见李龙主编：《法理学》，人民法院出版社、中国社会科学出版社2003年版，第69~70页。

的运行原理。法律的生命不在于僵死条文，而在于活生生的社会关系运动。① 法律运行遵从的法理原则可以作为政治国家运转的指导，从政治学视角看，法理是政治的合法性根基，唯有具备了正当法理的基石，执政者才能从真正的人本角度塑造法制的“理想形式”。② 从社会学视角看，法理还是现代性的重要内容，“法理型统治”被许多思想巨匠奉为社会治理的经典模式。③ 然而，法理的法学本体论意义究竟如何？对于这个发问可以分解为三个具体的问题情境：

（一）法学：法律学或法理学？

人们常说，法学就是法律之学，法律之学就是权利与正义之学，仿佛学习了法律就懂得了权利，而懂得了权利就获得了正义。将法学抽象为一种态度和热忱，作为宗教与道德顶礼膜拜，这本身并没错，甚至相当可欲，但一旦绝对化，人们往往发现，这种“法学”太假了！

法学难道一定要打着正义、权利、公平、秩序这些大词的旗号才有生命力？法律难道一定要进入法学的研究视野才有理论性？事实上，社会学法学就不承认法律的高贵，批判法学更是直截了当地揭发法律的丑陋。④ 现代经济学可以研究法律，政治学、社会学、历史学甚至人类学、考古学等也无不将法律纳入自己的视野加以研析。

法律可以通过条文、习惯、信仰乃至虚无来表现，但不论如何，法律本体都是相对恒定的。“在家俱兵器库中，床无可争议地占有王者之尊，就是因为它在原始意义上占有的与生死的联系。”⑤

---

① 参见［德］盖奥尔格．西美尔：《社会学：关于社会化形式的研究》，林荣远译，华夏出版社2002年版，第217～243页。

② 参见［古希腊］亚里士多德：《政治学》，吴寿彭译，商务印书馆1965年版，第43页。

③ 参见刘小枫：《现代性社会理论绪论》，上海三联书店1998年版，第6～10页。

④ 参见沈宗灵：《现代西方法理学》，北京大学出版社1992年版，第250～416页。

⑤ 大拙：《有意味的床》，载《视觉21》2000年第1期。

法律本体就是法律家族里的一张结实平整的床，“是一个温暖的家园，它抚慰着人的躯体，当人外在平息的同时有用梦抚慰他们的心灵”。法理正是这样的法律本体。离开了法理，法律的制定与发展、生成和运行，价值与理念都会偏离轨道。对法理的研究，应当是法学的首要。

法理学立意运思不同于法律研究的一般理路。同样一个法条，在法律研究者眼里，它是那么恒定、凛然，充满权威，以至于作者不得不对它卑躬屈膝，全心尽力去诠释维护。但在法理学家看来，任何法条无非是一种书写，代表着与和谐异类的监控。他们对法条的研究只是为了对法术和法学有更深的法理体悟。法学，在笔者看来，既包括以科学化为天职的法律学，也包括以哲学化为特色的法理学。法律科学包括三大部分：法条学、法术学和法学学。法条学包括法条的注释学、法条的社会学和法条的考古学。法术学包括法律技术学和法律艺术学。前者是自然科学在法律领域的运用，如法医学、刑事侦查技术等；后者是现实法律运行中参与者对待法律的技巧与方法，比如法官的释法艺术、律师的辩护艺术、检察官的起诉艺术以及普通当事人的讲理艺术等。法学学主要体现为学者对狭义法律学本身的研究与应用，包括法学史学及法学教育学等理论与实践内容。

与法律科学相比，法理哲学的体系则要松散得多。笔者认为，比较完备的法理哲学包括三大层次的内容：关联的法理哲学、叙事的法理哲学与本体的法理哲学。关联的法理哲学主要探求法律与其他范畴的理性联系，生长出法理的雏形。比如，法律与伦理的结合可以生长出法伦理；法律与物理的结合可以生出法物理；法律与情理的结合可以生长出法情理；法律与论理（逻辑）的结合可以生长出法论理，如此等等，无限推演。关联的法理哲学包括：法哲理——法律与理想之学；法伦理——法律与道德之学；法心理——法律与精神之学；法论理——法律与逻辑之学；法情理——法律与舆论之学；法文理——法律与语言之学……总之，无限的法理世界需要无限的想像力。

关联的法理哲学发展进化到一定阶段，叙事的法理哲学就会应运而生。法理的叙事弥漫着精英与群众的争端，充斥着理性与激情的悖论，目睹着国家与社会的失衡，同时也见证着法律与法理的谐和。归纳思想家的著述，法理的主体分为四种：精英、群众、神与兽。精英与群众的区分需要具体对待，这不难理解。最难理解的是神、兽的法理。所谓神、兽，不过是一个形象说法。神，是指那些沟通了精英法理与群众法理的伟大绝伦之人，他们已经具有了某种神性，为普世敬拜。兽，是指那些已然全无人之本性，抛弃了一切“性法”（natural law）的非人之人。神与兽都是极少数，他们的法理实质上也属于精英法理的范畴。

（二）法学家：政治家还是哲学家？

要成为杰出的法律学家、法理学家，成为国家和民族的脊梁，非常不易。许多大人物穷其一生也未能成为杰出法学家——这可不是不愿和不屑，很大程度上确实是“不能”。繁复的法学关涉法律之外的多重视界，牵连亿万民生的柴米油盐，一般人很难同时具备那般的宏远视野与精细眼光。真正的法学家不仅是卓尔不群、以自身法理为准据的学术人，还应是关注高端、体恤民生的治国精英。法学家的法理视野必须集纳政治家法理的优点，才能真正贡献出符合法理本质要求的优良学说与优质学问。

法律研究有三种理论视角：自治型、历史型与精英主导型。自治型的法律研究强调法律自身的体系自洽，虽然不拒绝与外部因素的交流，但也无需依赖他者解释自身。这是一片“就法论法”的学术流域，任何外来的水源，哪怕来自巨川大洋都只能算做偶注的溪涓。与之相反，历史型的法律研究注重法律形成的整体背景，主张从远距离的角度反思法的内在机理，这种对法律外部本原的探求构成了一股生生不息的理论创造力，鼓舞、激励并指引着一代又一代思想者去探究法律的根蒂与基本。第三种法理研究视角，亦即精英主导型的法律理论，在方法上倾向于将前述两种视角兼合，既不放弃对法律自治性的论证，也不割舍对法律本原物的探求。可以说，这是一种历时与共时、自治与他治、内因与外因均衡性的分析进路与思想方法。奉行此种理论的学者们相信，法律的生长历史实质上正是“精英主导”的历史，法律究竟由何种类型的精英主导，这一客观事实直接决定了法律的性质。这种理论有效揭示了政治家法理在法律运行中的重要作用。

英人白芝浩对英国宪法的研究正是精英主导型的法律理论之初期典范。在《英国宪法》再版导言中，白芝浩将英国宪法的决定性因素归结为政治家的换代和他们对民众的有效引导。换句话言，白氏眼中的英国宪法史实质上是一部政治家的更替史及其对民众生活的主导史。他说："一个政治国家恰如一片美洲森林：只需砍倒老树，新树就会立即长出来取而代之；种子在地下蓄势待发，并随着老树被清除后阳光和空气的进入而开始破土成长。这些新问题会营造一种新的氛围、新的政党和新的论辩。"① 在他看来，政治家的更替是社会自然进化的必然现象，而政治家更替所造成的法律变动却是能够强效作用于社会进一步发展的关键因素。因此，强调政治家精英对民众的引导就非常重要了。白芝浩以英国改革法颁行后的政治发展为例，审视依法获得选举权的多数民众与主导改革的少数精英之间的关联，坦率表明了自己的立场："极其害怕新选民中的那个无知的大多数。"②他认为："新获得选举权的阶层并不比旧有的阶层更少需要贤达者引导的。相反，新阶层更需要引导。"③相比与一般的民众判断，作为精英的政治家判断具有特别的优势，并担当着非同一般的责任。政治家不同于政客的关键也在于，他们的判断与论题契合国家整体的需要及利益。

法学家精神的塑造离不开政治情怀的内在支撑。政治情怀包括"政情"与"治怀"两大方面。所谓"政情"是指对众人之事的关切之情；所谓"治怀"是指对公共问题的主动关怀。法学家关心"政情"为的是锤铸"治怀"，彰扬"治怀"是为了疏通"政情"——两者兼具才算有了基本的政治情怀。没有政治情怀的内在支撑，法学家就容易在纷繁的故纸堆中迷失自我。寻章雕句沉思苦吟，慢慢地，一门公共学问就会蜕变为私人学说，追捧者日众，但智识性日减。一旦追捧者发现所谓的学术明星不过是徒有外皮的

①②③ ［英］沃尔特·白芝浩：《英国宪法》，夏彦才译，商务印书馆2005年版，第8～9、22、11页。

话语游戏大师，这种难得的“学术追星”也会如经济泡沫一样崩裂，绽出一片狼籍。真正的法学家一般是主流的产物。对于那些以边缘另类自居的法学话语，我们最好怀三分敬意和七分警惕。说不定，新潮画皮后冷不防就冒出一个血淋淋的骷髅头。任何一种话语体系背后都矗立着某种利益机制，或显明或隐缩，刺动着言说主体和倾听主体的间性勾连，使他们不经间就成为一种新意识形态的共同制造者和受害人。

现在就有这样一种流行的“新意识形态”，把政治等同于罪恶。① 什么是政治？施密特的答案是“所有政治活动和政治动机所能归结成的具体政治性划分便是朋友和敌人的划分”。② 在反人治的口号声中，很多人认为“区分敌友”最终还是为了贯行天才人物的主观意志，从本质上属于人治的范畴，与现今的“依法治国”、“法治国家”不相投契云云。其实，真正的政治家眼中虽然有可能没有法律，但他们绝对不可能不信奉更高级的法理。政治家眼中的“法治”或许不同于学术家构想的法治，他们推行的是以他们自身的独立法理为本位的“战略型法治”。公允地讲，有些曾经被我们钉在“人治耻辱柱”上的暴君，从某种意义上讲，都是真诚的法理统治论者，只不过，他们的法理不易为凡俗理察，很难被常识融通，带着相当的神魅，飘游无形、天马行空，荡迹于民众的想象空间，毁坏了学术家苦心孤诣的法治乌托邦，同时也建构了另一种以战争混乱形式出现的法治理想国。他们往往为历史铭记，无论是赞讼还是批判，他们都没成为历史弃儿。不要成为历史的弃儿，这是我所理解的法学家最应铭记的行为信条。不要太注重一时的喧嚣、片刻的欢愉而忘却了长久恢宏、万世不朽的伟业。我们的法学家应当诚挚地与政治家合作，安定全局，注目细微，不要在“具体法治”的短平快呼吁中阉割了建构热忱，也不要在“法的自

---

① 参见［法］路易斯·博洛尔：《政治的罪恶》，蒋庆等译，改革出版社1999年版。

② ［德］卡尔·施密特：《政治的概念》，刘宗坤等译，世纪出版集团、上海人民出版社2004年版，第106页。

然精神”畅想中丧失了程序理性。

杰出法学家从本质上讲应当首先是法理学家。他们讲求的是法理而非法律，他们看重的是说服而非镇压。他们是法理话语的生产者、修补匠，拥有知识制造、道德裁判的权能。他们不大瞧得起庸常的法官，后者仅仅是法律机械的发动者，无心也无力规划法的过去、现在和未来，对法律的原理相当生疏，对法律的精神相当漠然，对法律的解释也相当粗糙。从理论上完美诠释法律的阴阳双面，使之呈露完美的法理形廓，是法学家的必备素质。但要在理论上完美，就必须首先于实践中会通。法学家的知识必须随时更新，话语也应不断转变，不然就无法维持他们在一般人心中的神圣和崇高。谁都不想让相信自己的人失望，法学家们也不例外。总之，他们需要一种沟通法的应然与实然的均衡解释论来应对与时俱变的法理现实。

（三）法理世界：如何均衡？

法学家与政治家虽然相距甚近，但两者毕竟是不同的主体，他们的法理世界有许多区别，但最终可构成一个统一的精英法理循环。

先看政治家的法理。政治家之所以能统领众人、凝聚诸心，关键在于其言说及其践履折射出让受众痴狂的信念、使万人迷恋的预期。“我们完全不是精神的追随者，是现世的事物，一个政党、一个国家的使徒。”① 他们用炽热的情欲烈焰照亮晦暗不明的未来，让不愿自立思考的“沉默大多数”方便快捷地攫得稳定预期，确立大致的理想追求和大概的行动框架。政治家的法理是行动的过程，是动态的博弈，是寻找的均衡。政治家法理的起点是法伦理。兼具了法律与道德两种政治要素的法伦理，可应对众多的难局和挑战。进程是法推理。运用法伦理解决政治问题的过程就是法推理，这也是政治法治化的原生模态。终点是法情理。这是法推理的出品，也是老百姓喜欢的公共品，正所谓“合情合理合法，一个也不能少”。

与政治家法理不同，法学家法理强调学术探究，看重理性超

① ［法］米里安·本达：《知识分子的背叛》，孙传钊译，吉林人民出版社2004年版，第35页。

越，摒弃机缘巧合，反对委曲求全。法学家的立场是批判的，话语是辛辣的。他们不像政治家那样圆滑周到。他们喜欢先寻找法理据，为一些本质、本原、起源、发生、发展、变异、衰亡等形而上的问题大伤脑筋。对这些难破之题的求解有利于让世人看清法律背后的理性根据即“法理据”，同时有利于法学家树立“宏整而独立的承担感”。① 除了追问理据，法学家的法理流程还包括法理想的构建。法理想即法律所要实现的功能、作用，所要达致的地位、高度，所要拥有的价值、内涵。可以说，法理想是法理据的展开，或者说具体化。法学家构建的法律理想国可谓模式繁多五花八门，但归根结底都脱离不了权利、义务、责任这样一些基本范畴和问题。在法学家的视野里，法理念也是一个重要论域。法理念是一种过渡机制，就像一座桥梁，法理据及其具体化之法理想在这头，现实生活的法运行在那头，要从这头到那头就得靠法理念的牵引。现在，我们特别强调提高公民的法治意识，实质上就是要明确、强化、塑造他们的法理念。法理念同现实生活的“法伦理—法推理—法情理”运行有着先导性和牵引型的密切关联。

法学不是形而上学，其本质是法理之学，既然是法理之学就不应当忘了法理性和法理智。法学家对法理性和法理智的关注，有利于从形而下的微观视角更清晰地检视现有实在法的良莠优劣。法理性，按笔者的理解，主要是指法律制度化后形成的一种惯习力量。按常理，法律不是人，没有生命，怎么会有理性呢？可法律一旦形成制度，特别是日久天长成为百姓习俗，它就有日常理性了。这种拥有了人之理性的习惯法可以作为实在法的检测标尺，有资格成为它们的母亲、父亲、大哥或大姐。② 法理智是对法理性的具体化，就像法理想是对法理据的具体化一样。法理智特别容易在民间生

① Jeffrey C. Isaac. Social Science and Liberal Values in a Time of War. Perspectives on Politics（American Political Science Association），2004，vol3.

② 宪法就是一个国家和社会公认的最高法，称它为“母法”，不为“父法”、“哥法”、“姐法”或其他，是否有些女权主义的歧视性？宪法最确切的称号应当是“国家公法之魁首、社会私法之中轴”。

长，在具体个案中勃发。深究具体、生动、多元的法理智，也是新时代法学家的一大重责。

这种统一描画了一个精英法理世界的大体图景。“我们需要一个全方位意义的‘世界’概念，同时也需要一个相应的世界事实。”① 进一步的研究就是精英法理世界与群众法理世界的契合。信息科学告诉我们，对以法理为因子的信息加以生命化的循环管理可以使任何有机体获得效能和广度。② 法律经济学的最新研究也表明，合作式的法理建设有利于经济的长效发展。③ 总之，“法理”是个在传统法学知识谱系中未被重视和澄清的繁复概念，它并非如许多法学辞典所说，仅是法律的原则或原理。“法理”包孕着一个本原性、谐和性和时变性的世界。政治家法理与法学家法理的统一为精英世界作了极佳的注解，但依然还有无数问题未能解答。只有深刻解说“法理”，才能深刻解说世界。

二、“法”的均衡

从知识考古学的立场审视，近代以降，中国的法理知识充满了异域与本土的调和，呈现文化的多重性。法和法律的区别问题成为特有的中国法学问题，从中可以折射出诸多深层次的学术前设迷思，有利于当下重构法学知识谱系，对司法均衡理念的廓清也大有裨益。其实，中国的“法”世界更应明确为“法理”世界，而非简单机械的法律世界，但基于既成的现实、通行的话语，试想根本拔除“法律”印迹，已非可能亦非必要，故而需要某种折中的理论，建构“法理与法律的二元均衡观”正当其时。

下面，我拟从法哲学的根本发问——“法”为何——切入，提出并论证一个“总体性”问题：法理和法律的均衡究竟如何从

① 赵汀阳：《没有世界观的世界》，中国人民大学出版社 2003 年版，第 49 页。

② Mark Maby. StorageTek UK. Archiving Has Nasty Sting in Tail. Software World，2004. 6.

③ Klaus Gugler. Corporate Governance and the Returns On Investment. Law & Economics. 2004. 2.

法理学上正确理解？请注意，此处视域主要不是哲学的，尽管切入和探究的都是哲学问题。本处努力的是科学理解——这种理解是有限定性的，即必须通过经验加以证实或证伪。我认为，这个总体问题的哲学意蕴要顺利转化为科学理解就必须将分析哲学和测量科学的方法论优势集中起来，先将“法”这样一个总体分析为“法理”和“法律”这两个分体，再将“法理”和“法律”进一步分析为三种不同样态的客观存在。在这里，我主要借助于符号/诠释学的分析手法，同时，我也会吸纳法学家尤其是法哲学/法理学研究者在这方面的诸多洞见，比如哈耶克的法律与立法的二分，庞德“有法司法”与“无法司法”的二分，乃至更广泛的自然法与实在法的二分等等，从中总结出一般性的概念，对它们进行再定名（当然，“定名”的技术也要注意），但这些细节不会在本部分一一出场，毕竟，此处主要还是为了“提出”问题。所以，此处将点到为止，用一种相对宏阔的笔调勾勒出“法理均衡”这一概念的大体轮廓，昭扬其复杂性，并非实质性的、以应用为导向的微观分析。

法理与法律的形态格局，可以一种“非对应格局”概而言之，并可用实例论证这种非对应格局的普在性与实在性。这一命题可分三个层面阐析：首先是作为法律之上的“法真理”与作为符号本体之法律的非对应性。通过历史与现实的考察，我们发现，关乎法之真理的发现、把握、占有、传播和弥散直至最后的消亡要么是通过知识/技术权力，要么是借助物理/身体暴力，总之是与人对物、人对人的控制密切相关的。“法真理的历史”是一部残酷的现实主义画卷，而法符号本体却始终呈现超验、神秘的特征。它与法真理存在接续意义上的关联（即法符号本体可以转化为法真理或者法真理转化为法符号本体），但两者并不存在源头层面的符契。质言之，法符号本体更多是一套法神学（形而上学）建构，而法真理更多是一种法政治学主张。两者更多时候是非对应的，是紧张的、战斗的，而非互相支援、彼此转化的。

然后是作为法律之下的“法条理”与符号诠释的法律之间的非对应性。法条理之所以在法律之下，主要是因为法律作为语言的内在规定性。作为语言的法律内在要求一系列的语义、语用、语态规则，对法条的理解自然也必须遵循这些内生的法则。但是，作为符号诠释的法律却超越了法律语言诠释学的范围，呈显一个广阔的相状，使得语言法条理面临被“解构”甚至虚无化的危机。它们的冲突实质上体现了法律人的条理观与哲学家的人本观之间的不合。这个世界究竟是以“语言”为本体？还是以“人”为本体？这个哲学问题不易解答，维特根斯坦等一系列语言哲学家未曾说清，康德等一系列人本哲学家也未能阐明。这个悬疑似乎永远悬在人类心智之上，它提示我们，法条理与法诠释的接合永远是暂时的偷欢，其内在的不对应、不谐和才是事情的常态表达。法律在人域的扩散，确言之，法律给予人的权利话语与表达使得人对法律的诠释趋向多元化。每个人都可根据自己的利益要求、资格能力与客观处境诠释法律使之与法条理相一致，或者是赞同性引用，或者是批判性分析，抑或是暧昧不明的笼统其辞，都代表了社会多元境态下的法律多元局面。这主要是涉及群众法理的均衡问题，这是社会学尤其是政治社会学的分析对象，也关涉法治之另一层含义：良法是否获得普遍遵守（均衡服从）之法律实效问题。①

最后，也是至关紧要的一部分，即作为法律之中的法论理与符号规范/实体的法律之间的不对应。先要澄清一些可能的误解：法论理不等于法逻辑，法论理是“就法论法”之理，既非高高在上已预定的法真理，亦非谦卑诺诺无心骨的法条理，它是一种理想类型的法理，兼具了哲学家法理与政治家法理的真正法学家法理，如果必须要称其为法逻辑，它也是根本性、兼容型、开放态的法逻辑。很显然，法论理在很多方面都逾越了法规范的界限。当然，法规范也是一种“应然”的理想，但它不能承载非法律的内容，但法论理却可以包容一切有可能的法理要素，对法律符号的全方位内容进行观测、检阅、评定，甚至拟定大胆而富创意的整改、修缮计划。

必须指出，法律与法理的形态非对应，在度量上是有差异的。依序排列，法论理与法规范的差池度 < 法真理与法本体的差池度 < 法条理与法诠释的差池度。依之可推，寻求法律与法理契合之

① 法律实效问题不属于规范法学研究之范畴，准确而言，它是一项社会学课题，尤其属于政治社会学研讨的范围。

“根本法”的科学方式，就是对法论理与法规范的非对应格局详加透析，以求获知司法本质复原的均衡模型。

在对“法论理”进行分析的过程中，我发现，哲学家法理与政治家法理的博弈都没有脱离“精英内博弈”的范式。运用开放态的博弈论，我们还要将群众/大众法理作为外部量纳入分析范围。通过实例分析，我们认为，法论理的过程实质上遵循着“均衡博弈”的路径。各种法理要素都具有某种恒定的功能性区位，将这些区位统筹观察，我们会发现这幅博弈图景的背后隐藏着一套测量体系。利用它，可以有效推测法规范的形式表现，尤其是那些由司法过程生发的“动态法规范”，这给了我一个极其重要的启示：能否利用法论理测量司法权运行的一般过程，检测其均衡化程度？预测其均衡化的将来？甚至评估其均衡化的特性？

这与我们强调的司法本质主义的实践纲领不谋而合。我们看重的“司法”不是纯哲学意义的公正/正义，亦非纯粹法律教义学意义的法条诠释/适用，而是正宗经典法哲学/法理学层面的，在法论理指引下的法规范运行。司法既源于“法”，又生发“法”；既是法的胎儿，又是法的母体。司法之“法”正是那种均衡法律与法理的“根本法”，在法律与法理博弈格局中最小差池度的法，法论理与法规范的契合法。

所以，与真正的法学/法理学研究直接相关的是，法律之中的法论理与作为规范符号的法律之间的均衡关系。一方面，法论理结构具有外在的受制性，它受到精英法理（主要是哲学家与政治家法真理观）的强烈制约和影响，在基本前提与逻辑起点上很难完成独立，它也要考虑群众法理对它的实际认可与接受，特别是当民众法理以一种非理的愤怒（即所谓“民怨沸腾”）或其他方式表现出来时，它不得不作出实质与程式的多重退让，以保全法论理形式上的权威与整齐。另一方面，法论理结构也具有内部的规则性。法论理既可体现为法律推理，也可表现为法律论证，但不论何种形态它都必须遵循基本的逻辑法则，只有在这样的论理过程中，法律才能真正形成一种动态的良性规范。

第四章 司法均衡的和谐维度：社会公平、世界和平与天下太平的法理回应

琐罗亚斯德称他的唯一神为永远无穷不可思议的实在。它生出来的奥尔穆兹德是善、光明、造物主。和它对立的阿利曼是恶、黑暗、破坏者。它们的中间是美拉斯，即神和万物的和解者——和谐神。

[日] 幸德秋水①

第一节 和谐社会视野下的司法均衡与社会公平

一、司法均衡何以必要？

司法是历史的规范体系，也是现实的建构公理。在神秘空旷的过去，司法权没有脱离对和谐社会的关切和以之为原点的现实批判，哪怕这种关切与批判都沾染着非理性的恣意。在清明繁复的当今，司法权更加倚赖历史形成的和谐精神及其制度构建。和谐社会是历史发展的规范图式，需要司法契于其间发挥有别于宗教神魅、道德规诫与政治威权的特殊均衡作用。这种作用的功能化、长效化

---

① [日] 幸德秋水：《基督何许人也——基督抹煞论》，马采译，商务印书馆1997年版，第60页。

和确定化可以从根本上保障法律自身的和谐与完善。这是理想法治社会的实现关键，也是真实和谐社会的追求境界。

在古希腊哲学中，“和谐”被用以解释天体运动规律和灵魂机制。毕达哥拉斯学派从音乐比例的和谐中发现了宇宙的和谐。柏拉图和亚里士多德则从天体的和谐中推演出了人性与社会的和谐。①但遗憾的是，后世思想家们尽管看到了理想社会是“全体的和谐以及全体和谐中每一个人最大可能的自由”，但他们却认为，“实现和谐社会的唯一道路是革命”。② 在“革命”这个具有颠覆性和不确定性的大词下，和谐社会理所当然地被赋予了先定的遥寂，它如朦胧的月色，飘离于现实的尘土。

和谐社会固然理想，但它决非遥不可及或力所难及。诚如摩莱里在《自然法典》中所言：“毫无疑问，人的一切行为的动机或目的是希望幸福。同样不必怀疑的是，这种希望是人为了认识自己的存在并为了自我保存这一基本属性的结果，一句话，这种希望是我们感性所产生出的结果。上天正是根据这种感情的力量甚至是猛烈的作用而得出社会一切和谐的原则的。”③ 可见，源于基本人性的和谐社会理想其实并不神秘，也不遥远。实现和谐社会也并非只有革命一途。事实上，法律正是构建、保障、维护和谐社会的最佳选择。

司法是历史的规范体系，它将已发生的事科学剖析，对已存在的人系统整理，置本质于经验的理性，奉真理为相对的圭臬。它不相信决然的理念，因为理念一旦绝对势必构成言辞的禁区、行动的藩篱。和谐社会这种相对理想的追求，始终不能脱离司法的外在担保。“我们必须在运动与静止、保守和创新、僵化与变化无常这些彼此矛盾的力量之间谋求某种和谐。作为使松散的社会结构紧紧凝聚在一起的黏合物，司法必须巧妙地将过去与现实勾连起来，同时

① 参见冯契、徐孝通主编：《外国哲学大辞典》，上海辞书出版社 2000 年版，第 528 页。

② 参见夏征农主编：《社会主义辞典》，吉林人民出版社 1985 年版，第 442 页。

③ ［法］摩莱里：《自然法典》，黄建华、姜亚洲译，商务印书馆 1982 年版，第 90 页。

又不忽视未来的迫切要求。”① 司法权的任务，正是对已然和谐的肯定和未然和谐的向往。法律能够辨识现实的和谐与非现实、反现实的和谐，真和谐与假和谐，透过相应的制度保障相应的和谐生活，建构真实的和谐社会。

真实的和谐社会首先意味着人与人的和平共处。“如果不和平相处就一事无成，然而又难免互相冲突。因此，他们感到本性要求他们自行立法，规定彼此的义务，并据此创造一个联合体。”② 原初的人类立法萌生于和谐生活的本能欲望，形式上主体多元，内容上义务相互，功能上实现了创设联合体组织的目的，在法律发展的谱系中据有重要一席。但是，这种和谐生活的本性立法毕竟是随机的偶发，并非法律权威的真正要求。当和谐的集体组织创设后，个体与公共的法律张力变得越来越大，法律理念、规则之间的冲突与矛盾也会越来越难以维系和谐的集体组织生活。联合体的权威立法势所必然地要求取代个体的自行立法。只有这样，人们才能维持最基本的和平与和谐。司法权首先是通过政治公共权威的方式表现出来，与立法权在源头上共享着法律的尊荣。

真实的和谐社会主要承载于理性的社会化生活。基本的和谐生活只是人类生存的最低限度，只有社会化的和谐生活才是可望又可即的人类幸福。作为一种高级的和谐，社会化生活的理想无法在某个人或某个集体的立法范围里实现，它需要超越个体和集体的“一般法”协调动态的社会关系。然而，这种理想的司法调节与理想的和谐社会一样难以证成，以至于实证哲学发出了这样的声音：“我们将发现，除非使社会现象服从于各种永恒的自然规律，否则无法实现秩序与和谐。”③ 于是，一股通过引入自然科学的规律研

① ［美］E. 博登海默：《法理学：法律哲学与法律方法》，邓正来译，中国政法大学出版社 1999 年版，第 326 页。

② 转引自［英］韦恩·莫里森：《法理学：从古希腊到后现代》，李桂林等译，武汉大学出版社 2003 年版，第 156 页。

③ ［法］奥古斯特·孔德：《实证哲学》，第 1 卷，第 216 页．转引自［美］刘易斯·A. 科瑟：《社会学思想名家》，石人译，中国社会科学出版社 1990 年版，第 3 页。

究方法探讨法律规范的思潮绵延至今，法律成了社会和谐的规律之学，肩负了和谐复杂的社会生活的重大使命。“法律是主要社会结构，因为法律是对行为期望的协调的一般化（congruent generalisation）。没有这种一般化，人们就不可能确定对他人的方向或期望于他们的期望。”①

真实的和谐社会本质要求为人类生活进步与司法进化过程的和谐一致。真实的和谐社会不是过去的幻觉，而是一种活生生的现实。任何地方，只要存在合法政府，存在法律化的社会生活，和谐社会就会出现。这种活生生的和谐社会是支撑政治联合与法律运行的根本基石，因为它内蕴着一种类似于“社会契约”的机制，借助于这种机制，每个人都调整个人的行为以便与其他人的合法自由相协调。另一方面，没有司法进化过程中的人类生活进步，就不可能有和谐社会中良法之治的出现，更不可能有法律保障下的社会不断趋于“高级和谐”和“终极和谐”的美好未来。真实的和谐社会是法律与人类生活协同共进的“杰作”。

参照庞德关于文明社会中法律秩序目标的论述，我们可以为和谐社会扼要勾勒这样一幅图景：

1. 在真实的和谐社会里，人们必须能够假定其他人不会对他们进行有意的侵犯。

2. 在真实的和谐社会里，人们必须能够假定自己为善意的目的而控制自己所发现和占用的东西，自己的劳动创造在现有的社会与经济秩序下所获取的东西。

3. 在真实的和谐社会里，人们必须能够假定与自己进行一般社会交往的人将以善良的信念行事，并因此：

（1）将作出有他们的承诺或其他行为所合理产生的合理期待；

（2）将依公众的道义情感所系的期待来履行他们的约定；

（3）将明确地、公平地用原物或等值物归还因失误、非预期的或不完全故意而取得的、以他人的损失为代价的、在当时的情况下不能合理期待的利益。

---

① 沈宗灵：《现代西方法理学》，北京大学出版社1992年版，第369页。

4. 在真实的和谐社会里，人们必须能够假定那些从事某种活动的人将以应有的注意，不给他人造成不合理的损害；

5. 在真实的和谐社会里，人们必须能够假定执掌易于失控、逃逸而为害之物的那些人，将约束它们或者将其保持在适当的范围内。①

在法律自然进化的历史进程中，我们不难发现，和谐社会的标准和形态也在不断变化。这说明，法律的形象在很大程度上决定着和谐社会的真实图景。但在另一个方面，和谐社会的理想召唤也在不断塑型和谐的法律体系。在昔日所谓上帝法/永恒法、自然法/万民法、人定法/市民法与神法/宗教法并存的时局下，法律体系的和谐很难制度化维系，因为法律自身性质的内部矛盾决定了法律不可能同时为天国与尘世效忠尽职。在当代，随着法律神魅的日益淡化，人们开始意识到，人自身的和谐与社会整体的和谐甚至人类与整个大自然、宇宙的和谐就是法律本体和谐的侧影。法律体系和谐有序实际上正是社会和谐的标志，它们之间并不存在过程的分离。问题的关键在于，我们应当如何阐析司法权在和谐社会中的重要作用是如何有别于宗教神魅、道德训诫与政治威权，而呈现其“均衡”之貌的？

宗教神魅的核心机理是一种敬畏的情绪。当人不理解、不信任、不期待周围的环境，误会与绝望就会接踵而至。人一旦陷入不可自拔的迷惘，就渴求超验的拯救。而宗教神魅就是最易见的超验拯救，它以传统信仰甚至现代组织的方式为人们提供廉价的希望，在短期内达到身心的和谐。不可否认，宗教神魅下的和谐社会是存在的，但那样的和谐社会终究是经不住生活现实长期验证的。它需要神秘的精神管制，势不可免地就会导致人性的某些异化，导致个体和谐与社会和谐的激烈冲突。个人信仰宗教的自由不能证明社会和谐需要神魅的支撑，因为宗教的信仰机理是重视个体化的，无法与司法权的普适性相提并论。

---

① 参见［美］博西格诺等：《法律之门》，邓子滨译，华夏出版社2002年版，第93页。

道德训诫的主要方式是良知的压制，与司法规则的范式调控不同，它关心人的内在方面远甚于外在方面。人们的行为是否合乎道德实质上指的是人的良知是否合乎规诫。道德规诫的来源是多样的，对人心的要求是严格而具体的，同时也受习俗、舆论、历史传统影响至深。通过道德规诫构建的和谐社会是一种同质化的过程，因为和谐的道德要求必须通过其自身不断强化，这就不容易形成某种超验的外在权威。对于不和谐的社会行为的裁制，道德训诫明显力不从心。而对于和谐社会规范的抽象与完善，道德训诫又显得过于自信。在现代性日益扩张的今天，和谐社会的行为控制已经无法通过道德化的方式实现，良知的力量必须有赖于精密的制度设计及宽容的文化共融。司法均衡正是一种宽容的文化性事实和精密的制度性逻辑，它能有效包含、摄受道德训诫内蕴的诸多价值理念并将它们有机提纯、制度升华。

政治威权的效力与作用在任何社会都不容忽视。我们从本性上不喜欢强制，但在形式上又不得不接受强制。政治联合没有威权就没有权威，无权威的政治社会必是一个无序的世界。但仅仅依靠威权的政治社会绝对不可能是和谐一致的社会，亦即我们所说的真实和谐社会。政治威权本身必须合法化，这是历史与理性给定的经验性结论。和谐社会中的政治威权，无论是价值目标、政策主旨、效力范围还是作用方式都不能脱离司法权的框定。法律通过控制政治威权的不合法性来达致社会整体的和谐性，这已是一个政治、法学思想史的公认命题。

综而言之，司法权在和谐社会的真实化进程中，必须发挥有别于宗教神魅的短期情绪效果、道德训诫的具体良知局限和政治威权的非理强制惯行的均衡作用，具体而言，就是司法权的普适性制度构建、抽象性行为调整和公理性强制排除的三大任务。

首先，司法本质上是一种带有人文色彩的科学规范，它不拒斥体系，更不排挤制度。如果我们将制度理解为人与人关系的某种稳定化预期，那么，司法过程本身就是一种制度。但司法与一般制度的最大不同之处在于，它除了自身具有关系调控的功能，还有构建其他制度、调整一切可能关系的特殊作用。真实的和谐社会要求司法构建善适性制度，最深层原因乃在于降低和谐生活的成本，使普罗大众都能通过司法的道路构建、享受稳定而富有预期的生活。

其次，司法权在构建善适性制度的过程中，还应充分发挥它的本体功能，那就是抽象性行为调整。法律对人的行为并不是具体管理，其调整要诀是透过抽象的文字、符号、表达、文化甚至某种视觉象征提醒人们应当如何与不应当如何。当法律进入人的心灵，它就变成了内在的道德，一种守法或者司法的美德。和谐社会是总体性概念，它并不意味着人人和谐、事事和谐，因而它就离不开法律的抽象性行为调整。这种调整既不会打乱和谐社会自身自发的秩序，也不会陷和谐社会于任性的运行。

最后，如果普适性制度构建与抽象性行为调整是司法权在和谐社会中的肯定性作用，那么，公理强制排除就是其“否定性”的方面。否定政治威权的非法强制，这是司法作用的法理精髓，是“保护性正义”的具体践履。① 以往的法学理论讲法的作用仅仅限于规范作用和社会作用，忽视了其否定性的一面。法律作用也是充满对立的辩证法范畴，凭借司法公理的力量限制政治威权的滥用，可谓和谐社会长效机理的至重方面。

二、社会公平何以达成？

“社会公平”作为现代性社会理论的一项核心关切，其自产生之日起便与现代现象及现代性问题纠结一体。早在以涂尔干、西美尔、韦伯、特洛尔奇、松巴特、滕尼斯、舍勒等为代表的古典社会理论中，社会公平就被赋予了维系社会团结、构建合理化社会的实践使命。在社会学法学思潮中，社会公平也被赋予了验证法律良善与否、检测法治理想实现状况的重要任务。

将社会公平作为法理问题对待，是当今西方政治哲学、伦理学

---

① “保护性正义”是德国法哲学家科因在传统的交换正义和分配正义之外论述的新的正义形式。保护正义的原则内容是：“所有人对于人所行使的权力，均必须受到限制。”参见［德］拉伦茨：《法学方法论》，陈爱娥译，商务印书馆2004年版，第58～59页。

的共同方向。罗尔斯在《正义论》中将“社会公平”视为正义的基本理念，而正义又是社会经济、政治、法律结构的基本原则。在《作为公平的正义：正义新论》这部讲稿中，罗尔斯更加明确地指出：“那些我们用来组织和构造以使作为公平的正义成为一个整体的理念，我将其视为‘基本理念’（fundamental ideas），在这种正义观念中，最基本的理念是社会作为一个世代相继的公平的社会合作体系的理念。”① 在罗尔斯看来，这种以公平为基础的社会合作至少具有三个本质特征：第一，公平的社会合作不同于单纯的社会协调活动——例如由绝对的中央权威当局发布的命令所协调的活动。社会公平要求人们的行为受普遍性的权威规则和正当程序调节，而不是遵从某些单向的义务性指令。第二，社会合作的理念必然包含了公平合作的法定条款，即每一个参与者都可以理性地加以接受，而且，如果所有其他的人都同样地接受了这些条款，那么每一个参与者都应该加以接受。社会公平表明了互惠性（reciprocity）和相互性（mutuality）的理念：所有人都按照公众承认的规则所要求的那样尽其职责，并依照公众同意的标准所规定的那样获求利益。第三，这种合作的理念也包含了每一参与者之合理利益或善的理念，这种合理利益的理念规定了，从那些参与合作的人们自己的善的观点看，他们所一直积极寻求正当利益的到底是什么。②

罗尔斯的社会公平理念有这样几个核心范畴：个人的善（合理利益）、公众的理性选择和法律的普遍权威。以个人的善为起点，公众的理性选择为中介，法律的普遍权威为归宿，构成了罗尔斯社会公平理念旅程的全部景观。个人的善是伦理学范畴，是罗尔斯所谓的“合理”（the rational）之问题，它不同于公众的理性选择这一政治学问题，因为后者强调的是理性（the reasonable），而非“合理”。对于“理性的”和“合理的”，罗尔斯特别作了辨析，并强调他向来主张对二者加以区分使用。当处于平等地位的多数人表示愿意遵守某一规则，少数人如果是理性之人的话，“他们应该

---

①② ［美］罗尔斯：《作为公平的正义：正义新论》，姚大志译，上海三联书店2002年版，第9~10、11页。

承诺履行这些原则，即使由于环境的迫使而不得不以他们自己的利益为代价，如果别人被预期能够同样履行它们的话”。① 但如果有一些人无论如何也不愿牺牲自己的利益，这样也属“合理”。“因为它也许属于这种情况，即某些人拥有较大的政治权力或占据更有利的社会地位……那些处于有利地位的人们要想利用他们处境的优势，这是合理的。”②如何在理性的公众选择与合理的个人利益之间达成“反思的均衡”（reflective equilibrium），罗尔斯最终认定了法律。当然，罗尔斯认定的这种法律，不是一般的实在法，而是具有理想类型特点的“公平法”（罗尔斯称之为“公平条款”）。社会公平问题，被罗尔斯从传统的伦理学、政治哲学中解放出来，开启了新的视域，成为一个全新的法理学问题。

深入罗尔斯正义论的内里，我们发现，罗氏所谓的“公平条款”之形成历经三个阶段：第一，个人利益的合理化阶段，这一阶段的公平法主要体现为“个人权利”的存在；第二，公众选择的理性化阶段，这一阶段主要由社会机构（social institution）为代表完成，公平法也相应体现为这些社会机构提供“公共证明”的“公法”；第三，也是最关键的阶段，即个人权利之间或者合理的个人权利与理性的公众选择之间发生了难以调和的冲突与矛盾，出现了“公平”难决的情况，应当借助理想的法治原理和机制加以解决。

第一阶段形成的“公平法”，我们可称之为自生自发社会的个人权利法。自生自发的社会缺乏大一统的政治权威，没有普行天下的权力命令，只有原子式个体的利益博弈。由于社会资源的相对均衡（不是过于富足也非过于匮乏），个人在各自的“善”之追求过程中，一般可以找到合适的方位，加上传统习惯的限制，虽然没有普适法令指导，但仍可以做到各取所需。矛盾的调处，一般也由个人相互之间通过和解方式达成，实在无法达成，便诉诸于“彻底消灭”的方式。这样的自生自发社会遵循合理的“丛林法则”，非

---

①② ［美］罗尔斯：《作为公平的正义：正义新论》，姚大志译，上海三联书店2002年版，第12页。

常脆弱，也非常恒久。言其脆弱，是因为个人权利的博弈要达成公平，完全靠内力，实在是困难重重；言其恒久，是因为个人权利至上的无政府状态，一直为各个时代的思想家孜孜以求。这样的社会公平状态在当今世界依然存在，它散布于规模小、成员密集、生存机会广阔、权利意识极其浓厚的地方，没有合适的环境，无法满足其存在的严苛条件，它就难以维续，可一旦有了出现的契机，它一时又很难自生自灭。所以，我们要发现和否认这些社会及其公平法，都不是轻而易举之事。

第二种公平法，我们可称为民主治理社会的公共意志法。这是常见的公平法形态。当公众出现，必然会有少数人与多数人之分。要使这些人对“何为公平”达成完全一致的肯定性意见，并非一个简单的权利博弈的过程。因为，多数人的意见在民主治理的社会中具有一种生产权力的特性。而权力又有天生的压制权利的倾向和能力，当某些人的权利不得不放弃，多数人的权力意志就会顺理成章地成为法律。这样，公平可以确定，社会的集体行动也能有效率地完成。

上述两种“公平法”，都不是理想的社会公平法律。以捍卫社会公平为己任的良法应当由法律秩序的“理想图景”（idealized picture）提供。庞德认为，时至20世纪，再企望以个人权利法成为达成社会公平的理想图景，已不大适合。而单纯考虑公众意志的法律，又面临“集体暴政”的危险。所以，新的法律理想图景应当均衡合理的个人权利与理性的公共选择，既维护个体自由又保卫公共利益。“一种文明的理想……必须承认有两个因素来达到这种控制：一方面是自由的个人主动精神、个人自发的自我主张；另一方面是合作的、有秩序的……组织起来的活动。”①

现代性社会从构造原理上区别于传统社会的关键之处在于，普适的权威法律成为介于个人利益、公共利益与整体社会利益之间的理性裁判者。法律力求公平，这种公平的本质特性不是个人权利保

---

① ［美］庞德：《通过法律的社会控制》，第132页。转引自沈宗灵：《现代西方法理学》，北京大学出版社1992年版，第298页。

障，亦非公共意志维护，而是在个人利益与公共利益之间的均衡确证，特别强调对社会优势者权利（权力）的限制，维护社会整体的有机连带。这与现代性社会本身联系日益紧密、彼此休戚相关、风险一体化的特点也是息息相关的。可以说，现代社会的结构转型决定了现代社会的法律在“公平”价值的维护上，也不能不作出相应的转变，即由以前的个人权利本位，或者公共意志至上转变为均衡性的社会化调节。

当下中国面临的社会非均衡实况，官方民间、朝野上下均给予了极大的注意力待遇。“构建和谐社会”的政治目标之提出及巨大共鸣，就是一个例子。其实，对社会非均衡现象的对策性思考，一直贯穿着社会理论发展始终。“社会学自诞生以来，尽管对社会秩序有不同的看法，但是追求的就是一种社会均衡状态。”① 马克思、韦伯、帕森斯等人的社会构建理论都提出了天才的预言，但都无法完全解决社会非均衡这个困扰人类进步与大同的超级难题。在马克思眼中，只要存在阶级，就不可能实现真正的社会均衡；在韦伯眼中，社会科层化永远无法解决个人需求与欲望的冲突与矛盾；在帕森斯眼中，功能主义的社会分层也难以达到真正的均衡状态。在法学家眼中，要实现真正的社会均衡，最终要靠以“均衡司法”为中心的法治与宪政。

我们正在走向一个权利和谐的时代。从和谐社会到和谐世界，从和谐生活到和谐交往，从和谐的传统价值到和谐的现代意识，每一种事物、每一个人的表里内外都洋溢着和谐的情怀。法治的理想，作为和谐时代的现实保障，备受关注。背后的原因，正在于法治理想本身对于社会公平的均衡要求的实质性把握和程序化践行。缺少了这一内核，法治理想便会在和谐时代失去光彩照人的内在善意，退化为徒具外在形式的傀儡美景。“公平作为一个评价范畴首先以观念形式存在，它所反映的是以社会利益关系为客体的价值关

① 王春光：《当前中国社会阶层关系变迁中的非均衡问题》，载《社会》2005年第5期。

系，社会利益关系的合理性是公平问题的实质内容。不同的评价主体受其所生活的社会历史条件、社会地位、阶级立场、认识水平等方面因素制约会对社会利益关系合理性作出不同的判断，从而形成不同的公平观。"① 如何在众多个别主体的合理公平决断与公共权力机构的理性公平选择之间达成法理上的均衡，并进一步整合为法律的"公平条款"，使权利（权力）主体之间的行动与现实法律运行实现法治理想层面的契合，这是和谐时代的社会公平法理研究紧迫需要解答的问题。

我们应当感到庆幸，社会公平从来没有一个明确的定义。② 这为法理均衡的社会公平观念留下了宝贵的生存空间。法国社会学家涂尔干指出：只要失衡的社会动力没有达到新的均衡，各种价值观都无一定，规则标准也无从谈起，可能与不可能之间的界限也模糊不清。在这段时间，人们很难区分什么是公平的，什么是不公平的；什么是合情合理的要求，什么是非分之想。③ 今天的中国，正处于全面转型的非均衡发展时期，各种失衡的社会力量风云激荡，各种主体的公平诉求五花八门，急需通过法治的均衡与整合，达成和谐生活的时代理想。遗憾的是，中国法治理想的近代塑造，却偏偏失去了"均衡"这个关键的要件，与传统彻底决裂的后果是，法治理想的长期晦暗不明，或者循环论证，或者口号叠加，或者政治正确，没有直面现实的勇气，更少再造传统的雄心。

这些，尚只是社会公平法理均衡的精英博弈。在大众层面，如何有效达成他们公平心态的有效整合以及公平行为的良性互动？特别是，如何有效调处他们与政治家、法学家这些社会精英在公平问题上的法理冲突及矛盾？经济学试图通过一般的行为博弈分析，建立起公平偏好的普遍适用框架，对法理学的社会公平研究，具有启

---

① 徐祥生：《社会公平问题的理论定位》，载《人文杂志》2000 年第 1 期。

② See Arthur M Okun. Equality and Efficiency. The Big Trade-off. Washington: The Brookings Institution, 1975, p. 3.

③ 参见［法］涂尔干：《自杀论》，钟旭辉等译，浙江人民出版社 1988 年版，第 212 页。

示作用。① 但它的局限性也说明，没有对社会公平的制度分析前提，尤其是法理均衡函数的准确定位，这种一般均衡分析注定会不断失利。

在法学家看来，法律均衡分为广义、狭义两种。狭义的法律均衡（legal equilibrium）就是法律供求均衡。法律供求均衡有两重含义：一是法律供给与需求在量上处于均等状态，由此决定的法律成本最低，收益最大；二是决定法律供求已有一整套从立法、司法、执法到守法的有序机制，能保证这种均衡持续产生最优行为选择和约束条件。广义视角的法律均衡是指法律资源在社会生活中均衡配置的持续状态和目标模式。② 其实，法律均衡和法理均衡还是存在很大区别的。对于社会公平的核心要求而言，“法律”是理想情态的未生之物，必须通过个体与机构的法理交往，才能渐进生发，不可能一开始就成为提供公平资源的主体。公平法的产生，是法理均衡的结果，而非法律均衡的起点。

所以，要准确把握社会公平的法理均衡函数，就必须从法律实际生发的过程着眼，从“实然”迈向“应然”，再从“应然”回归“实然”。就当代中国法律运行目标模式的均衡化设计而言，“法理均衡”具有双重意义：一是外部的均衡，即法律运行必须着眼于中国整体发展的均衡性，尤其是注重维护社会民众的公平观念，同时，对少数者的见解和利益也给予制度化的保障。比如，在民主发展的同时，启动司法程序的发展，从而实现民主与宪政法治的均衡。具体对法官而言，其必须具有整合性思维，善于运用社会学方法平衡各种利益冲突，使事物回复均衡状态。二是内部的均衡，即法律自身运行过程中必须协调各种权力关系、权力与权威关系、公权与人权关系等。只有保证了内部均衡，法律才有机会构建属于自己的公平体系和公正空间，才能免受外部力量的非法干涉。

---

① 参见阮青松、黄向晖：《西方公平偏好理论研究综述》，载《外国经济与管理》2005 年第 6 期。

② 参见冯玉军：《论法律均衡》，载《西北师范大学学报》（社会科学版）2000 年第 4 期。

三、社会均衡何以可能？

社会均衡有着多层的含义，既包括利益关系的合理配置，又包括功能上的相互依赖、合作，还包括目标与手段的一致、价值与行动的统一等内容。如果从阶层关系层面上理解，社会均衡主要应表现为这样几方面：一是结构性均衡，即有一个合理的社会阶层结构，表现为中间大两头小，最直接、最敏感的指标就是社会中产阶层占人口的绝大部分。二是地位的一致性，特别是经济条件与权力、声望之间需要一致性，或者相匹配，如果有经济条件的人没有声望；反之，有声望的人没有经济条件，都会带来社会紧张和不均衡。三是客观地位与主观意识的相符性，也就是从主观上对自己客观地位的认可。四是价值理性与工具理性、目标与手段之间的协调性。①

1. 社会均衡是“社会个体”趋于“合作解”的策略选择。

在经济学视野中，个体理性面临博弈的“囚徒困境”，而“囚徒困境”问题的提出，乃是基于“一次性博弈”的理论前提。近年来，一些学者开始研究博弈行为的连续策略解，以一种“长程”兼加“感性”的眼光审视互相关联的“社会个体”如何在纷繁芜杂的真实情态中达成“互惠”（reciprocity）。结果发现，合作可以被视为基于生存竞争的个体理性选择，随着一系列连续策略的选择，“合作解”成为社会均衡的必然要求。② 对何种社会结构导致有效社会合作的研究，在学者看来，构成了社会科学的根本问题。当然，对这一根本问题的研究，也免不了要求社会个体合作研究。“从经济学、生物学、社会学、文化人类学、演化心理认识科学和符号逻辑等领域，围绕合作的发生学问题进行合作研究。”③在此种背景下，作为社会科学重要分支的法学也应有所作为，从法理角度

① 王春光：《当前中国社会阶层关系变迁中的非均衡问题》，载《社会》2005年第5期。

②③ 参见汪丁丁：《何谓“社会科学根本问题”》，载［美］赫伯特·金迪斯等：《人类的趋社会性及其研究：一个超越经济学的经济分析》，世纪出版集团、上海人民出版社2006年版，第4～5、7页。

探究司法过程的合作均衡解，正是这一学术努力的有力见证。各学科的合作研究合作均衡问题，本身便是社会之个体通过博弈达成互惠多赢的实在说明。

2. 社会均衡是“情”与“理”的均衡，“情境理性”的存在必然要求社会均衡的深度实现。

近十年来，西方经济学理论发生着一场微妙而深刻的“革命”：将人类情感纳入博弈论框架。这无疑对传统的“理性选择”概念是一种根本性的超越与颠覆。比如有学者通过实验经济学的研究方法，发现同情心的存在可以使社会合作与均衡更加容易达成。同情心可以让人们形成“共感”，减少人们之间的心理距离及差异，并且，人们心理距离越小，合作均衡发生的概率就越大。① 在《道德情操论》中，亚当·斯密就把“同情共感”认定为一种特殊能力，这种能力具有超越单纯自利理性的伟大功用。人们可以借助这种能力，迅速、有效、深入、全面地形成社会合作秩序，达成均衡格局。亚当·斯密翻来覆去说明的一个道理就是：“人类社会的秩序之所以可能，人类之所以能够组成社会，不仅因为我们自私，还因为我们时时刻刻都有某种设身处地为别人考虑的能力，始终都有换位思考的天生禀赋，也就是我们一般而言的同情心。”② 在此意义上，试图均衡“情”与“理”的“情境理性”范畴，对于社会均衡的深度实现，具有不容小觑的建构与指引作用，甚至为我们寻找一个打通中西方学术范式提供了一个可能进路。③

---

① David Sally. On Sympathy and Games. Journal of Economic Behavior & Organization, Vol. 44（2001）. pp. 1-30.

② ［美］赫伯特·金迪斯等：《人类的趋社会性及其研究：一个超越经济学的经济分析》，世纪出版集团、上海人民出版社 2006 年版，第 16～17 页。

③ 众所周知，中国传统学术强调情理兼顾，但这种强调一直缺少有力的技术说明与实验支撑，始终停留在高明美妙的道德理想层面。如何运用西方社会科学的量度分析方法，验证并发展“情理均衡”这一中西方共通的社会理想，不能不让人遐思万道，激动非常。冷静审思，这是一项过于庞杂，巨大的研究工程，单体、独立的学术人若能寻到一个有力方面，已属不易，遑论整体完善。从司法过程视角审视社会均衡，便是笔者长期的学术关注，也是力图奉献的一个“进路中的切口”。

3. 社会均衡贯穿于人类行为、人类心智与人类规则建构的全部环节，是包括司法过程在内的一切人类文化与制度的总体目标，既具有生物学意义的先定性，也带有法理学意义的经验色彩。

社会达尔文主义者一向强调，人类行为的自私物质是个人生存与发展的基本动力。1976 年，牛津大学著名生物学家道金斯出版了《自私基因》一书，全面否定了人类行为的利他倾向。他告诫民众，"如果你认真研究了自然选择的途径，你自会相信，凡是通过进化产生的任何东西，必定都是自私的"。① 与之相反，美国桑塔费学派的经济学家，通过计算机仿真实验的方法，有力驳斥了"道金斯迷信"。他们严格按照考古人类学知识设定，根据族群成员对待合作的态度分为不同类型，得出了不同行为的"演化均衡"路径及相关概率。实验结果显示：随着演化均衡过程的不断拓进，自私者与卸责率不断减少、降低，与之同时，强互惠者与合作不断上升，最后维持在一个相对稳定的水平。② 而更多的 ESS 模型（Evolutionarily Stable Strategy）也证明，强互惠行为的心理补偿机制在于，通于"利他惩罚"的实现获得行为的内在激励。"最新的社会偏好模型所定义的效用函数包含了对违反公正和合作规范的惩罚愿望，这些模型比经济学传统的自利模型更好地解释了人类的实际行为。"③ 超越囚徒困境中的个人理性局限，回归人类原初即有的利他本性，同时，建构激励利他行为的司法制度，这可以说是经济学最新社会均衡研究的总体结论。这一结论对法理学而言，是研究司法均衡问题的有效前提，需要通过诸多经验材料加以发展、补充和完善，建立一种适合法律实际运行与操作的指标体系。

其实，经济学家也看到了这一研究结论对法学的可能贡献。他们指出，"在人类漫长的文化历史中，最初的合作秩序是通过自然

---

① Dawkins. The Selfish Gene. Oxford Press，1976.

② Ginti，Bowles. The Evolution of Strong Reciprocity：Cooperation in Heterogeneous Populations. Theor. Popul. Biol. 65，1，2004.

③ 叶航等：《作为内在偏好的利他行为及其经济学意义》，载《经济学研究》2005 年第 8 期。

选择建立的，即自然选择的压力迫使人类进化出有利于合作的偏好，我们把这一阶段称作‘自然为人类立法’。随着生产能力的提高，自然施加于人类的选择压力开始减轻，合作秩序不得不通过其他手段来维护，强互惠者个人实施的利他惩罚就是其中之一，我们把这一阶段称作‘个人为社会立法’。最后，在近现代社会，工业革命带来的分工使人类合作的规模达到前所未有的程度，合作秩序的维护必须依赖一个建立在民主基础上的现代司法制度，于是我们把这个阶段称作‘社会为个人立法’”。① 必须指出，这种对立法历史的观念建构是超越传统法教义学的，具有理论更新的用意，但同时也带有理论偏失的误导。人类合作秩序的形成始终贯穿着司法过程的均衡，而近现代的产物无论是自然为人类立法还是个人为社会或者社会为个人立法，都离不开先在的司法均衡机理。司法均衡的存在，对人类合作而言，是构成性的，也是规范性的。

第二节　司法均衡的域外经验：宪政司法的美国样板及其他

一、引言

宪政之精核在于宪法对政权的精细调控，它既要确保政治权力的效能发挥，又要保障公民权利的品性不坠。这本身就是一项艰难的均衡工程，需要政治权力与法律权威达成制度化的沟通与契合。观审全球，现今普遍涌动着“宪法司法化”潮流，透其内里，我们发现，早在百年前，一个叫美利坚合众国的地方就塑造了一种宪政司法的样板。回顾这段历史，从中找寻出当下我们有用的经验，可谓意义不凡。

在美国宪政史之初，我们看到的是一幅各州为政、邦联无权的图景。美国政治的独立仅仅是“建国”的首役成功，等待这个新

① 叶航等：《作为内在偏好的利他行为及其经济学意义》，载《经济学研究》2005 年第 8 期。

生国家的尚有一系列政治、经济、法律、军事上的严峻挑战。1787年10月1日，汉密尔顿以“大陆征税者”的名义在《纽约报》上悲凉宣告：“征税者在本州当年的定额中什么都没能征到。”中央政权的软弱无力迫使本杰明·富兰克林、詹姆斯·麦迪逊、亚历山大·汉密尔顿、约翰·马歇尔等一大批法政精英强烈吁请：以一部新的“宪法”取代当时的邦联条例。美国联邦宪法的诞生，可以说是政治权力的推动，但它一经缔造就获得了无穷生机和永恒生命，能够超越当初催生它的政治权力，成为独特而独立的法律权威力量，其中的奥秘究竟何在？

仔细研究美国宪法文本，不难发现，这是一部充满了法理均衡精神的伟大文献，在原则与妥协、联邦与州政、大州与小州、自由与蓄奴、立法与行政、政权与民权等诸多不同层面的问题上均有效达成了制度上的均衡。对于司法权，美国宪法文本着墨甚微，根据联邦宪法第3条，“合众国的司法权力”被赋予“一个最高法院以及国会可以随时任命与建立的下级法院”。司法权力的范围被限定在“联邦宪法、法律与根据联邦权力所制订的条约下所发生的法律与衡平案件”。这个时候，宪政的均衡目标与司法的均衡权能尚未契合。这带给我们一个非常重要的启示：一部宪法的伟大并不在于它无所不包，适当的空白与简陋很可能为今后的制度进化留下宝贵的空间。

美国最高法院的伟大，在于它充当了一个适格的均衡者角色，在不同历史时期，它发挥不同的均衡权能，维系着司法权的统一和效能，同时也维系着美国政权与法治的微妙均衡。法院通过案件处置获得惯例上的司法审查权，通过这种权威挑战国会通过的立法，这是法理对法律的审查，也是美国最高法院充当民权卫士与政权调控器双重角色的应有之义。法院，作为司法场域中最核心的中立机构，它承担着均衡国家场域与社会场域的至重要责。众所周知，政治权力是国家场域构建的主体力量，而法律权威又是社会场域得以安存的灵魂支撑。美国宪政司法对二者的均衡，可谓契合了社会发展之要诀大道，也是“美国奇迹”得以发生的内在根由。在不断均衡进程中，司法权也不断生长。比如，马伯里诉麦迪逊案就是一个有关司法政治化背景下的政权内均衡——司法审查权诞生的故事。再如，马丁诉亨特租户案，也围绕宪法最终解释权的联邦与州权均衡，最终确立了上诉管辖权。下面，我将着重就洛克纳案中的司法均衡问题展开讨论，以求窥一斑以见全豹。

二、洛克纳案

19 世纪末的美国，处于由农业、手工业与零散商业叠合的前工业时代到以大规模经济组织为特征的工业与都市社会转型时期，这种转型带来了一系列重要的宪法与司法问题。围绕洛克纳案的争论正反映了当时的司法哲学分歧，尤其是关于司法与经济干预的均衡处理，更加成为今天宪法学者津津乐道的话题。事过百年，重温洛克纳案中以佩卡姆大法官与霍姆斯大法官为代表的不同两派立场及各自的司法哲学，有利于我们汲取诸多法治经验与治国智慧。

1897 年，美国纽约州通过了一项旨在保护工人健康的法律，该法规定，纽约州面包坊的工人每天工作不得超过 10 个小时，每周工作总时不得超过 60 小时。在当时，此类立法并不鲜见。在纽约市的三角地大火灾中，因为劳作环境的恶劣，安保措施的缺失，数百名青年女制衣工的生命被吞噬。① 这样的教训迫使立法者不得不正视雇佣工人的社会保障及工作环境问题，于是针对面包工人的健康，纽约州出台了这项限制工时的立法。

然而，洛克纳这位倔强的纽约州尤蒂卡市的小面包坊主，两次违反这项立法，最后被判处 50 美元的罚金。面对这一处罚，洛克纳感到，自己辛劳经营祖传的面包坊，与工人同甘共苦，并没有侵害他人什么，所以他不接受这个结果。他的律师认为，纽约州的最高工时立法限制了工人和雇主之间关于在面包坊工作时间的合意，这一立法无疑是未经法律的正当程序便剥夺了洛克纳及其雇工的自由，依美国联邦宪法第 14 修正案："任何州不得未经法律的正当程序即剥夺人的生命、自由或财产。"洛克纳的诉求在纽约州的两次

---

① Archibald Cox. The Court and Constitution. Houghton Mifflin Company, 1987, p. 128.

审理中均告落败。最终，他把这个案件上诉到美国联邦最高法院。经过激烈争论，美国联邦最高法院以五比四的表决支持了洛克纳的诉求，否认了纽约州立法在洛克纳案中的法律效力。

“洛克纳主义”（Lochnerism）和“洛克纳式”（Lochnerian）成为美国那个特定时代司法哲学的代名词。它象征着司法能动主义哲学企图透过经济干预保障传统的私法契约自由，阻止福利国家的社会经济变革，维护并加强马歇尔时代以来美国最高法院的司法审查权。

三、两种司法哲学

司法“能动主义”是美国著名法学家考克斯对洛克纳主义的哲学评价。他说，“洛克纳时代的判决经常被称之为‘能动主义者判决’。不仅在诸如面包坊工人健康与工时的关系这类事实问题上，而且在契约自由与各种对立的公共利益的价值比较上，多数法官都毫不犹豫地用司法判断取代民意代表的判断”。①

体现这种司法能动主义最彰明者，莫过于洛克纳案中的佩卡姆大法官。在鲁弗斯·佩卡姆大法官（Rufus W. Peckham）看来，洛克纳案不过是奥尔盖耶诉路易斯安那州案和布德案的重申。在奥尔盖耶案中，佩卡姆坚持将契约自由上升为宪法原则。在布德案中，佩卡姆反对通过立法限制铁矿工人最高工时。在洛克纳案中，他也遵循了一贯风格及主张，拒绝接受纽约州以健康措施为理由的最高工时立法。

在他看来，州立法要获得维持，必须以“公共健康”为对象，并且必须有效证明被限制行业与身体健康受侵害之间存在某种必然联系。佩卡姆大法官指出，纽约州立法没有做到这些，它既非针对公共健康的立法，也没有提出有效证据证明面包业必然伤害人的身体健康。② 更为关键的是，佩卡姆大法官认为，纽约州立法以公权

---

① Archibald Cox. The Court and Constitution. Houghton Mifflin Company. 1987, p. 135.

② Bernard Schwartz. A history of the Supreme Court. Oxford University Press, 1993, pp. 194-195.

力侵害了私法上的契约自由，而这一自由恰好是他在奥尔盖耶案中明确裁定的“个人自由之一部分”。①

他说：“订立与企业有关的合同的一般性权利，乃是受到第14修正案保护的个人自由的一部分……除非在特殊情况下，购买或出售劳动力的权利，乃是这些修正案所保护的自由的一部分。”②

“面包师这一职业并非一种有损于健康的职业，这一行业与健康之间的关联之程度还无法授权立法机构去干预劳动的权利，以及个人（无论是作为雇主还是雇工）契约自由的权利……目前受到审查的制定法限制了具有行为能力的成年人获取生活收入的劳动时间，这不过是对个人权利的家长式的干涉而已。”③

佩卡姆大法官最后的结论是，纽约州立法，“并非一部关于任何合理意义上的健康的法律，而是对个人权利的非法干涉，是对包括雇主和雇员在内根据他们认为最好的条件签订劳动合同之权利的非法干涉”。该法的真实目的不是保护工人健康，而是让州权成为“每个个体行为的监护人，或者家父”。④

佩卡姆大法官的意见并非毫无争议地成为最高法院的最终判决，在异议者中，大法官霍姆斯的观点格外引人注目。他当时的观点，如今被许多法律史家当做美国司法哲学由自由放任时代向理性克制时代转型的先声，具有极其深远的影响。

霍姆斯在判决意见中指出：“宪法并不意图体现某种具体的经济理论，无论是家长制理论、公民与国家有机联系的理论，还是自由放任主义的理论。宪法是为持有根本分歧观念的人民制定的。”⑤在霍姆斯大法官眼里，宪法的功能不是裁制立法的合宪与否，根本上讲，它主要是为了均衡人民的利益、观念格局。所以，判断立法

---

① Bernard Schwart. A history of the Supreme Court. Oxford University Press, 1993, p. 194.

② Lochner v. New York. 198 U. S. 45, 53 (1905).

③ Lochner v. New York. 198 U. S. 59, 61 (1905).

④ Lochner v. New York. 198 U. S. 61, 62 (1905).

⑤ Lochner v. New York. 198 U. S. 75, 76 (1905).

是否合宪也要依据人民大众的均衡理性。某种具体的经济理论一旦成为法官头脑中的主导思维，势必会以司法者自身的判断取代人民的判断。在很多时候，人民的判断权更需要立法者这一民意代表阶层来行使，所以，司法权应当保持理性克制。

诚如波斯纳法官所言，霍姆斯大法官的异议并没有就洛克纳案中的实质性问题即纽约州立法是否侵犯了美国宪法第 14 修正案的正当程序条款展开交锋，而是巧妙地回避了这一问题，对多数派之正当程序条款确定不合理立法无效这一结论做了让步。① 但是霍姆斯大法官的让步并非没有回报的，他集中火力，论证了司法审查立法的合理性标准到底为何这一关键性问题。在 1923 年的一个案件中，他明确地将这种标准定性为“一个理性人是否会合理地持有那种信念”。②

霍姆斯大法官反对以经济理论为法官裁判的合理性标准，他的这一立场在半个世纪后获得了公认。在 1963 年的一个案件中，美国最高法院判决指出，法院以不明智、没有远见或不符合某一特定学派的思想为由推翻州的法律、管制商业和工业条件的法律是不合适的。即便法官不同意有关立法背后的经济理论，这也不是法官应当干预的，立法者采取何种经济理论作为立法指导原则，这不是司法者应当过问和关心的。③

霍姆斯大法官的司法理性克制主义为后来的福利国家法治进路的兴盛埋下了伏笔，同时打下了牢固的基础。时至今日，霍姆斯大法官的司法哲学反复为世界法学界引颂，并非没有道理。而佩卡姆大法官，却成为一个只有与洛克纳主义扯上关系的被遗忘者。

司法理性克制的法哲学基础应当溯源于人民主权理论。对于人民主权学说的来龙去脉，在此处不再赘述。我们只需看到一个明显的事实，那就是人民主权理论的精髓在于，通过人民整体的均衡，建构一种最高的权能框架，司法权必须服从并服务于这一框架。依

---

① Posner. Law and Literature. 1998 , p. 285.

② Adkins v. Children's Hospital. 261 U. S. , 525, 570 (1923) .

③ Ferguson v. Skrupa. 372 U. S. , 726, 731-732 (1963) .

据经典的人民主权学说，人民的意见和利益是最高的立法者，而现实的立法者不过是人民的喉舌。司法者与立法者相比，距离最高的法权更远，所以，司法权应当尊重立法，甚至在多数情形下要完全服从于既定的立法。美国的司法哲学一开始是讲究克制、消极无为、中立无偏的，但自马歇尔开创司法审查权后，司法能动主义的哲学勃兴，司法权被赋予了积极、甚至有些无边无际的裁断权能，面对各州立法如此，面对联邦立法同样如此。宪法成为美国最高法院的护身盾，对宪法的理性解释，已成为美国法官眼中的司法之本质。① 如何真正做到理性释宪？真正实现司法所必须实现的均衡功能？特别是一旦遭遇政治权力强大的改革意念与措施时，司法者如何理性应对？既不僭越自身的权力范围，也不逃避应负的审查权能，实现经济发展过程中各种社会力量的均衡？这些都是长期困扰大法官们的难解之题。

在洛克纳案中，我们有幸看到了两种对立的司法哲学，特别是霍姆斯大法官彰显的司法理性克制主义，更让我们意识到，经济过程与司法过程存在质的差异，不能因某种指导经济过程的理论不受中意就从司法上否定立法的效力。司法应当在政治权力与市场权力之间充当一个和平的均衡者，不应带有偏见。如果司法者一开始就认同了某种经济理论，他就会顺理成章地判定与之违背的政治行为或者市场行为存在法律上的缺失，进而做出不利于一方的判决，这样的判决即使在当时看来多么符合传统的哲学、自由的观念，长期看来，都是司法不公的一种形态。我们应当格外警惕这种因为知识倾向带来的司法不公。佩卡姆大法官的廉洁无人否认，但他的倾向性却让纽约州立法吃了哑巴亏。霍姆斯大法官的意见固然暧昧，但他表达的严谨和审慎却是司法中立、均衡性的核心要求。

微观而言，经济条件的变动性与法律要求的恒稳性之均衡，是司法权在处置经济均衡时的核心关切。有学者通过对加拿大不正当除名案件的实证研究，得出了司法决定如何保证经济与法律的均衡的关键信息，那就是法官可以根据不同时期的经济背景塑造不同的

---

① Marbury v. Madison. 1 Carnch 137 (U. S. 1803) .

合理性标准以裁判案件。① 法官理性在很大程度上能够成为司法权均衡性之核心，也在于法官可以通过司法权力裁剪经济事实，同时顺应经济环境达成司法权威，两种司法权运行的路向均衡统调于完整的司法过程，实现司法处置经济事案的内外均衡。

四、从“能动”到“底度”：美国宪政司法哲学的变革

1961 年，美国阿拉巴马州地方法院受理了一起有关议会议席位分配的诉讼。原告西姆斯等人，是该州杰弗逊县的有选举权的纳税人，就该州议会议席位分配不均的状况向法院提出了诉讼。原来，根据阿拉巴马州宪法的规定，州议会的议员（包括上院和下院）名额都应根据“人口”确定。而事实上议会选举并未遵照相关规定，致使占总人口 25% 的地区选出了过半数的上议院议员，占总人口 27% 的地区选出了过半数的下院议员。原告认为，这种不均衡状况违反了合众国宪法的第 14 修正条款，要求法院停止今后的选举。随即，该州议会通过了在 1966 年的选举中变更议席分配的宪法修正案，以及该修正案如果被否决时的法律修正案。联邦地方法院最终还是认为，现有的不均衡状况违反了美国宪法关于平等保护的第 14 修正案条款，并且该州议会通过的两个修正案都不完备，因此，对于 1962 年的选举，暂定以通过的修正案配合进行，法院持有管辖权，也就是说，选举应根据联邦地方法院的命令进行。对此判决，作为被告的阿州州务长官、法务长官以及对选举负有责任的相关职员向最高法院提起上诉。②

沃伦首席大法官认为，该案所涉的议席分配是个复杂的政治问题，法院本不应干预，但只要是宪法上规定的公民权利受到侵害，法院就必须给以保护。沃伦坚持认为，正是人口，才是议席分配的

① Annette Marie Nierobisz. In the Shadow of the Economy: Judicial Decisions on Wrongful Dismissal in Eras of Economic Uncertainty. Bell & Howell Information and Learning Company, 2000.

② 参见［日］藤仓皓一郎等主编：《英美判例百选》，段匡、杨永庄译，北京大学出版社 2005 年版，第 14 ~ 18 页。

出发点，并且是决定性的标准。这是美国宪法平等保护条款明确要求的。沃伦大法官同时也指出，对于州来说，与联邦议院的下院议员选举不同，州下院议员的选举除了依据“人口”，还可以考虑行政区域等其他因素，并且，“人口”与议员名额比例也没有必要每年都重新确定，至少每10年进行一次调整也是妥当的。最后，沃伦大法官判决认为，原审判决合适，驳回上诉人意见。

结合当时美国经济、社会发展实况，乡村人员大量向城市流动，选区却未随之调整，由此产生了议席分配的不均衡状况，对联邦议会如此，对州议员选举同样如此。针对这种外部不平衡，沃伦法院采取了积极行使司法审查权的均衡哲学主张：一方面，在司法外部均衡目标的达成过程中，司法权的运行操控也不能偏离“均衡”的哲学要义。司法权在对待联邦议会与州议会选举的人口比例问题上，尺度显然不同。对州议会选举的“宽松”隐含着联邦权与州权的均衡要求，也表达了美国最高法院力图在司法与政治间达成均衡。就自身内部均衡而言，沃伦法院对先前的类似判例，如Baker v. Carr 和 Wesberry v. Sanders 案等，也采取了“变通”方法，既没有违背遵循先例的司法原则，也没有唯先例是从，照搬先前框架而无视变动的现实。

学界有人将沃伦法院后的美国宪政变迁称为“伦奎斯特革命”，这场“革命”最惹人注目的哲学蕴义在于，美国司法愈益倾向“保守主义”，从以沃伦法院为典范的“司法能动主义”向以伦奎斯特法院为旗帜的“司法底度主义”之过渡。

但是，在一以贯之的美国宪政司法模式中，伦奎斯特法院还是谦恭地延续并强化沃伦法院在司法审查问题中的能动主义立场。这是因为，美国宪政司法的核心精神正是均衡政治权力与法律权威的司法审查哲学。对此，桑斯坦有一段精辟评论：“在其最初的75年间，最高法院仅仅推翻了国会的两项法案。在里根提名伦奎斯特为首席大法官以后的18年里，最高法院已经否决了超过36个立法的效力。以某种方式，伦奎斯特领导下的最高法院已经创下了能动主义历史上独一无二的最高纪录。其最具争议性的判决意见，通常由两位温和的保守主义大法官桑德拉·戴·奥康纳和肯尼迪，以及它的三位极端保守主义者伦奎斯特、斯卡里亚和托马斯做出。①

如何理解美国宪政司法过程中，此种政治保守与法律能动的奇特混合？在我看来，这正好说明了美国司法权均衡运行的独特追求，即力图在政治权力和法律权威之间有效达成一种制度上的均衡。

首先，就政治权力而论，由于政治与司法的内在关联，尤其对于美国最高法院而言，司法者不可能完全无视政治权力的外在影响，甚至有些时候不得不加以必要的逢迎——这种逢迎在他们看来，不是与司法独立冲突的，而是为了真正的法律权威塑造创新可能的环境。无论是自由主义大法官，还是保守主义司法者，他们都没有放弃宪政的核心精神。“以权利制约权力”始终是司法秉持的最高旨意，为达成它，自由主义者赞成“直接”方式，保守主义者主张“间接”做法，这或许就是区别的全部。

其次，就法律权威而论，自由主义司法路线与保守主义司法方略更是契合无间，两者都不约而同衷情于透过司法审查塑造法律对政治的调整机制，进而确立法律权威的至上性。但是这一过程是充满风险与变数的。所以，我们看到一幅有趣图景：那些自由主义的法官因为政治立场的“开明”而倾向于在司法实践中“保守”，相反，那些保守派的法官看上去似乎冥顽，却敢于在实践中开创，大胆使用法律的权威、审查政治的权力。这种“悖反”证明了司法哲学内蕴的一贯的均衡精神，它体现在司法过程的方方面面，随行于司法场域的角角落落，它影影绰绰，迷离而清晰地彰显于司法权运行的诸段有机链条。

理解司法底度主义（judicial minimalism），关键是对“minimal”一词的理解。依朗文词典，该词有三种指涉：一指量度最小（the smallest possible amount），一指程度最低（the smallest possible degree），一指尺度最窄（the smallest possible size）。② 韦伯辞典的

---

① ［美］凯斯·桑斯坦：《法律推理与政治冲突》，金朝武等译，法律出版社2004年版，第68页。

② Longman Dictionary of Contemporary English. Longman Group Ltd., 1978, p. 689.

解释，minimal 是与“minimum”相关联或成为“minimum”，而“minimum”指的是“可能的或被允许的最小量度”或“达到的、被记录的最低程度与量度”。①

不难发现，“minimal”指涉的是一种客观可能与允诺的过程，它不是指某种确定化的最小数量或最低限度，而是综合了最小量度、最低程度与最窄尺度的底度化进程。在司法上，“minimalism”能够成为一种“主义”，或许正是因为它契合了司法本质的过程性，无论是“司法最小主义”、“司法极简主义”还是“司法最低限度主义”的译法都未能全面揭示“judicial minimalism”包蕴的丰富信息。相比而言，将之译为“司法底度主义”更为恰当。下面，将从三个方面具体分析“司法底度主义”的均衡哲学内涵：

1. 司法底度主义的“最小量度”主张司法受案数量应当减小到最低。这与美国许多法官及学者的司法权扩张理论形成鲜明对照。它承继的是美国国父们的司法权消极论哲学，并将之发扬光大，目的是为了解决司法与社会、国家的摩擦，通过有选择的个案审理塑造中立、独立的司法权威，以“有所为有所不为”的克制精神，达成“无所不能无所不能为”的权能理想。

2. 司法底度主义的“最低程度”要求司法对政治权力运行及社会领域自治的干预应降低到最低。这是司法底度主义“最小量度”的延伸与深化。一方面，司法底度主义反对以德沃金为代表的司法“唯一正解论”，不赞成对法官寄予过高的期望；另一方面，司法底度主义也不一概排斥司法对国家与社会权力的适当干预，提倡对宪法和法律“多元解释”方式。这与以斯卡里亚为代表的“原意解释论”划清了界限。简言之，要保证司法干预的最低程度就必须在前述两种极端理论达致中间的均衡。

3. 司法底度主义的“最窄尺度”渴望司法实现“个案正义”，做到判决的“单狭”和“普浅”。司法裁判的“单狭”指的是法官“只解决手头的案件，而不对其他案件作出评价，除非这样做对解

① Webster's Intermediate Dictionary. G. & C. Merriam Company, 1977, p. 476.

决手头的案子来说确实非常必要，而且他们非如此不可”。① 司法裁判的“普浅”指的是尽量“提供一些就某些深刻的问题意见不一致的人们都能接受的东西”。②只有“单狭”的司法方能确保司法底度的最小量度与干预的最低程度，同时，强调“普浅”的司法有助于判决的最终结果能够为大众广泛普遍接受，“深入”与“浅出”达成一个完美的均衡。所以，司法最窄尺度论实质上表达了两种相互均衡的哲学意见：即司法评价标准单一与司法判断结论广普的统一。尺度最窄并非说司法只有一个标准，只能达成一个结论，或者，只针对一个群体与自然人——它表明的真实意思是司法必须将自身限制在个案评断的范围内，以一个最核心的要求即大众普遍接受为落脚点，良性运转。

五、行政国下的司法均衡

在现代性带来的一系列后果中，行政权的扩张应当是惹人注目的一项。伴随着“民族—国家”建构的日渐深入，执行国家管理、调控职能的行政权渗透到社会生活的各个毛孔，遍布于民众舞台的各个角落。每个人几乎每时每刻都接受着行政权的规训，这使得珍爱自由、平等、尊严的万物之灵无时无刻不恐惧于暴政的侵扰。对行政权的法律控制，成为现代行政法勃兴的内在根由。

以美国为典范的司法审查制下的行政国，在著名的公法学教授马肖看来，面临的不仅是行政法自身的推进问题，而且包括整体性“法律正当过程”的全面反思与重塑。其中之核心，便是马肖教授反复强调的“宪法裁判”。③“宪法裁判既是一种解决争端的活动，也是一种确认价值的过程。”④在马肖看来，宪法裁判所要确认的价值及如何确认价值，最富讨论意义和争议空间的便是有关“正当法律程序”的宪法对话。一部美国宪法裁判史实质上就是围绕正

①② ［美］凯斯·桑斯坦：《一次一案：美国最高法院的司法最低限度主义》，泮伟江等译，北京大学出版社 2004 年版，第 14、15 页。

③④ Jerry L. Mashaw. Due Process In the Administrative State. Yale University Press, 1985, pp. 253-270, p. 7.

当程序的裁判历史。对程序正当性的司法裁判，本质上讲，就是对美国宪政精神的坚奉弘扬，当然，也是根据时代要求而作出的不断调适。我们要摆脱行政行为和行政裁量的非法与非理，就必须追问行政合法性之渊源及表现形式，通过有效的“过程性互动”增进涉事各方的理解与共识，消除不必要的隔阂与误会，所以，在马肖眼里，正当程序应当是一种广义的法律过程，既包括政府各机关的决策过程，也包括个人、家庭，社会各群体、组织自身的决策过程，甚至还包括政府与社会的冲突及协调过程。在此意义上，正当程序无疑具备了宪政架构的核心资质，成为马肖眼中“融合政治价值与统治技艺的宪政聚焦点”。①

就行政法自身演进而言，马肖教授看到，也正在走进一个程序本位的新时代。“行政官员的主要职责在于提供一种特定的论辩过程，在这个过程中有效提出并解决重大公共政策问题。”② “行政决定的形成过程开始走向准司法模式。”③传统三权分立框架下的行政权与司法权的分野日益模糊，在对法律正当过程的共同尊奉中，冰山消融，万物复苏。

1. 正当程序的传统模式

这种对正当程序解释的重心在于，“正当”很大程度上与“普通”（ordinary）紧密关联，符合通常的先例推理即为正当的法律过程，正是这种解释模式的主要关切。这些先例，正是以规则、案例、结构和惯例形式表现出来的社会事实之法律事件化，它们被推定为蕴藏着社会秩序持续发展的特性。以类推的方式运用它们，将其作为衡量特定权利请求是否恰当的标准，可以保证社会和政治生活以一种可理解的方式持续发展。④马肖教授以美国联邦最高法院早期税收案例为论据，分析了这种解释模式的内在利弊。这种模式的优点在于提供了可预测性的司法框架，保持了传统法律价值的延续性，有利于抵制那些盲目的社会变革与转型。其弱点在于，当面临重大价值抉择的时候，无法创构一种对话与沟通的平台，使司法

---

①②③④ Jerry L. Mashaw. Due Process In the Administrative State, Yale University Press, 1985, p. 7、pp. 29-30, p. 34, 55.

裁判陷入改革与保守的两难。这一点尤其在“老法院”（old court）与“新政”（new deal）的宪法危机中体现得尤为明显。所以，这种解释模式只能适用于平常状态，而不能运用于非常情势。

2. 正当程序的效能模式

与正当程序传统模式的模糊性、特殊性和复杂性相比，效能模式以其清晰性、普遍性和简明性，逐渐取得了解释正当程序的支配地位。① 这种模式主要强调利益尤其是私人利益与公共利益的平衡。马肖认为，这种边沁式法律实证主义的解释模式尽管有着多种优点，但终因社会成本计算知识的有限，法官在运用这种模式时无力达到真正的科学精确。马肖指出，“在司法审查层面，效能模式是一个彻底的失败”。②因为寄望于对具体行政行为的特定利益平衡考量，本身就是超出法官所能之外的一个神话。

3. 正当程序的尊严模式

马肖非常看重罗伯特·萨默斯（Robert Summers）的程序价值理论。正是这一理论提出了所谓的“尊严”程序价值。这种诉诸主观感觉的自然权利进路，无疑是面对客观主义利益平衡效能模式失败的复兴。“尊严理论揭示了这样一种前景：程序性正当过程日渐回归个人主义关怀的谱系，在其中，私权利、表达与宗教自由等宪法价值构成了一个家庭整体。”③ “尊严模式是充分的，因为它既提供了阐述正当程序价值的理论和历史基础，又为法院裁判行政国许多重要的合法性问题指明了方法论原则。”④

在传统的分权思维下，司法与行政的界限似乎应当是泾渭分明，但是，一旦接受了司法均衡论的主张，司法与行政的权力原理就成了可以共享的经验财富。在公共行政者有关司法权的理解力与行政自由裁量权的结构性控制之间，是否存在必然联系？对行政自由裁量权（亦称“行政特权”）的控制向来被视做法治事业的一项核心任务，包括内部控制机制与外部控制机制两大方面。有学者试图利用经验数据的佐证研讨行政裁量的内控制：即公共行政者对司

---

①②③④ Jerry L. Mashaw. Due Process In the Administrative State. Yale University Press, 1985, p. 101, 152, 165, pp. 168-169.

法利益的观念是否足以构成从内部控制行政特权的有效机制。① 在研究者看来，透过成文法、判例法等法规机制的控制，属于行政裁量权的外部控制。基于公共行政过程自身的公共政策、程序、先例、方法、决策规则、检验序列、实施计划、工作标准以及其他控制机制，均属于对行政裁量权的内部控制范畴，这一系列的行政权内控制机制均不能脱离公共行政者自身对司法权的观念定位。在行政者自约束这个层面和意义上，他本身就充当了一个司法者，其控制权力的裁量行为本身就是一项司法影响力发挥作用的生动说明。

六、重视执政党因素：拉美的启发

拉美司法机构从历史上就未曾真正拥有监督、制约总统权和立法权的能力。尽管拉美正式的政治结构是以权力分立及制衡原理为基础设计的，但拉美的司法权往往是政府权力中最弱的一支，也是权威性最匮乏的一支。所以，法庭没有能力也无意愿去挑战政治强权。这导致政治原则与实践的鸿沟愈益不可弥合，司法权难以承担法治支架的重责。顺乎自然，改革之需勃兴；合乎法理，改革之行践履，一场以塑造高效、独立的司法机构为目标的改革迅速兴起，席卷了拉美各国。20 世纪 90 年代，轰轰烈烈的司法改革席卷拉美。然而，尽管对司法权力的改革举措几近同似，但司法独立与权威的实效却不尽一致，为什么有的地方实现了预期目标，有的地方却不能如意？其中的因缘际会、个中奥秘究竟何在？通过比较考察了阿根廷、秘鲁和墨西哥三国在那一时期的司法改革，有学者注意到，流行的对拉美司政的解释模式乃是一种“经济决定论”，其意如下：基于对私人产权保护、市场经济发展的协应，司法机构也应走上独立、权威的轨道。作者承认，市场经济的因素乃是催促拉美司改步入时代潮流，接近相似模态的关键功能，但仅仅看到经济原因而忽略其他势必会遮蔽对司改幕后本来相状的科学评断。“经济

① Gary Blair Huish. Association between Administrator Perceptions of Judicial Influence and the Structuring of Administrative Discretion judicial influence. Bell &Howell Information and Learning Company, 2000.

决定论”无法解释司法实效的地方差异：为什么同样是市场经济改革潮流下的司法改革，各国的最后实效却如此不同？

经济决定论错误地忽视了司法改革的政治意义，在拉美司政进程中，执政党（ruling party）的推动至关重要。为什么执政党要不遗余力地推进司法改革？原因在于，改革后的司法能够发挥“政治保险”（political insurance）的重要功用。强有力的独立司法机构能够降低执政党四面树敌的风险，能够检测日渐增长的各派政治势力的真实能力，避免那些下台的党人重操国柄。一旦执政党意识到自己的统治地位很难可靠保证时，司法改革便会势不可挡地被推行。作者最终发现了某种类似定律的规则：当执政党重获选择的可能性降低，实效司法改革的发生可能就会增长，申言之，当政治权力失势的可能性增长，推进司法改革的政治动能就会随之增长。①

也有论者从“巩固民主”的视角解析拉美司改，与前述的“执政党司改定律”相比，这是一种侧重自下而上司改动能的理论进路。但两者也具有很大的相似，那就是均对司法改革的政治背景非常关注，都采用一种政治语境式的思维方式研判司法改革。诚如该文作者所言：司法改革说到底是一种激烈的政治过程。它需要政治意志引领、支撑改革进程，并不断克服改革中时常遭遇的困境，司法改革远非被广泛拥戴的集体善求，独立、精准、高效、亲民的司法肯定会遭遇一系列对手：极左或极右分子、武装势力、教区首领，对公益漠不关心的国会。同时，理性司法还会遭遇最大的敌人：那就是司法体自己，尤其是那些高级法官们，他们故步自封，生怕改革会削弱他们个人及机构的权势。所以，他们总是以避免疏忽、杜绝失误为由抵制任何有益的变革。“司法改革，无论良莠成败，它都内在地属于政治过程而非技术过程，其间每一步都充满了政治考量与决断”。②

---

① Jodi Susan Finkel. Judicial Reform in Latin America: Market Economics, Political Insurance and Judicial Power. Bell &Howell Information and Learning Company, 2000.

② William Charles Prillaman. Judicial Reform and Democratic Consolidation in Latin America. Bell &Howell Information and Learning Company, 2000.

通过政治上层改革推动，司法成为民众评测的对象。公众对政局的不满可以转化为他们对司法的不满，这种政治保险作用的结果便是所谓的民主巩固。很明显，作为政治过程的司法改革离走向均衡的理性司法尚有不小差距，甚至，二者根本不是同一方位的风景，稍纵即逝的机会可能正是贻害万民的毒酒，把握得越紧，中毒越深，恢复健康的几率越渺茫。

第三节 和谐天下：司法均衡及其世界资源

Julia Kristeva 曾言："不可思议，异族隐身于我：他属于我们认同的一个隐形脸谱，是一种倾覆我们住处的空间与一种挫败我们理解和互通的时机。即使认知到他隐身于我们心中，我们也难以厌恶。一种病态执恋（a symptom），显然地，已将我们变成一个个问题，或许也形成麻烦，一种无解。当一位异族人士走近，我们皆意识到差异性，而当他离去，我们皆莫名感到自己就是异族，再难融入群体。"① 和谐世界的理想，启发于对人性排异弱点的反思。基于和谐的理念，哲人们创立了世界观的基本框架和原则，"和谐世界"逐渐成为一种体系化的世界观。基于和谐世界的理论构想，法学家们开始设计一种"世界法"的法律秩序，这种法律秩序带有浓郁的西方中心主义色彩，着陆中国便开始发生一系列有趣的化学变化，在话语和制度上都呈现了不可重现的中国性。中国的法治资源实际上已经融进了西方法治观的内里，再现它曾经的骨髓与血液，不是虚荣心作祟，而是为了有效反思西方经验的普适性，为中国司法问题的中国解决之道奠定正当性基础。

一、乌托邦：和谐世界的哲学描绘

我们通常以为，"乌托邦"是绝对虚幻的理想，对乌托邦的建构也多属文人的情绪性宣泄，没有经验实证的价值，故而"视亦

---

① Timothy D. Wilson. Strangers to Ourselves: Discovering the Adaptive Unconscious. Trans. Leon S. Roudiez. New York: Columbia, 1991, p. 1.

可不视亦可”。但在哈贝马斯看来，“决不能把乌托邦（Utopia）与幻想（illusion）等同起来。幻想建立在无根据的想象之上，是永远无法实现的；而乌托邦则蕴含着希望，体现了对一个与现实完全不同的未来的向往，为开辟未来提供了精神动力。乌托邦的核心精神是批判，批判经验现实中不合理、反理性的东西，并提出一种可供选择的方案。它意味着，相信现实虽然充满缺陷，但同时也包含了克服这些缺陷的内在倾向”。① 对于和谐世界的理想而言，乌托邦是一个不能不科学分析、认真对待的现实问题。

历数形形色色的乌托邦思想，我们发现，这些作家都倾向于用一种和谐理想对之加以描绘。所言所语、所见所闻尽管充满了各式各样的文学形象，但都没有脱离确定的哲学重点，那就是有关和谐世界的哲学。

在中国哲学视野中，“天下”是无限的整体，各种要素通过自然的良好安排以及政治的理性统筹达到恒久而坚固的均衡。故而，中国人的世界是“超稳定的”，中国哲学对“和谐”的理解和追求也超越朝代、时代之限。中国哲学里“和谐世界”很早就有了“小康”和“大同”的分野，所谓“小康”只是和谐社会的比喻，“大同”才是和谐世界的真义；实现“小康”并非仁君贤臣的最高理想，对“大同”的渴望和执著才是真正卧藏于“哲人王”至深心底的超级隐秘。从较早的“普天之下、莫非王土”的“家天下”到“天下帝国、一统于君”的“霸天下”，中国的“哲学”与“王政”在和谐世界的理想上达成了高度的默契，建构了成熟的框架，那就是，以天下为己任，以王朝为中心，以仁政为手段，以共和为憧憬。尽管这种和谐世界的建构模式被不少人认为是集权主义的标准形态，但我们不要忘了，这种批评只限于对其政治意义的怀疑与抨击，并不必然附随对其哲学理念的否定。政治与哲学毕竟是两个领域的法理结构，它们的“理性共谋”正是乌托邦的理想，也是和谐世界的观念得以部分实现并不断转化的基本动力。

---

① 章国锋：《关于一个公正世界的“乌托邦”构想》，山东人民出版社2001年版，第20页。

与中国相比，西方哲学勾画的和谐世界就精致许多，气象虽不如中国哲学那般恢宏，但建构模式却大体如出一辙。无论是柏拉图的《理想国》还是莫尔的《乌托邦》、培根的《新大西洋岛》、康帕内拉的《太阳城》、约翰·安德里亚的《基督城》……西方哲人们更倾向于在一个确定的领域实现社会和谐的理想。他们追求自身小我的完善甚于渴望人类大同的实现。从苏格拉底要求人们“认识你自己”开始，西方哲学开始逐步放弃宇宙和谐的宏大思维，愈益注目以“人”为中心的哲学思考。在西方人眼里，和谐的社会就是一个和谐的世界。只要在一个确定的环境中构造出了一套和谐制度，那么，这种和谐制度就具有永恒的标准性——可以移植、嫁接到世界的任何未知领域。

西方人开始是在自我内部探寻一种建立于批判现有制度基础上的和谐社会，他们认为，实现和谐世界的基本方式无非是不断的改良。但改良依据的标准图式从何而来？哲学家们采用了各种论证方式，最有影响的莫过于柏拉图通过讨论“正义”的基本问题建构的“理想国”——这个和谐世界非常贴近当时的社会政治理想，因为当时没有发生影响深远的政治、法律革命。后世的神学思想家在柏拉图的未尽处构想了一个与尘世全然有别的另一个乌托邦——“上帝之城”（the city of God）——将和谐世界的哲学描绘推向了一个普世主义的高峰。其间的转变除了有基督教这样一种普遍主义思维的影响外，中世纪教皇革命的法律意义也不可忽略。为了实现政治权威的一体化，当然也是为了“天国”的和谐世界得以实现，教会法汲取了诸如罗马法、封建法、商人法等各种因素，最终为超越性的和谐世界创构了一个统一的法律框架。本着这种基础，和谐世界的哲学描绘跃变为后来的法律理想，自然不足为怪。

但宗教的和谐世界仍有很大局限，宗教之间的不和谐是这个世界动乱的重要根源。西方哲学对和谐世界乌托邦的建构，到了文艺复兴时期，由柏拉图和奥古斯丁的信徒托马斯·莫尔完成。除了西方哲学发展的自身逻辑因素外，这一跃变的重要外部动因就是西方哲人们发现了“另外的世界”——“孔教的中国”！

1516年，葡萄牙使团准备取道马六甲出使中国的时候，英国首席大法官托马斯·莫尔爵士出版了他的《乌托邦》。这次，理想国出现在现实的空间，未知海洋中的一个莫须有的地方。在传教士的书简中，"大中华帝国"的形象继"契丹传奇"成为旧世界的世俗乌托邦。1613 年，金尼阁（Trigault）神父带着利玛窦（Matteo Ricci）神父的日记自澳门登舟返回欧洲，恰好康帕内拉在意大利拿波里的监狱里写完《太阳城》。1621 年，金尼阁神父在德国出版了《利玛窦中国札记》，带着 7000 余册图书回到中国的时候，培根写出了《新大西洋岛》。①

金尼阁神父在《利玛窦中国札记》中用第三人称的手法描述了这样一幅"孔教乌托邦"的和谐世界图景："他们全国都是由知识阶层，即一般叫做哲学家的人来治理的。井然有序地管理整个国家的责任完全交付给他们来掌握。军队的官兵对他们十分尊敬并极为恭顺和服从，他们常常对军队进行约束，就像老师惩罚小学生那样。战争政策由哲学家规划，军事问题仅仅由哲学家决定，他们的建议和意见比军事领袖的更受皇上的重视。事实上，这类意见很少，并且只有在罕见的情况下，是交给作战会议讨论的。因此，结果是凡成为有教养的人都不赞成战争，他们宁愿做最低等的哲学家，也不愿做最高的武官，他们知道在博得人民的好意和尊敬以及在发财致富方面，文官要远远优于武官。更加令外国人惊异的是，在事关对皇上和国家的忠诚时，这些哲学家一听到召唤，其品格崇高与不顾危险和视死如归，甚至要超过那些负有保卫祖国专职的人。也许这种情操来自于：人们有了学问，心灵也就高尚了……"②

西方梦寐以求的哲人王统治，结果在一个遥远的神秘中国实现了，这让西方思想家感到欣慰和饥馑。他们极需要这样的乌托邦想象来激活、复兴传统的希腊哲学，以驱逐那些可恶的上帝教士。于是，启蒙思想家们开始利用这样一种哲学化的中国形象糅合西方文

① 周宁：《想像中国——从"孔教乌托邦"到"红色圣地"》，中华书局 2004 年版，第 8 页。

② 金尼阁：《利玛窦中国札记》，何高济等译，商务印书馆 1983 年版，第 59 页。

化自身的传统理想，构想一个既可欲又可求的和谐世界——一个全新的世界。孔教的中国成为这个世界的标准理想，“中国”成为和谐世界的哲学本位。尽管这种“中国”是被有意识构建出来的纯哲学意态，但“孔教乌托邦”的确成为当时促生欧洲大革命的一个重要思想策源。哲学家与政治家的“共谋”即将在一场场轰轰烈烈的政治风潮中戏剧化地展现。

二、大革命：和谐世界的政治风潮

德国社会学家卡尔·曼海姆在《意识形态与乌托邦》一书中将“乌托邦”定性为一种颠覆信息的载体，它与作为掌权人物世界观之主体的意识形态存在冲突的暧昧关系。乌托邦虽然源于哲学家的思想世界，但它一经塑造便具有独立的生命和开放的结构，和谐世界的乌托邦理想在意识形态的斗争中不断异化和转化，最终变做政治家发动一场场“大革命”的精神支援，在新的历史领域和时空环境中，新的乌托邦形成，旧的乌托邦却不可避免地蜕变为它昔日的反对者，成为新乌托邦的意识形态标靶。

在大革命的岁月里，哲学家的和谐世界观遭到了政治家毫不留情地利用。同样，政治家的和谐世界建构也受到了哲学家无情的鞭挞和嘲弄。

孔教乌托邦被政治家精心改造，哲人王的生产途径仅保留了“国王为哲学家”的合法性，开明君主成为当时最受瞩目的和谐世界本座。哲学家的反抗使得开明君主丧失法理基础。为了与孔教乌托邦相区别，哲学家开始怀疑、否定中国的形象。孟德斯鸠在《论法的精神》中便用力攻击了中国的政体和风俗。启蒙思想家设计出一种新的乌托邦，名曰“人类的自然状态”或“原初状态”。不论这种状态是人人自由平等的绝对和谐还是人与人之间无穷斗争的绝对不和谐，哲学家们都一致认为，应当限制君主主权，赋予不确定的多数人以最高、最后的权力——布丹称之为“主权”。卢梭则进一步将主权明确地赋予给“人民”这一乌托邦的主体。但他们恰恰忘了关键的一点：人民的面目是需要辨认的，而有权（包括权力和权威）辨认的只是少数人。

法国大革命的爆发标志着和谐世界政治风潮时代的到来。传统的和谐世界以“哲人王统治”为根本诉求，新的和谐世界则要求首先打破固定的权力等级体系，实现“世界共和”。

“在现时苦难的温床中，
孕育着使各民族亲如兄弟的婚姻之神……
世界共和国，我们为你欢呼，
今日的点点星火，微弱光焰，
明天就是灿烂的太阳！”①

雨果的这首诗宣示了：法兰西共和国首先是世界共和国。这种极度普遍主义的超级乌托邦哲学有效发动了群众，迅速完成了政治夺权，但也造成了哲学与政治的激烈冲突。

人称“法兰西制宪之父”的西耶斯当时明确表达过这样的政治哲学：“很明显，宪法只同政府相联系。国家通过规章和宪法来约束其代理人，因此，设想国民本身要受这些规章和宪法的制约，这是荒谬的。……国民性只有通过自然法形成。”“国民不仅不受制于宪法，而且不能受制于宪法，而且也不应受制于宪法，这仍无异于说它不受制于宪法。”“无论国民以何种方式表达自己的意愿，只需表达即可；任何形式都可以用，而国民意志永远是最高的法律。”②

哲学的崇高许诺一旦无法在政治运行中具体兑现势必会引起革命期待受益者的强烈不满。政治要么屈从于这种不满，自动放弃；要么通过非常的方式强力压制这种不满，实行恐怖专政。法国大革命的政治家采取了后一种方式，最终他们自己也遭到了恐怖专政的屠戮，为激进乌托邦理想付出了生命的代价。

结果是，激进的世界主义乌托邦成为不散的幽灵。人类的世界性战争、文明冲突下的种族灭绝，还有一系列的全球性问题或多或

① 张穗华主编：《大革命与乌托邦》，中国对外翻译出版公司2003年版，第81页。

② 西耶斯：《第三等级是什么?》，冯棠译，商务印书馆1990年版，第60～61页。

少肇源于斯。在这种大革命哲学的熏陶下，一代代西方人士对东方的中国自小便带有戒心和敌视。他们将之定性为“专制主义”，期望以自身的文化去拯救这个“不幸的”国度。曾经为西方乌托邦提供原料的中国反倒成为被革命的对象，这不能不让人感到历史的诡谲。

更让人扼腕的是，中国的近代化进程便由这种普遍主义的大革命思维左右。康有为的《大同书》是思想范例；毛泽东的“文化大革命”是政治范例。康有为改良的失败使他放弃了开明君主制的幻想，希望人类大同的和谐世界。① 在《大同书》中，他的理想显得无比鲜明，丝毫不像一个遵循渐进理性的改良主义者。他从内心是认同大革命哲学的，只不过，现实没有给他以参与、领导的机遇。但历史给了毛泽东以这样的机遇。他发动的“文化大革命”号称是一场触及人灵魂深处的革命，对历史造成了深刻的影响。

三、法治国：和谐世界的法律理想

对大革命思维批评最有力的莫过于那些尊重秩序价值的法治主义者。

柏克和托克维尔对法国大革命的反思让人们意识到保守主义和传统理想对法律秩序的极端重要性。在激进的大革命哲学中，保守和传统被视为不可宽恕的大敌，但在法治主义者的视野中，它们却具有弥足珍贵的重要价值。没有保守的对象，法律便无法确立自身的效力范围；没有传统的骨架，法律也无从搭建通天的巴别塔。秩序的价值往往需要人们在饱尝混乱后才得以凸显，法律的秩序价值一次次被重申和强调，往往也是在一次次大革命后的反思中得以呈现。

柏克说：“把一切境况都合在一起，法国革命乃是世界上迄今

① 事实上，在康有为撰著《大同书》之前，他在1885—1887年所撰的《实理公法》一书中便提出了使人类和谐生活，同言同语同历法的和谐世界构想。参见萧公权：《近代中国与新世界——康有为变法与大同思想研究》，汪荣祖译，江苏人民出版社1997年版，第383-384页。

所曾发生的最为惊人的事件最可惊异的事件，在许多事例中都以最荒谬和最荒唐的手段并以最为荒唐的方式发生了，而且显然地是用了最为可鄙的办法。在这场轻率而又残暴的奇异的混乱中，一切事物似乎都脱离了自然，各式各样的罪行和各式各样的愚蠢都搅在了一起。"①

柏克认为，法国大革命的暴力把一切美好的传统都摧毁了，以蛊惑人心的口号摧残了人的权利和法治的秩序，使得各种不同的利益诉求再也无法调和，各种相异的和谐主张再也不能共生。绝对的民主、形而上的权利、无根无凭的暴乱淫威都会带来摧毁传统、扭曲人性、破坏秩序的恶性局面。在这种局面下，"公民中的多数便能够对少数施加最残酷的压迫，这种对少数人的压迫会扩大到远为更多的人的身上，而且几乎会比我们所能畏惧的单一王权统治更加残暴得多"。②

出于一个哲学家的立场，柏克对一个真正的政治家提出了判别的标准，那就是，"一个诚实的改革家不会狂妄到那种黑白不分的程度，把自己的国家视若无物，当成一张他可以在那上面任意涂抹的白纸。一个好的爱国者和政治家则总是在思考他将怎样才能最好地利用他的国家的现实物质状况，保护现存事物的意向再加上改进它的能力"。③ 换言之，政治家应当认识到自身法理的有限性，从单向蛮横的结果主义诉愿转向互动妥协的过程主义思维，因为"经历一个缓慢而维持得良好的过程，每一个步骤的效果就都被人注意到了；第一步的成败就照亮着第二步；这样，我们就在整个的系列中安全地被引导着，从光明走向光明。我们就看到，各个部分或整个体系并没有发生冲突。在最有希望的设计中所潜藏着的邪恶，当它们一露出头来，人们就已有了准备。一种好处会尽可能地不为别的好处而被牺牲。我们是在补偿，在调和，在平衡。于是我

---

①② ［英］柏克：《法国革命论》，何兆武等译，商务印书馆 1999 年版，第 13、80 页。

③ 转引自蔡礼强：《和平改良与暴力革命的内在冲突》，载《中国社会科学院研究生院学报》2005 年第 3 期。

们便可以有能力把人类心灵和人类事务中所发现的各种特例和互相冲突的原则统一为一个一致的整体”。①

与柏克不同，托克维尔还看到了法国大革命这场政治风潮背后的宗教革命内意，即以人权和普遍自由为核心的新乌托邦在理念上压倒了以等级和精英教育为圭臬的礼教乌托邦，成为诸多哲人与政治人物的共同追求，他们成为新的教士，为这种新的世俗宗教不惜采用最为激烈的手段。“大革命通过一番痉挛式的痛苦努力，直截了当、大刀阔斧、毫无顾忌地突然间便完成了需要自身一点一滴地、长时间才能成就的事业。”② 与柏克相仿，托克维尔也认为法国大革命是以毁坏法治为代价进行激进的社会变革，是“最为危险的革命”。对政治家过度的理性自负，托克维尔也给予了不留情面的批判，讥讽这些革命家为“可怜虫”和“一个陌生的人种”。

深层看来，柏克和托克维尔对大革命的反思实际上将和谐世界建构的路径推向了“法治”之途。他们都主张经验理性的重要，都认同宪法、传统及和平秩序的珍贵，同样也都希望政治家能够放弃宗教的狂热，专注于对现存秩序的技术性改进，从而有效地将政治与哲学分离开来。这样的和谐世界，无论是在传统的君主制下还是在现代的民主制中，都可能得以具体实现，而不至于陷入血腥屠刀与虚幻鼓噪的非理钳制。

在法学家的视野里，和谐世界不再是借由理想虚构的哲学图景，亦非通过流血换来的革命果实，而是一种切实强调法律功能、发挥法律作用的“法律统治”（rule of law）。哲学王的统治（人治）是和谐世界的第一种样本，它既是哲学的，也是政治的；既是西方的更是中国的。民众的统治（民主）是和谐世界的第二个乌托邦，它主要是政治家和民众的共谋，缺少哲学基础和规则约束。与此相适，和谐世界的乌托邦理想逐渐祛除了中国形象的指

① ［英］柏克：《法国革命论》，何兆武等译，商务印书馆1999年版，第286页。

② ［法］托克维尔：《旧制度与大革命》，冯棠译，商务印书馆1992年版，第60页。

引，变得愈益西方化——当清教伦理成为资本主义的核心精神，形式化的法律治理成为西方社会主要控制手段之时，和谐世界观的第三个样本便最终定型为“法治国”理想。

哈林顿在《大洋国》中说：“我们知道，一个共和国之中制定法律的是人。因而主要的问题似乎是：怎样才能使一个共和国成为法律的王国，而不是人的王国?”① 这位著名乌托邦哲学家的疑惑构成了法学家阐析“法治国”理想的主线。然而，问题在于，法律是不断流变的文化符号，不同的视野与语境会赋予它不同的表达与形态。当法律成为自由与和谐之友时，赞颂法律、讴歌法治的力量会深得人心，激起共鸣，但如果法律变得暴虐、专断而又势利，对法律的批判和否定便会蔚然成风，随之而来的就是变法与革命，人类的历史很多时候就因此而循环、打转、退回原初的立点。魏特林曾这样表达对法律的不满：“那些成天制定法律的人，只会制定法律，这是他们的本性；如果有人让他们注意一下罪恶的种种根源，他们就会立刻制定出新的法律和新的刑罚，为的是阻止真理的传播。为什么会这样？因为他们本身就是依靠这个罪恶的根源来养活自己的，他们没有勇气为了社会的福利牺牲他们的特殊利益。”② 在他眼里，法律成了既得利益者对罪恶根源的掩饰，强者对弱者压迫的工具，“大强盗史”的一个可悲注脚。

法学家虽然也批判法律，并有“批判法学”一流，但法学家对法律的批判是建立在对法治国理想的坚守之上的。法学家企图从先贤圣哲那里寻找理想的根据，于是，他们奉亚里士多德的那几句经典的“法治”名言为至宝，反复引用，不断赋予其新的内涵。

启蒙思想家们的“天赋人权”、“社会契约”、“人民主权”等学说也成了法治国的坚实基础，随着时间的流逝，融凝为法治理想的原则性身躯。

---

① ［英］詹姆斯·哈林顿：《大洋国》，何新译，商务印书馆 1963 年版，第 21 页。

② ［德］威廉·魏特林：《和谐与自由的保证》，孙则明译，商务印书馆 2004 年版，第 105 页。

真正将法治国理想塑造成型的还是一些以哲学家自居的法学家，比如康德和黑格尔。他们把法治国的要素确定为："公布一部法律，特别是通过权力分立制度来明文限制国家权力的成文宪法；通过基本权利来保证个人的不可侵犯、不受国家干预的活动范围；法院为防止国家权力侵犯公民的公权和私权而提供的法律保护；对因征用、为公献身和滥用职权而造成损失的国家赔偿义务；法院的独立性；保证法定审判官制和禁止刑法的追溯力；最后是行政机关依法办事的原则。"①

深层观审，法治国理想的出现是近代西方民族国家权力不断强化的结果。用耶林的话说就是"法律的进步在于每一自然纽带的破裂，在于不断地分离和隔绝"。"事实上，国家制造了相互分散的个人，因此官僚和集体成为它的支撑物。"② 民族国家的权力之所以需要法律的控制也系于一种精明的技术理性。民族国家的政治家们深谙法律的本质：既然法律的确立本身就是国家主权的产物，又何必恐惧凭借法律来控制行政权力？所以，最初的法治国模型是"行政国"。慢慢地，民众开始发现，行政权力虽然有规则控制，但行政权力之上的政治权力特别是制宪/立法权也应该体现法治的精神。一股司法审查的旋风开始着陆欧美各国并影响了整个世界，"行政国"走向"司法国"。当德沃金宣称，法律帝国的首都是法院，王公贵族是法官的时候，"司法国"的理想也已不再时髦，对"疑难案件"的技术性关切开始成为法学家思辨的焦点。司法与立法的纠葛促生了国家权力结构的改革与优化，也使得法治国的理想渐趋暗淡并日渐裂颓。

基于此，哈耶克极富洞见地指出："我们必须强调指出的是，由于法治意味着政府除非实施众所周知的规则以外不得对个人实施强制，所以它构成了对政府机构的一切权力的限制，这当然也包括

① 张文显：《二十世纪西方法哲学思潮研究》，法律出版社 1996 年版，第 611 页。

② ［美］博西格诺等：《法律之门》，邓子滨译，华夏出版社 2002 年版，第 325 页。

对立法机构的权力的限制。法治是这样一种原则，它关注法律应当是什么，亦即关注具体法律所应当拥有的一般属性。我们之所以认为这一原则非常重要，乃是因为在今天，人们时常把政府的一切行动只需具有形式合法性的要求误作为法治。当然，法治也完全以形式合法性为前提，但仅此并不能涵括法治的全部意义：如果一项法律赋予政府以按其意志行事的无限权力，那么在这个意义上讲，政府的所有行动在形式上就都是合法的，但是这一定不是法治原则下的合法。因此，法治的含义也不止于宪政，因为它还要求所有的法律符合一定的原则。从法治乃是对一切立法的限制这个事实出发，其逻辑结果便是法治本身是一种绝不同于立法者所制定之法律那种意义上的法。无疑，宪法性规定（constitutional provisions）可以使侵犯法治变得更加困难，也可能有助于阻止普通立法对法治的非故意侵犯。但是，最高立法者（the ultimate legislator）绝不可能用法律来限制他自己的权力，这是因为他随时可以废除他自己制定的法律。法治因此不是一种关注法律是什么的规则（a rule of the law），而是一种关注法律应当是什么的规则，亦即一种‘元法律原则’（a meta-legal doctrine，亦可转译为‘超法律原则’）或一种政治理想。"① 这种新的"普通法法治国"的建构实质上仍然没有脱离法学家与政治家法理的沟通和共谋，法学家的政治哲学批判使得政治家法理具有了另外一种形式的合法性，同样，政治家的法律改革运动也不断地扬弃旧的法学理想图式，为新的法学家法理提供施展拳脚的广阔舞台。

法治国理想的确立，为法学家从事政治创生了合法理由和适格权威。当法学家成为政治家或政治家变做法学家，法治国的理想就成了哲人王乌托邦的一个现代翻版。这种新型的"人治"，名曰"法律人的统治"，被认为是兼具了贤人统治与传统法治双重优点的理想政治模式。美国的宪政即是这个模式的最佳代表，也是法治国理想试图摆脱乌托邦纠结的一次大胆尝试。但最终的结果如何

---

① 邓正来："普通法法治国的建构——哈耶克法律理论的再研究"，http://www.gongfa.com/dengzlputong fafazhiguo.htm.

呢？现在没有答案，但可以肯定的是，法治国的理想终究摆脱不了和谐世界乌托邦的文化缠绵，尽管在制度上、技术上，法治的内容、形式、规诫都与单纯的哲学幻念和狂暴的政治风潮截然有别，但法治国毕竟是一种法学家与政治家法理沟通的理想图式。既然是“理想”，就注定有重返乌托邦、又经大革命的必然宿命。这不是历史悲观主义的解释，而是基于现实的客观考量。

其实，是不是乌托邦，搞不搞大革命，对法治理想国而言，并不紧要。法治既然是一项使人民服从规则治理的事业，就理应有它独立而特定的逻辑。乌托邦的哲学理想是和谐世界的超验幻念，我们需要它；大革命的政治风潮是和谐世界的现实试验，我们尊重它；法治国的法律图景是和谐世界的规范诠释，我们依赖它。特别是当哲学家的智慧与政治家的果敢集于法学家一身时，这种法律的理想图景更显得无比珍贵，它既有和谐的价值诉求，又有和谐的制度构建；既是西方政治的精髓，又是中国哲学的天道——所以它理所当然地成为当今世界最强势的政治哲学思潮，对法治国的理想扩张也成为高明思想家的高明抉择。

四、世界法：和谐世界的全球法治

法治国的理想扩张集中体现为“世界法”问题的提出和构型。哈耶克构型的“普通法法治国”与康德、黑格尔构型的“一般法治国”相比，自由色彩更重，但范围过于偏狭。仅仅限于传统的法治国不是理想状态的法治，法治的乌托邦冲动要求在世界范围内构建法治，实现永久和谐、天下太平。

对于“世界法”理想图式的建构，主要有如下进路：

（1）以康德、罗尔斯为代表的正义论进路。

（2）以马蒂为代表的人权论进路。

（3）以其他多数为代表的全球化进路。

这些进路可进一步抽象为以哲学家为代表的法价值进路，以法律家为代表的法制度进路和以政治家为代表的法变革进路。

强调法价值进路的世界法应当遵循普遍的伦理原则，服从至高的绝对律令。世界法实现的过程实质上是和谐世界的最高理想化为现实的旅程。无论是康德的“世界自由联盟”还是罗尔斯的“万民法正义”，都建立在形而上的伦理价值之上。这样的世界法终究还停留在哲人思辨的层面上，缺乏现实转化的自动力，需要法律家的制度激活甚至政治家的变革主导。

主张法制度进路的世界法面临诸多挑战：（1）法的世界化是可能的吗？（2）法的世界化是合理的吗？（3）法的世界化是令人向往的吗？① 法学家首重考虑的是世界法的现实可能性，但也没有排斥对它存立的伦理及哲理追问。法学家以严谨的法律思维勾勒了以普通人权为基础的世界法框架，细述了其间的各种制度性难题，同时预言了世界法可能遭遇的异化和灾变。但最后还是勇敢地接受这些挑战，因为“这是开辟一条人类共同法道路的条件。而这一共同法能够排除危险，保持住一个可居住世界的希望”。②

认定法变革进路的世界法则追求轰轰烈烈的法律统一运动。其间，政治家将发挥主导作用。法律统一是法治理想的核心要素，也是政治变革的重要手段。在全球化日益扩张的当今，法律当然不可能独居一隅悠然自处。法律发展必须面对全球化的风潮，法律全球化成为一种时髦的趋附，但也暗含着蓄谋的变革。法律结构的一体化、法律精神的普适化都有赖于以“法律移植”为主线的法变革，国际法运动的终极趋向就是世界法的塑型。

在将“世界法”作为和谐世界第四个样本的全球化时代，民族国家的主权遭到了空前的危机，特别是已占强势的国家，它们拒斥信息自由下的世界一体，甚于惧怕局部的紊乱与恐怖式袭击。倘若全球鸿沟消失、和谐社会长成，他们的垄断性利益恐怕就会丧失殆尽——民族国家的权力危机实质上是这些强势者的利益危机。于是，各种以“全球化”为招幌的援助、改革计划被大肆推行，目的就在于巩固强势者的垄断利益。在这种背景下，警惕“世界法”

① 参见［法］马蒂：《世界法的三个挑战》，罗结珍等译，法律出版社2001年版。

② ［法］马蒂：《世界法的三个挑战》，罗结珍等译，法律出版社2001年版，第160页。

的理论与实践是有意义的，并非所谓多情的民族自尊心在作祟。对待“世界法”，我们应当采取“问题”的立场，不要将“世界法”视做一种当然的趋势与理想，更不能将“世界法”定为所谓法律发展的大好未来，而是需要在脑海中多问几个为什么，深入分析“世界法”内蕴的中国性。这些疑问至少包括：世界法观念与中国文化传统的契合性疑问；世界法体系与中国天下/帝国法理想的冲突性疑问；世界法运动与中国法律进化固有逻辑的同向性疑问等。

对于世界法理念的接受，国人并不困难，因为西方法治国原型与中国传统的乌托邦精神存在根源上的牵连。对法国大革命这类和谐世界的政治风潮，中国的启蒙思想家很早就注意了其消极方面。梁启超在与革命党论战时，以法国大革命为例，认为政治革命引发的民众暴力势必会给外国干涉提供合法的借口。① 康有为更是专门撰著了《法国革命史论》，提醒国人不可盲目效仿，应以大革命为镜鉴，直呼“救国而国将毙，救民而民殆屠尽，凡倡革命者身必死，彼若不信，则何不观法之往事乎”。② 只不过，他们的声音未成为当时的主流，尤其是，热血方刚的革命者们以无畏一切的姿态煽起了民众饱受压抑的情感，政治家的法理压倒了哲学家的话语。

今天的学者则通过反思法治的价值基础，提醒国人：“上个世纪的实践告诉我们，一种与革命的意识形态相配合的法律哲学与‘法治’的要求是不相容的。这就要求我们反思对于自然法这一理论范式的认识和定位。从世界法制史的发展的潮起潮落来看，自然法理论善于‘打破一个旧世界’。但是，法治的精神是秩序、稳定，是建立对于这个世界纷繁复杂的人事关系的合理的预期，是给予普通民众本已焦灼不安的心灵以避风的港湾！”③

他们指出，中华文明最终会驶入世界法治的“避风港湾”。因为，首先，中国传统社会以自由和自足的小农为基础，利益分散，未形成大规模的利益集团。极为分散的社会可以是高度统一意志的

① 梁启超：《暴动与外国干涉》，载《新民丛报》第82期。

② 康有为：《法国革命史论》，载《新民丛报》第85、87期。

③ 薛军：《良法何在?》，载《比较法研究》2001年第4期。

条件。法律因此可以成为社会普遍正义的化身，无需倾向于某个强大社会集团。其次，在中国人眼里，强权式的正义并不具有普遍和必然的合理性，“君子不党”是公认的美德。这为法治的推行奠定了道德基础。再次，中国人民并不强烈感到缺少自由，但深感缺少公正条件下的自由。严格执行法律，推行法治将使自由竞争有公平的环境，会得到普遍多数国人的衷心拥戴。最后，应当实行一种“咨询型法治”，这种制度既继承了中国的传统文官制和乡绅支持制，又吸收了西方政治文明中最优秀的部分——法治文明。“通过考试/考核来选拔公务员、让中立的执法人员行政的制度，显然比通过选举产生政务领袖、由利益集团的代表来治国的制度，更接近人类关于以法治取代人治的理想。”①

他们看到，中国接受西方法治国和世界法理想是“中华政治文明的自然发展”。“中国自己也曾拥有法律主义传统。‘法家’思想始于春秋时齐国的宰相管仲（？ －前645），至秦末汉初历四百年兴盛，是战国时期政治实践的主流。但中国原始的法律主义传统至迟在汉武帝时便中断了，成为儒家学说的补充，距今已两千一百多年。通过吸收西方政治文明里的法律主义传统，中国有两千年历史的独特政制可以重获生机。”②

既然如此，我们就应当有充分的理据建构一种中国本位的世界法秩序，为传统大同思想与现代法治技术的理性契合找到一个良好的制度平台。

五、天下情怀与国家建设：中国司法哲学的均衡视野

既然和谐世界的法理构建已走上了“世界法”的轨道，而何谓“世界法”，如何实践“世界法”又成为法哲学的分歧要害，我们就有必要，进一步寻思世界法的实践理性，进一步从法哲学的高端立场反思西方和谐世界的法治理想。初步的结论已经得出，那就是，西方法哲学史上对和谐世界的探索历经了一个由“乌托邦”

---

① 潘维：《法治与未来中国政体》，载《战略与管理》1999年第5期。

② 潘维：《民主与民主的神话》，载《天涯》2001年第1期。

之哲学描绘到“大革命”之政治风潮，再到“法治国”理想确立直至“世界法”蓝图勾勒——这一过程实际上反映了西方法学的基本预设：团体（城邦—民族国家—世界政府）的界限应由法律确定，团体与个人的关系也应由法律来调整，个人自治是法律权威之保障，团体法治是个人自治之虚拟、克隆、翻版，这些关键预设构成了西方法哲学的基础逻辑，也塑造了西方法哲学的独特性格，这种性格受到了当下国人的大力赞赏，尽管赞赏之余免不了批评，提出某些“会通中西”之类的暧昧建言，但从整体上并没有否定这种性格，反而无形中愈益强化它。不知不觉中，中国的法哲学成为西方法学之尾随，以至于智者发出了“中国法学向何处去”的呼喊。这种呼喊的意义在于，它透出了当下中国学术的现代性焦虑。不独法学家，任何一个中国学者或者说研究中国的知识人都面临着巨大的西方陷阱——跳进去，给你解脱，爬出来，得到一个光荣屈辱——两难中，我们只有慢慢地徘徊、反复犹豫、不去决断，但事情必须有一个“根本了断”。和谐世界的法理冲撞与抉择，思路相当明确，那就是中国的法律发展必须以中华法系的一贯精神为本位，因为我们并不缺乏理想及贯彻之方法，开掘这些传统资源并使之当代复兴，可算做解脱与屈辱之外的第三种选择。

其实，孔子创立的儒家思想及其政治应用，构成了一套完整的人生—司法哲学。简单来讲，古典中国司法哲学是人生化的，它把政治、法律的实践价值定位于人生理想之落实，检验标准也不外乎“仁人”、“君子”道德图谱。这是孔教乌托邦的治道精髓，但我们通常看到了其“内部治理”的一面，往往忽略了它还有另外一种品格，那就是拓展性、延伸化的“外部意义”。“天下”视界的考古发现，正有力证明了这种意义。

对儒家“天下”视界的阐述，有各种不同的说法，从价值判断的角度，大体上有三种态度：一是积极肯定说，倡言“天下”是古典中国哲学资源之精核，是世界主义的终极超越；二是消极否定说，认为“天下”是专利主义的渊薮，很容易造成“新帝国”毒素，必须予以摒弃和克除；三是中庸调解论，希望通过中国哲学资源之创造性转化，达成与现实需要之接合，所谓“取其精华，弃其糟粕”。

就以儒学为代表的古典中国“学统”而言，重视“天下”是不争的事实。“天下”是一种超越“国—家”的政治合法性范畴，是政治家法理的经典创造。“天下”理想的型构展示了古典中国哲学家法理与政治家法理的首度交锋与初步融合。均衡的结果是，“天下”体系包孕的和谐世界法则及其文化涵摄品格之确立。在这一大的环境下，中国的法律退出了国家间关系规则的建构场域，也并未对个人间的权利界限寄予太多的关注，将大多数精力投入了“国—家”的伦理架构之维护。中国法律传统之所以被惯称为“伦理法”，很大程度上是因为法律是伦理秩序的维系者，而非创造者。换句话说，由于古典司法哲学的“天下”乌托邦之显在，直接导致了“国家—个人”对峙关系的消解，促生了“天下—国—家”三元均衡一体结构之确立，而勾连三者的主要秩序规则不是法律创造的，而是既定伦理，尤其是家庭伦理习惯性衍生而成的。这也可以解释为什么古典中国的法律缺少尊隆无上的地位，享受类似宗教般的权威。法律及司法的作用与功能都紧紧围绕“天下和谐”这一先验主题。

由此，我们可以明确古典中国司法哲学的几点特殊文化意蕴：

（1）贤人政治、圣王理想的治理逻辑与天下为公、四海为家的世界关怀是紧密耦合的，中国的法律从文化性格上来讲是讲究“无外”原则的。

（2）不讲内外区分的古典中国法治具有不可避免、规范层面的模糊学特征，这使得法律表达与法律实践之间的文化鸿沟成为必然。

（3）法律的伦理维系功能限制了其主动精神，自生自发秩序的传统神圣有效阻隔了人之理性的现代创造，使得法律发展呈现缓慢的循环特征。

这三种文化意蕴都不是所谓的中国传统法律文化的弊端，恰恰相反，它是一笔珍贵的文化资源，在现代性勃兴的今天，如何巧妙开掘并借助这些文化资源，将司法权在和谐社会构建中应然的作用与功能发挥到位，便显得非常重要。

西方和谐世界司法观建构的基础是分析性的，对抗本位的规范建构，而中国和谐世界司法观立基的据点是综合性的，无外原则的事实承认。职司之故，西方哲学从古希腊始，便走向人之世界与神之世界的区分，法律也被分殊为人定法与自然法，后世的法学发展愈益强化这种分析性思维，直至分析法学的出现，这种分析已从法律之类型分析发展到法律之要素分析，法律之伦理分析到法律之法理分析的高峰。所谓自然法学与实证法学的分野并不在于它们是否是分析性的——自然法学侧重法律理想的分析、类型分析，而实证法学侧重法律现实的分析、要素分析——并且两种法学分析逻辑发展的走向落脚点都是“规范”之证立。现今引人注目的法律论证、论辩、商谈、沟通理论，实质上正是这种分析性逻辑的代表。与此不同，中国哲学一开始就预构了中庸和谐的人生境界，并默许了人性伦理的广延扩展。在“天下”框架内综合调解、整理各种文化因素，实现文化共同体的融通无碍，任何“异端”的教义在“天下”视界中都能寻找到合适的区位，都需要接受“正统”的检视与再造——但这并不意味着“天下”思维的独断性格，只是说，“天下”为本的和谐世界需要一个恒稳的立足点，涵摄多元的视窗位置，以及融化一切“异端”文化的可能区间。

西方法学家用智识找到了一种“国家司法”可能的替代：那就是“世界法”的概念与理念，但在如何于司法过程中实现“世界法”理想问题上又陷入了重重分歧。特别需要提及的是，不独是法学家、政治学家、哲学家，广言之，大凡对人类整体前途命运寄予真诚祈望的人士都在努力探寻和谐世界的司法实现模式。在西方理性思维的源头——古希腊，就有表达从“无序”向“有序”之和谐化转变的两个非常重要的语词：“chaos”（无序）和“kosmos”（有序）——kosmos 原意为军队纪律，后被用来表达“有秩序的宇宙”。① 可以说，“kosmos”是西方对和谐世界的早期理论表述，也代表了西方哲学对和谐世界问题的源头性关注。而在中国哲学家看来，司法造就的和谐不能通过任何显在的强力，法律的独立

① 赵汀阳：《没有世界观的世界》，中国人民大学出版社 2003 年版，第 7 页。

刚性被刻意掩盖，代之以德性的调解圆通。我并不认为，“天下理论是任何可能的世界制度的形而上学”,① 也很不同意，“天下也是个乌托邦，不管什么样的乌托邦都不同程度地有它不现实的方面。讨论乌托邦的意义并不在于能够实现乌托邦，而在于有可能获得一种比较明确的理念，从而使世界制度获得理论根据，或者说，我们至少能够因此知道离理想有多远”。②在我看来，古典中国有关和谐世界的司法哲学实际上有两个词：一个是“孔教”，另一个才是“天下”，这两个乌托邦是毗邻的、遥相呼应的，甚至是相互勾连、彼此暗合的。它们共同构成了司法权运行向内与向外的均衡全景。

孔教并非西方之宗教，它强调的是“自愿的信仰”，没有律令性要求，所以，中国的孔教是松散的文化思想联盟，但恰是这种联盟构成了对政治权力最具“杀伤力”的监控，就连很多最高统治者也不得不臣服其下，谦恭地认为自己是“孔子的学生”，反复强调自己是“儒家之信徒”。另外一个方面，天下乌托邦的出现有效弥补了统治者的弱势，使政治家法理面对哲学家法理有了新的发言权，那便是，政治操控者可以通过孔教的“洗礼”成为合法的“天子”——他们是“天下”的代表；而“天下”又是超越任何现实政治制度、组织与一切个人的最高范畴，这样，他们可以确保自身权力运行的正当性。所以，在这个意义上，“天下”并不纯粹是个乌托邦，或者说，它还不是一个原生态的乌托邦，它是在“孔教乌托邦”的基础上，由政治家法理构造的一个特殊样态的次生性的“乌托邦”。

西方司法哲学的分析单位系列是不完全的，从个人、共同体到国家，都是包含着物理、心理和制度的意义饱满概念，可是到了“世界”这个最大的概念，却缺乏必要的制度文化意义，而只是个自然世界概念，就是说，世界只是个知识论单位，而没有进一步成为政治/文化单位。② 西方司法思维中的“世界”是分析性的；物

①② 赵汀阳：《没有世界观的世界》，中国人民大学出版社2003年版，第8~9页。

② 赵汀阳：《没有世界观的世界》，中国人民大学出版社2003年版，第12页。

质的精神的；神圣的世俗的；有机的无机的；个人的国家的；国内的国际的，等等。每一种“世界”都有其特定的法则，和谐是世界的基本法则，冲突也是世界的基本法则，前者是理念论意义上的，后者是存在论意义上的。每一种世界法则都是平等的，可以发展、进化的。所以，西方的和谐世界的法理构造也是不断变化的。反观中国和谐世界，一开始就被赋予了先定的大一统、终极性特质，“天下”成为无所不包、无所不超的文化总体，在“天下”之中，“国一家”同构，于是，个人的独立意志被悄然湮灭，一切都要服从“天下”的假定，所以很容易导致“真理型法治”的专断，很容易扼杀一些新奇的事物萌芽。它确保了稳定的和谐，却消灭了变动的和谐，而和谐本身又需要正当的变动，这就造成了和谐世界的高远理想与惨淡现实的深刻矛盾。所以，当下中国主流意识形态不断呼唤务实精神，为的或许就是为了消除理想主义过盛，而践履技巧不足的悖论。因此，在当下，大谈“孔教乌托邦”、“天下乌托邦”的哲学理念必须有个限度，这个限度就是它必须与实践中的法治变革之道有效契合，不能完全脱离司法治理逻辑，哲学家法理与政治家法理在对抗中的交融显得相当迫切。在这一问题上，法学家尤其是法理学/法哲学家理应充当一个中介者的桥梁角色。

我们看到，在西方和谐世界的法理从哲学时代过渡到政治时代之后，迅速进入了全面反思以达均衡的法学时代。近代法治国理想的确立正是这一时代的丰功伟绩。继起的世界法理想也是在融凝这一丰功伟绩之中的熠熠星辉。只不过，这一理想已明显呈现出超越法统、法治思维与范式的趋势，愈益走向和谐世界的均衡法理构造。哲学家法理的突破主要体现为康德、罗尔斯一脉的世界正义理论建构。政治家法理的跟进主要反映在世界全球一体化风潮兴起。在二者互动中，再次呈现出对抗与冲突：哲学家们秉持纯粹的理念建构，批评政治的虚伪、压迫、解构一切政制的建设，主张“后现代性”；政治家则坚守固有的民族一国家思路，并巧妙利用各种事件及其附生后果巩固强化自身的权能，并对哲学家的理念不断进行事实上的“再解构”——讥笑后现代，通过强势媒体宣扬浅俗易控的“大众哲学”，以消解真正精英性哲学家法理的攻击。在这种景况下，认真倾听另一个群体的声音就显得特别有兴味了。这一群体就是当下的法学家。他们既是理念秉持者也是实践操控者，能够折中而行，达致法理的均衡。如何在全球化时代，塑造符合司法均衡精神的法治机制，超越国家—个人的二元对峙模式，接近“和谐天下”的中国理想，无疑是法学家应当认真思索的课题。

另一方面，我们要意识到，处于现代化、全球化浪潮中的当今中国，更紧要和迫切的任务是建构一个民族—国家与民主—国家相对均衡的现代国家。与传统国家相比，现代国家是一种持续运转的强制性政治组织，其行政机构成功地垄断了合法使用暴力的权力。主权是现代民族—国家的核心，主权对内属性是统治国家的最高权力。那么，这一统治权力归属于谁，由谁来行使，从而才能保证国家的持续运转呢？这是现代国家建构必然会产生的权力归属、权力配置和权力行使的制度性问题。如果说，民族—国家是现代国家的组织形式，所要解决的是统治权行使范围的问题，那么，民主—国家则是现代国家的制度体系，所要解决的是现代国家根据什么制度规则来治理国家的问题。民族—国家突出的是主权范围，主要反映的是国家内部的整体与部分和国家外部的国家与国家之间的关系。那么，民主—国家强调的则是按照主权在民原则构造的国家制度，主要反映的是国家内部统治者与人民、国家与社会的关系。①

现代国家是当今世界体系的中介分析范畴，一端连接个体与社会组织，另一端连接集体与世界体系。它面临双重使命，既要均衡内部的个体（公民）权利与组织体（机构）权力关系，达成国家主权权威的垄断；又要均衡外部的集团（以国家为象征和代表的利益共同体）权威与世界其他集团权力（权威）的关系，达成国际和谐（世界和平）局面。

总之，司法均衡的扩展，必须基于中国与世界的交融，既从普适和谐的逻辑推演，又从反思西方的角度重构，在天下情怀与国家构建双方面并行不悖，力求司法在自身内部均衡的基础上实现一系列宏远的外部均衡目标。

---

① 参见徐勇：《“回归国家”与现代国家的建构》，载《东南学术》2006年第4期。

第五章 司法均衡的实践模本：当代中国司法权运行的目标模式

你如果说中国睡了几百年，我是承认的。说中国现在醒了，我是很希望的。说中国没有睡之前，是一个狮子，所以醒了之后，也是个狮子，我就不敢附合了。

朱执信①

今天，我们激情满怀地规划司法改革，诸多夹杂着浓厚利益诉求和教化色彩的政治话语齐身变为批判现实、关注国瘼的“理论创新”，纷纷扬扬，编织着一件件华丽无比的皇帝新装。有人戏言，当今中国的法学者十有八九都是司改研究家，还剩一两个也是司改批判家。② 的确，现代性司法对于当代中国的法治战略具有重要意义。司法权的合理运行对于当代中国这样一个各地政治经济文化发展都很不均衡的“巨型国家”更是至关紧要。“司法权存在的目的，一方面是给那些受到损害的个人权利提供一种最终的、权威的救济，另一方面也对那些颇具侵犯性和扩张性的国家权力实施一

① 《朱执信选集》，辽宁人民出版社1994年版，第7页。

② 有学者这样分析：“中国法理学的司法转向始于1990年代，这是1980年代中期以来人们对法律实效的担忧的学术回应。人们先是在社会条件中寻找法律实效差的原因，进而转向对司法制度的反思。因此，这一转变是以对司法改革的研究为特色的。不知从什么时候起，仿佛一夜之间中国的法学研究者们，不管是研究法理学的还是研究部门法的，一下子都成了司法改革家。”周永坤：《司法权的性质和司法改革战略》，载《金陵法律评论》2003年秋季卷。

种中立的审查和控制。"① 然而，当下中国法学界尽管对司法改革兴趣浓厚，但对于司法权基础理论却关注不够，尤其对司法权运行的目标模式缺乏深入的研究。"司法权是一个重大的理论问题，也是整个司法改革的关键。司法改革，说到底就是一个司法权的重新分配与调整的问题。因此，没有对司法权的理论把握，对司法改革的思考是不可能深入的。"② "司法改革的核心问题在于司法权应该如何使用，也就是在司法权运行过程中如何处理好司法权与当事人权利之间的关系问题，在深层次讲，就是怎样处理好国家与社会的关系并作出相应的制度化安排"。③ 审视当代中国司法目标模式这一个案，有利于我们检验司法均衡理论的实践效果，同时也能为未来中国司法改革的方案设计打下坚实的学理基础。

第一节　均衡模式的理论基底

一、司法的概念和理念

（一）概念：司法广义说

为什么要从广义上界定司法？这是因为，司法之"法"是广义的。法不同于法律，更不同于立法。法是法律及法理的博弈均衡，高度抽象且动态确定。法律是国家现象，是社会、政府、民间与个人、物体甚至天地之关系的规则证明，包括政府公法、社会法、民间法及私法、自然资源法甚至"天人际法"。④ 立法仅是法律运行过程之普通一环，通常与"执法"、"守法"携手出现。更准确地讲，立法应当与守法相对。因为，立法是法律运行之始，守法是法律运行之末。始末相对，方称妥当。狭义的执法包括在广义

---

① 陈瑞华：《司法权的性质——以刑事司法为范例的分析》，载《法学研究》2000 年第 5 期。

② 陈兴良：《司法权的法理之性》（序），法律出版社 2002 年版。

③ 孙万胜：《司法权的法理之性》，法律出版社 2002 年版，第 6 页。

④ 相似论说可参见江山：《人际同构的法哲学》，中国政法大学出版社 2002 年版，绪论及第一章、第四章。

的司法中，立法、执法、守法都是广义的司法。① 从法理学视角理解，司法类似于法律运行，但又不同于法律运行，因为司法除了司“法律”，还有司“法理”，即庞德所谓的“法律司法”与“法理司法”之分别。其实，将“法理司法”译为“无法司法”是不够精确的，但还是部分表达出了庞德的真意——他一生致力于建构广义的司法概念系统，结果不经意间推动了所谓“社会学法学”运动。因为，在他看来，“社会司法”或许始终只是广义司法的一个必不可少的关键环节。在美国新自然法学派的代表人物富勒眼里，司法也不严格限制在作为政府公权力载体的法院和法庭，它甚至包括当事者双方的协议权，正如在劳工关系和国家法中常见的司法性仲裁以及未经任何政府权力批准而建构起来的纽伦堡审判法庭。②

那种狭义司法权的认知，很大程度上源于早期美国联邦最高法院的惨淡运作以及随之伴生的法官懈怠。无足轻重的地位，经年累月的巡回，微薄不丰的薪水，还有朝令夕改的职任，都使得最高法院的法官们从内心深处不愿对司法权的拓展奉献才智，他们似乎只能恪守本分，甚至有些疲于奔命。司法权被认为是局限于法院审判的弱权，不可能承担均衡宪政、安顿人心的高额期待。在美国，这一切的改变，源自马歇尔获任最高法院的首席大法官。“正是马歇尔确立了最高法院作为宪法权威阐释者这一角色，而且正是他运用这一角色奠定了一个强大国家的法律基础，赋予其有效统治所必需的全部权威。”③ 司法权意义和范围的扩展，在马歇尔故事终结百年后的今天，理应获得新的实现。

我国有不少敏锐的法学家已提出司法概念的广义理解方式，但遗憾的是，他们未能挣脱“法律司法”的圈套。“司法在连接国家

---

① 哈耶克的立法与法律的二元观经一大批中国学人的介绍，已在法学界广为传诵。但大家决不会离经叛道到将立法归属于司法，这样的理论观点实在太“疯狂”！所以，笔者不得不加上一些“界定”。

② Lon L. Fuller. The Forms and Limits of Adjudication. Harvard Law Review, 1978.

③ Bernard Schwartz. A History of the Supreme Court. Oxford University Press, 1995, pp. 34-35.

与社会的过程中还有不同的层次划分，学界一般将之称为司法的‘核心层’和‘外围层’。① 根据学者们的意见，司法的核心层一般被界定为‘法官裁判’；司法的外围层则包括：（A）公、检、司等国家机关及当事人、诉讼参与人的涉诉活动；（B）涵盖协商（交涉）、调解、仲裁等非正式社会控制方式在内的‘准司法’活动；（C）影响司法的社会力量，包括媒体、民众、社团与企业等；（D）有权监控司法机关的政治力量，在我国，包括党的领导机构、人大及政府的有关部门等；（E）诸如国内违宪性审查和国际司法等新型司法过程。总之，从结构上看，作为过程的司法处于国家与社会之间的中立地带，以法官裁判为核心环节，连动国家权力与社会权利的良性运转。"② "司法广义说"有其实践意义。如果我们从观念上接受了司法广义说，许多以前不用贯彻司法理念的机关、个人、团体、组织都或多或少应该聆听司法本原的理性规诫，坚守司法论理的底线要求，特别是对于权力关系极为繁复的当代中国，战略意义尤为明著。

（二）理念：司法均衡论

对于司法的正义、效率、公平、秩序、人权价值，大家已耳熟能详。这些都是司法的价值之基，但司法价值的总基底是什么？这个问题早有人提出，可一直无合理回答。拙见以为，答案可能就是："均衡。"

均衡的哲理，从中到西，从古到今，从文明渊源到文明消亡，始终盘旋在人类思想体系与制度实践的上空，如孤傲的苍鹰睥睨茫茫苍生的正义之旅。要表达一种普适的司法理念谈何容易！在我们这个法学家匮乏的国度，司法理念已是争议重重——有的主张正义至上，有的坚持效率优先，有的干脆什么也不谈，只讲程序，只认实用。中国如此，遑论法学话语泡沫纷纷的西方！相比之下，政治

① 参见刘金国、周静：《论司法公正——法官的行为哲（科）学》，载《政法论坛》1999年第5期。

② 廖奕：《当代中国司法权运行目标模式的法理建构》，武汉大学法理学硕士论文（导师：汪习根），2004年5月。

家的司法理念显得单一而理性。他们在事实上掌握着司法权力的核心资源，完全可以单调地保持理性缄默。但话语的沉默并不意味着理念的缺席。不同时代不同国家有不同的司法政治理念。无论是“人权司法”还是“人民司法”抑或“专业司法”与“精英司法”，都是司法理念的政治表达。学术与政治很难划出一道明晰界限，它们之间的偶尔争斗也犹如“恩爱夫妻隔夜仇，床头吵架床尾合”。但在中国，近代以降，政治家与法律家便共同构成了“法政家”和“政法干部”群体，他们一直都亟须司法理念的均衡协和，而这种均衡司法理念的理论提供者，现在看来，只能是法学家——这一集科学家与哲学家禀赋于一身的高境界英才层。

法科视野里的司法理念应是均衡为本的。司法均衡理念的理论表达是个漫长的建构历程，不断试错、更新，理论形式自然也会日臻完善。我们始终相信，随着中国法治建设与社会发展的不断理性化，司法理念系统会逐渐与司法概念体系调和般配，为司法本质与本原的研究探索奠定牢靠基石。

司法的本质是司法权与司法场的动态均衡。司法权的本质是司法人权与司法公权以及司法公权内部司法权力权威化与司法权威权力化这一理性均衡。其结果是司法均衡权能的生成，司法权能是司法法的基本元素与主要内容。司法法除了司法权能元素整合外，还包括“司法场域”（司法广场和司法剧场的均衡空间）这个核心构件。从更广阔的意义而言，司法法即是司法权能与“司法场域”的制度均衡。司法场是空间坐标轴，司法权是时间坐标轴，司法法是时空结合法，是法之法，是“元法”。司法的本原就是——法理均衡。

我们认为，研究司法均衡，应当秉持人本法理学的高端意念，将司法视做一个由无数活生生的人在时空轨道中不断进行法理交融的活生生过程。这正是我们倡导“过程司法论”的内在缘由，也是我们所谓的“过程司法”与一般单调时间过程大不相同。司法过程是人本法理的自然流淌，不能随意为权力、权威或权能改变。它并不依赖法律而生，更不依赖强权而存，相反，任何权力和法律都需要在司法过程中谋得自己正当的席位，发挥自己应有的功用，消除妄想，理性定位，严格自律，良善运行。

人，虽复杂无比，但，人也简单非常，因为人之追求均衡的本性相对恒稳。人的营养均衡、利益均衡、感情均衡，甚至勾画图案也要均衡。那些所谓反均衡的激进者其实很多都是彻底的均衡主义者，他们因无法达致心中的均衡而不得不矫枉过正。至于那些口口声声是“均衡论”信徒的人倒值得好好审视，因为法理的均衡实际上并非如他们说的那么十全十美。在某种意义上讲，人追求均衡是无奈之举。人因不完美之存在故希图变得完美。达不到完美的人只能追求世俗的安乐，而达致世俗安乐最优选的方法就是力求均衡。当人达到了这一点，法律自然产生，正义自然出现，法理均衡自然生发，司法本原自然拥有，司法法治也自然会变为现实。

二、司法本质的理论评思

（一）司法本质的功能论

这类观点主要从功能主义的视角界说司法的本质，比较有代表性和影响力的是“判断说”（“裁判说”）。

“判断说”（“裁判说”）认为，司法权是法院享有的，对当事人提请其解决涉及其人身及财产法益的纠纷作出裁断对法律释义并宣告之的终局权。①司法权是裁判权，其核心在于由司法机关代表国家对各类纠纷所进行的居中的裁判，此种裁判对争议双方具有拘束力。②“司法权是法院享有的独立于行政权并对其进行制约的、依照成文法和判例法决定案件的终局权。”③ 司法的本质是判断，司法权的本质是判断权——这是司法区别于行政，司法权有别于行

---

① Black's Law Dictionary (fifth edition). West Publishing Company, pp. 761-762.

② 参见［俄］拉扎列夫：《法与国家的一般理论》（中译本），法律出版社1999年版，第310页。

③ R. Dhavan. Judges and the Judicial Power. London: Sweet & Maxwell, 1985, pp. 3-4.

政权的关键。① “司法本质上就是由司法机关代表国家对各类纠纷进行的居中的裁判，此种裁判对争议的双方都有拘束力。”② “作为一种实质的国家活动，司法是指依法判断具体案件事实并且对法律主体（争议）的权利义务做出决定的活动。”③

这种观念由来已久。100多年前，托克维尔就曾将司法权直接视为“判断权”。④ 更早的时候，汉密尔顿那段关于“司法部门既无强制，又无意志，而只有判断”的经典论述更是使“司法即判断”的观念深入人心家喻户晓。⑤ 基于此，《布莱克维尔政治学百科全书》对“司法”下了一个功能型定义：“法院或者法庭将法律规则适用于具体案件或争议。”⑥ 但诚如詹宁斯所言：“要准确地界定‘司法权’是什么从来都不十分容易，从功能主义的视角，‘司法与行政’在本质上是没有区别的。”⑦ 在我国，也有学者认为：“司法从广义的理解就是执法。广义是同立法机关的立法活动相对而言的，是指国家行政机关、司法机关及其公职人员，以及国家权力机关授权的组织，严格依照法定职权和程序，针对具体法律事实，运用具体法律规范的活动。”⑧ 这种观点提倡从广义上理解司法，主张将司法与立法进行比较，而不是在司法与行政之间寻找差别。

---

① 孙笑侠：《司法权的本质是判断权——司法权与行政权的十大区别》，载《法学》1998年第8期。

② 王利明：《司法改革研究》，法律出版社2000年版，第8页。

③ ［德］汉斯、沃尔夫等：《行政法》（第1卷），高家伟译，商务印书馆2002年版，第176页。

④ ［法］托克维尔：《论美国的民主》（上卷），董果良译，商务印书馆1993年版，第110页。

⑤ ［美］汉密尔顿等：《联邦党人文集》，程逢如等译，商务印书馆1980年版，第392页。

⑥ 《布莱克维尔政治学百科全书》（中译本），中国政法大学出版社1992年版，第6页。

⑦ ［英］詹宁斯：《法与宪法》，龚祥瑞、侯健译，三联书店1997年版，第165页。

⑧ 王勇飞、张贵成主编：《中国法理学研究综述与评价》，中国政法大学出版社1992年版，第425页。

无论将司法理解为裁判、法律适用或是执法，这些论说的功能主义色彩都是非常浓厚的，它们对于当下司法改革阶段性目标的确定发挥着相当重大的作用，但在理论上也存在许多难以自圆其说的困境，面临诸多有力的诘问。美国法官哈奇逊（Hutcheson）曾坦率指出："法官作出决定，的确是通过感觉而不是通过判断，通过预感，而不是通过三段论推理，这种三段论推理只出现在法庭意见中。作出决定的关键冲动是在特定案件中对于正确或错误的直觉；精明的法官，在已经作出决定的前提下，劳其筋骨，苦其心志，不仅要向自己说明直觉是合理的，而且还要使直觉经受住批评苛责。"① 此外，依我国学者的观点，"法律判断是应用法律所产生的具有约束力的结论性判断，它最终表现为法院判决和裁定、公安机关和检察院的法律决定、行政决定、行政处罚决定、行政复议决定、仲裁裁决，在应用法律的不同阶段，也不停地发生着判断问题，如对事实的判断，选择何种规范的判断"。② 可见，如果将司法定性为判断，显然无法与其他的法律判断形式相区别，无法凸显司法内在本质特性。③ 更何况，司法功能也不仅"判断"一途，权利主体的参与、理性协商、沟通论证都属于司法功能的范畴。

（二）司法本质的价值论

这类观点的特点在于：不从行为的功能特征确定事物本质，而从事物的价值目标确定行为标准。这类观点包括：（1）理性说。有学者通过比较司法与民主，得出结论："司法的本质是理性，法

---

① ［美］博西格诺等：《法律之门》，邓子滨译，华夏出版社2002年版，第29页。

② 郑永流：《法律判断形成的模式》，载《法学研究》2004年第1期。

③ 即便是单纯的司法审判也不能说其本质就是判断。法官的判断最终是建立在非判断的客观基础之上的。"审判的本质要素在于，一方面当事者必须有公平的机会来举出根据和说明为什么认为自己的主张才是应当得到承认的，另一方面，法官作出的判断必须建立在合理和客观的事实和规则基础上，而这两方面结合在一起，就意味着当事人从事的辩论活动对于法官判决的形成具有决定意义。"［日］棚濑孝雄：《纠纷的解决与审判制度》，王亚新译，中国政法大学出版社1994年版，第256页。

律推理是一种理性过程，裁决者不能有利益、感情牵涉，中立是最基本的要求。"① 在"理性"这一价值目标的指引和确定下，司法的最高使命就是"独立实施法律"，而不是其他的政治目的。（2）"正义说"。"公正"一词暗示着相关的语境中存在着某种制度性因素，而在可以合理地、自然地使用正义一词的语境中，制度性因素可能存在，也可能不存在。因而，正义一词的使用范围可以覆盖并超过"公正"一词的使用范围。② 使"司法"同于"正义"，这是千百年来人类的理想。尼采，这个柏拉图最激烈的批判者，曾一语道破古希腊律法和司法的精髓，那就是：正义！正义意喻"给同样的人以同样的东西，给不同的人以不同的东西"，决不把不平的东西抹平。③ 在英文中，"justice"兼有"司法"与"正义"的双重含义。"寻求司法正义"、"通过司法实现正义"是法治社会下公民的惯有观念与基本意识。这些均是司法本质正义说的有力证明。（3）权威说。此种观点明确反对将司法仅仅视为国家权力的物理强制，主张将司法的本质定义为"一种权威"。"如果将司法视为直接的国家权力，这种权力司法的状况虽然也能带来一定的权威，但这种权威是暂时的、不可靠的和难以长久的。"④ 司法权威说在当今中国法学界愈来愈流行，为越来越多的人士服膺。

但我们还是坚持认为，相对于司法价值权威说而言，司法本质正义说更能体现司法价值的内生特色。一般认为，"司法公正是法律之内的正义，这意味着它是以方法性的形态存在着的正义，同时，也意味着它具有法律性质的制度伦理上的正义"。⑤值得特别指出的是，司法正义与"司法的正义"存在微妙区别。在性质上，

---

① 陈端洪：《司法与民主：中国司法民主化及其批判》，载《中外法学》1998年第4期。

②⑤ 郑成良：《法律之内的正义》，法律出版社2002年版，第19、91页。

③ 林国荣：《论世界帝国——从观念史截面的理性思考》，载《战略与管理》2001年第5期。

④ 贺日开：《司法改革：从权力走向权威——兼谈对司法本质的认识》，载《法学》1999年第7期。

司法正义实际上是双语重义，以强调正义的法理性及法理的正义性，解释方式类似于中国古文修辞的“互文”。而司法的正义“乃是一种以司法独立为先决条件，以实现矫正正义为基本目标的程序正义”。“司法正义不仅是一种形式化的正义，而且更应该是一种实质性的正义。”①

理性说、正义说和权威说从不同侧面揭示了司法的价值追求，但它们也存在着显见的问题：就理性说而论，它看到了司法与理性的重大关联，但未能对“理性”加以人文层面的科学定位和哲学升华，忽略了“理性”背后同样深刻的“感性”与“知性”，湮没了“法官造法”过程中最精彩的非理性创造；就正义说而论，由于法律与正义在某种意义上是一对血肉融合器官共用的“连体婴儿”，正义是法律的内质，法律是正义的载体，所以正义应当是一切“涉法机关”的共同追求。举例而言，司法机关行使司法权彰显的正义可能叫“司法公正”，行政机关行使行政权呈现的正义可能叫“行政公平”，② 但不论具体表达如何，公平和公正显然同属正义的范畴——司法与行政在“正义”这一性征上无法根本区别，或许它们真就不存在什么根本区别。“在行政法上自然正义是一个界定完好的概念”；③ 就权威说而论，由于权威实质上是一种信仰，司法权威的确立离不开公民对法官、法院和法律的信任。台湾学者苏永钦说得好：“就司法的社会控制本质而言，能不能充分发挥规范力，一如宗教或伦理，关键还是在于其决定的‘被信赖’而被接受，不在于其‘正确性’。故当信赖不足时，决定的质与量再改

---

① 杨一平：《司法正义论》，法律出版社 1999 年版，第 4、5 页。

② 在马肖看来，行政正义指在决策过程中能够提出有力的论据使他人信服和接受，这种行政过程的品质，即行政正义，包含三种内蕴，从立法意图而言，行政过程应准确、有效体现之；从职业素养言，行政过程应创造性补充完善之；从权利保障言，应公正实现之。Jerry L. Mashaw Bureaucratic Justice. Managing Social Security Disability Claims. Yale University Press 1983, pp. 24-25.

③ ［英］韦德：《行政法》，中国大百科全书出版社 1997 年版，第 95 页。

善，也是徒劳无功。”① 因此，与其将司法的本质归结为权威理性的实体，不如将其定性为均衡正义的流程。

（三）司法本质的系统论

首先说明，司法本质的系统论有两种不同的指涉。一种是将司法理解为一种实质性的社会系统中的互动与沟通，这与前述的功能论的社会学研究存在相似和重合。我们不妨称之为“实质意义的系统论”。这种观念在社会学思想，尤其是方兴未艾的法律社会学视野中，并不新鲜。司法可以被看做一个系统，其参考框架是指行动者与其情境之间的关系。就司法行动者面临的对象而言，主要有三类：社会的（存在于互动之中的自我和他者）、物理的（行动的手段和条件）、文化的（文化传统、理念和信仰中的象征部分）。作为司法运行的具体情境，它们是行动者的外部存在，与司法权的内部系统运行形成一个完整的互动格局。②

与之不同，第二种司法系统论是方法论意义上的，它主张将司法的本质视为一个结构整体加以系统分析。此种分析在国内学界对司法本质的研讨中尚不多见，其中比较引人注目的是蒋惠岭先生的观点。蒋先生在《司法制度改革的目标》一文中指出，“公正、独立、权威是司法的本质特性。”“司法的本质是公正，而独立和权威是实现司法公正的保证。”对此，他的分析是：“司法的本质特征，是指那些使司法之所以能成为司法而不至于混同于其他国家职能的特点。司法的本质可以从两个层面上理解：一是目的，二是实现该目的的手段。”③ 第一，司法的目的是“以公正的态度、方式和表现实现正义”。这是由司法职能的地位决定的。这可以完整地体现已经被广泛接受的公正概念，即公正不仅是实际存在的，而且还应当让人看见并相信它是存在的。第二，手段层次上的本质特

① 苏永钦：《司法改革的再改革》，台北：月旦出版社1998年版，第14页。

② 有关这方面的社会学原理，可参见谢立中主编：《西方社会学名著提要》，江西人民出版社1998年版，第155～156页。

③ 蒋惠岭：《司法制度改革的目标》，载《人民司法》1995年第1期。

征，主要包括四个因素：一是独立性，即司法不受来自任何方面的干扰；二是程序性（或称司法工作方法），即任何司法职能都必须经过特定的司法程序实现；三是权威性（或公信力），即司法活动与裁判结果必须受到尊重，这不仅靠国家强制力建立权威，更重要的是靠公众对司法的信任维护司法的权威；四是职业性（或称法官胜任性），即法官应当有充分的司法知识、能力、技能以履行其职责。

应当指出，方法论意义的司法系统论虽然是一种比较全面、科学的理论范式，但由于缺乏社会历史的宏观视野，因而仍然将司法简单地定性为一种“国家职能”，难以摆脱司法国家主义阴影的纠缠。不同的司法制度都有几近相同的本质特性，那就是：公正、独立和权威。失去这三个特性，司法将不成其为司法，这一部分国家职能将被其他职能代替而不复存在。当然，没有一个现代国家明确取消其司法职能，但隐没、损害司法本质特性的情况在许多国家存在。如果能将实质意义的司法系统论的社会学关切有机融入其中，情形定会大有改观。

（四）司法本质的结构论

此种观点认为，司法作为政治社会普遍政治现象，对其本质的抽象只有诉诸于它在社会中最为普遍的结构性地位，才能得到科学的说明。这种观点主张从政治、经济或社会系统的结构和功能意义上解读司法，并且通过具体的分析后认为，对司法本质应有的概括是：“司法是通过向社会拓展正义促生社会秩序及其变迁的张力结构。”① “司法全然不仅仅是一个国人心中的‘打官司’概念，在现实性上它至少是由相关的价值、制度、组织、角色构成的一个与社会互动着的结构。”②将司法本质定位于一种系统的结构，在方法论意义上的确可以有效兼容价值论和功能论，并且视野宏大、概括完整，但在理论上仍存在两个缺陷：一是太过理想主义，很难不让人联想到一种人工设计的完美结构；二是太过静态化，只强调结构

①② 程竹汝：《司法改革与政治发展》，中国社会科学出版社2001年版，第21、22页。

整体与社会互动，并未指出司法内部非均衡的竞争性，尤其是忽略了司法内结构对司法本质证立的关键意义。

事实上，按照英国社会思想大师吉登斯的结构化理论，结构化的司法应当被理解为不断卷入司法系统的再生产过程之中的规则和资源。① 司法结构不仅对人的司法行动具有制约作用，而且也是司法行动得以顺利进行的前提和中介。司法的内结构，在某种意义上，比司法的外结构更加根本。司法的外结构最终要回到内结构的轨道上发挥作用。并且，司法的内结构还具有转换性和传递性，可以随行动者的活动需要转换为不同的模式和外观，可以随行动者在具体情境中使用它而得到改变。

最近，从宪法学的角度出发，深刻考察了司法权的“本质”与存在方式的佐藤幸治教授，根据 L. L. 弗拉的裁判本质论，对司法权的本质构造作了一种新结构主义的解说：“‘司法权’是以参与具体纷争的当事者围绕各自的权利义务阐述理由并进行的针锋相对的争执为前提，法院作为公正的第三者在这种前提下用符合法制原理的决定约束当事者的结构。”② 他将司法部门称为“法原理部门”，与“政治部门”相对，形成了与政治公权对峙的司法结构图形。佐藤幸治教授所谓的法原理实际上就是我们前述“法理司法”的一个变种。之所以说是“变种”，因为对于法原理，佐藤幸治教授并未摆脱法律中心主义的思维，是指“以现行法律的诸原则为中心，在以这样的原则为基础、背景下确立权利是否存在的各规则、各法制原理的总称”。③

（五）司法本质的过程论

与前述的静态分析进路相比，过程论是一种研究司法本质的动态性理论进路。毕竟，事物的本质不同于事物的性质，前者除了像后者一样是决定事物存在的根本属性外，还是决定事物发展、变化的根本属性。因此，对司法的本质研究除了需要全面的静态分析，

---

① 相关理论背景，可参见谢立中主编：《西方社会学名著提要》，江西人民出版社 1998 年版，第 18 页。

②③ ［日］竹下守夫：《民事诉讼的目的和司法的作用》，第 169、170 页。

还需要宏观的动态把握。站在过程论的视角，我们既可以把司法的本质看做是一个确定结构的功能发挥或价值实现，也可将司法的本质视做一个层级分明、变动有序的运行整体。有学者认为，“司法的本质在于它是一个基本既定的程序规则和实体规则对当事人间的争议进行公正、最终的裁判过程。司法的本质应体现在裁判公正性和最终性，司法的目的在于解决纠纷，而不是寻求所谓的绝对正确的答案”。①“司法权的展开过程，实质上是凭借制度塑造社会正义的过程，其实质是为社会运行与发展提供网络模式。”② 这种对司法本质的界说便是“过程论”的典型运用，它有效兼容了功能论、价值论与结构论，也很好地展现了系统论的理论优势，尽管在许多具体观点上有待商榷，但在思想方法上无疑是较为可取的。

哈特眼中的美国法理学，即是以“司法过程”为轴心运转的。在法学研究者甚至一般公众脑海里，时常浮现出两种截然不同的幻觉，哈特称之为噩梦与高贵之梦。噩梦论者主张司法过程理应是法官创制法律的能动过程，他们善于借助“正当程序”、“法律的平等保护”等宏大话语证立司法在与立法有关的政治决断方面同样不逊于他者。“将司法过程视为难以合法控制的造法行为，已成为一个越来越多的人不时滋生的同样噩梦，在美国法理学里映现。”③而高贵之梦的创造者则坚决不承认法官有任何造法的动机和必要，因为一种普世性的自然法或道德原则已使美国法制完美无缺，从庞德的社会利益衡量说到德沃金的司法唯一正解理论，都是这种梦境的典型代表。以量化的科学体系实证地展示复原司法过程的全景，并以此为据建构司法预测与度量的法理学体系，超越法官究竟是否造法之类的梦境式争议，可以说是美国法理学乃至世界法理学在当今时代发展的重要趋势。霍姆斯早就指出，法律的出发点必须建立

---

① 何兵、潘剑锋：《司法之根本：最后的审判抑或最好的审判?》，载《比较法研究》2000 年第 4 期。

② 徐显明：《司法权的性质》，载《人民法院报》2003 年 6 月 23 日。

③ H. L. A. Hart. Essays in Jurisprudence and philosophy. Oxford University Press, 1983, p. 128.

在能够准确加以衡量的社会期望论，这是法律科学的使命，在某种意义上说，未来的法理学属于统计学家和经济学家。① 庞德也有类似的法律科学观念。他将利益分为个人的、公共的、社会的等各种类型，并力图构造一种排序以解决利益的冲突及解决冲突所必需的衡量问题。为达到这一目的，庞德希望得出一些利益冲突与衡量的司法方法，并予以多形式的量化，可惜的是，他在有生之年并未完成这一工作。②具体而言，司法本质过程论的提出，有如下意义：

1. 有利于揭示司法本质的时间之维

如果我们将“司法”的存在理解为“我之外事物的实际存在”，那么，对司法本质的证明就不能仅仅依据他人心中的意识去判断，而是必须要借助时间特性的确证。司法过程论的提出正是司法时间特性彰显的一个极好的本体论证明。

我们知道，许多著名哲学家、思想家乃至政治家都提出过自己的过程哲理观，比如，怀海特的“过程哲学”，王阳明的“心我一体”，孙中山的“宪政程序”等。在司法本质上，布迪厄从场域论的法律社会学视角分析了司法的内在，但他始终没有指出司法除了空间特质外，还有时间性，并且所谓的空间博弈实质上一刻也离不开时间过程的关怀，空间与时间并非我们想象的那样对立，它们是一而二，二而三，三而万物的关系。“过程”这个哲学语词能够将司法的本质包容，虽然，司法过程充满繁复的争斗和多元的角力；虽然，对司法本质的过程式考察充满了理论的艰险与实践的悖论。

近代哲学教父康德反对长期以来西方哲学的一种流俗，即认为把握实在的方式就是通过意识的深入到灵魂的考问甚至心灵的自白达到观察认识事物本质的目的。他将之称为“哲学和人类理性的耻辱”。他认为“我之外事物的实际存在”只能由这个事实证明：即变化和恒常有同样的基本性，都属于时间的本质，有一个确定的时间特性，就预设了某种恒常的东西的实际存在。

康德还认为，只有“在我之内”才能体验到时间，而时间又

①② H. L. A. Hart. Essays in Jurisprudence and Philosophy. Oxford University Press, 1983, p. 141, pp. 142-143.

支持着这个证明。对于康德这种“在我之内”与“在我之外”的区分，海德格尔反应激烈。他不无尖刻地指出“如果人们看到这个证明所预设的‘内部’和‘外部’之间的全部区别和全部联系的话，如果本体论也对待这个假设中的假设的东西，那么就完全不可能坚持一个‘我之外的事物的实际存在’的证明还有待给予是必要的”。海德格尔认为，如果把“实在问题”理解为外部世界的客观存在，那么这样实在无法证明。对于宇宙大世界如此，对于司法小宇宙，同样如此。

2. 有利于涵摄司法本质的经验之维

就司法过程论与场域论的比较言，前者回答司法存在根本性问题，后者提供司法存在的细微性信息；前者是司法过程的核心关切，后者是司法场域论的基本追求；前者重建构，后者重描述；前者是法哲学基本范畴，后者是法科学核心范畴。

近代法学巨擘庞德即认为，法律有三种意义的解释：一是工具意义的法律，二是根据意义的法律，三是过程意义的法律。他说：“如果我们把法律当做法律秩序来看，我们可以说它已经成为维护和推进文明生活最直接而实际的工具。但法律这一名词另有第二种意义。照此意义它也可以理解为解决争议之权威的根据或指导，其作用在调整人与人之间的关系并使人类的行为正常。法律的第三种意义是裁判过程，即凭借上面这种权威的根据或指导而平定争端、解决纠纷，以维护所谓法律秩序的一种程序。”① 在过程的层面，司法本质能得到具体的经验化揭示，因为“经验首先是一种经受某种事情的过程，一种遭遇和激情、一种情感——在这些词的本义上——的过程”（杜威语）。②

3. 有利于展现司法本质的艺术之维

近代中国法理学大师吴经熊说：“法律是理想与现实的契合

---

① ［美］庞德：《近代司法的问题》，杨兆龙译，重刊于王健（编）：《西法东渐——外国人与中国法的近代变革》，中国政法大学出版社2001年版，第426页。

② Cornell W. The American Evasion of Philosophy: A Geneal ogy of Pragmatism. Wisconsin University Press , 1989, p. 88.

点，就仿佛莲花，它的根深深地植入泥土，而花苞和花瓣向天空伸展。法律是一种把物质利益的摩擦转化为理想物之光的艺术。”庞德也说：“司法的真正危险在于对合理改革的胆怯抵制，对法律陈规的顽固坚持。”① 司法的本质正在于这种艺术过程的展现。

德国著名法哲学家、刑法学家阿图尔·考夫曼在《类推与“事物本质”》的中文版序言中指出，法律是一门需要理解和诠释的艺术，它本身是人文科学的范畴，需要超越“主体—客体”二元对立的自然科学认识范式。考夫曼以法官为例，指出“他使制定法开口说话，说出其具体的、与个案关联的意义，他引导出制定法革新的力量，他从制定法抽象僵硬的历史存在中唤醒制定法”。② 在考夫曼看来，法律的现实化实质上是一个由法律理念到法律规范再到法律裁决的司法过程，司法的目的在于发现法律并经由这种法律发现使规范与事实、解释者与文本“交互澄清”，达至均衡。在他看来，“法律规范是法律理念与可能的生活事实相互对应和调适（立法）的结果，法律判决是法律规范与实际的生活事实（司法）相互对应和调适的结果”。③ 立法调适是司法调适的一个前提，它为司法的启动、运行及终结创造必不可少的“前理解”，而司法过程的全景则构成了法律现实化的三元交互循环，最后达成法律上的均衡状态。无论是立法，还是司法，在考夫曼看来都是实然与应然的对立，都需要一个第三者和沟通者，它就是“事物本质”（nature of thing，natur der sache）。诚如斯言，所谓事物本质，是“一个同样代表特殊与普遍，事实与规范的构造物，一个个别中的普遍，一个实然中的应然”。④ “法官发现法律的过程实际上就是在法律及案件事实间进行‘目光往返流转’的诠释过程，是由经过专业训练和法律实践的法官以特有的思维和方法去发现案件事实

---

① 转引自欧阳爱辉：《人民陪审制在当前有存在的必要吗?》，载《民主与科学》2004 年第 6 期。

②④ ［德］阿图尔·考夫曼：《类推与“事物本质——兼论类推理论》，吴从周译，学林文化事业有限公司 1999 年版，第 183、29 页。

③ 雷磊：《方法和限度：回到事情“本身”》，载《法哲学与法社会学论丛》，北京大学出版社 2006 年版。

与规范之间的‘中点’，即事物本质，从而形成‘可接受的’裁决（拉伦茨语）的过程。”①

就哲学层面而言，作为一种共同的富有远见的睿智探索，怀特海和杜威也把着眼点都投向了丰富、复杂、奇妙无穷的“过程”问题，开辟了反传统的理论视野，并带来司法权由机械的法律技术向均衡的法理艺术之转变。因为，司法过程论的提出，“归根结底不过是对‘现实中使审判制度运作的都是活生生的个人’这一自现实主义法学以来已成为常识的命题的再次确认。法律学和法社会学以前的优秀成果，都是以这一命题为默示的前提而积累起来的。不过，为了今后进一步推进关于纠纷解决过程的实证研究，必须更加自觉地把握这种观点。而且还有必要把政治学、人类学、社会学、社会心理学等社会科学为了分析过程而精心构成的分析工具（行为科学、意思决定模型、网络分析、象征互动论等）积极地导入纠纷解决过程的研究领域”。② 这种过程分析的司法本质探究进路实质上正是我们倡导的“法理均衡”分析方法，在某种意义上，它还只是法理均衡分析的雏形，并非其原型。

4. 有利于彰显司法本质的超越之维

这种超越，主要体现为后现代司法理论对现代性司法观念的反思与重构。在后现代主义的代表人物利奥塔眼中，司法过程成了一种“语言游戏”。语言游戏的参与者有三方：“发话人”、“指涉物”和“受话者”。司法过程是一个法律本身“合法化”的过程。“法律或司法体制不过是在人类本性、共识或自律等指示性陈述的基础上，试图对某些规定性陈述予以合法化。”③ 作为一种“规范性陈述”，法律具备将与社会事实有关的一系列“指示性陈述”合法化的作用，但它自身却没有自我合法化的能力。于是，法律合法化的

① 雷磊：《方法和限度：回到事情“本身”》，载《法哲学与法社会学论丛》，北京大学出版社 2006 年版。

② 参见强世功：《司法审查的迷雾》，载《环球法律评论》2004 年冬季号。

③ Douglas E. Litowitz. Postmodern Philosophy and Law. Lawrence, Kansas: the University Press of Kansas, 1997, p. 116.

问题便成了司法过程的核心关切，也是司法之所以区别于立法、行政的本质性因由。利奥塔举例说，科学语言作为一种“指示性陈述”，其运行的合法性取决于规范性陈述的评价。现代社会的关键特征即在于将指示性陈述与规范性陈述的“发话人”合二为一，科学话语自我合法化，造成了理性的垄断，“逻各斯中心主义”由此形成。与现代社会的“真理独一”不同，后现代状态强调语言游戏参与各方的“共识”（consensus）形成，法律叙事只能局限在小型的范围，每个群体或地方都拥有自我的法律叙事话语权。“这样，实用优先和性能优化成了第一原则，成为取代真理和理性的新的合法化主体。”① 总之，失去了宏大叙事之后，判断真与假的指示性游戏、公正与否的规定性游戏、高效与否的技术性游戏各自分离，而效能原则自然成为最重要的原则。

这种超越，也体现为对传统司法模式与思维的批判与再造。其实，将司法的本质看做一种特殊的过程，在某些有着超越精神的法官和学者眼里并非新鲜事物。在马伯里诉麦迪逊一案中，马歇尔大法官便将法官依照宪法解释法律的过程视为“司法的本质所在”。②这虽然更多的是一种政治修辞，但其中蕴含的政治斗争的法律技艺是不容抹杀的。③ 卡多佐大法官的名著《司法过程的性质》虽然没有明确提出司法过程的理念本质，但字里行间的确从始至终贯彻着“过程司法”的法理关切。当代中国学者郑成良也提出了“过程的正义”（justice in process）的观念。他赋予程序正义优先于实体正义的地位，强调司法公正更贴近于程序正义的真相，他还引用哈特和《牛津法律大辞典》的论述阐析这种由来已久却让人倍感新奇“过程司法”理念：“正义的最简单形式（即法律适用中的正义）不过在于认真对待这样一种观念：适用于大量不同人的是不受偏

① 张秀琴：《作为语言“游戏”的法律：论利奥塔法学思想》，载《法哲学与法社会学论丛》，北京大学出版社2006年版。

② 徐炳：《美国司法审查制度的起源》，载《外国法译评》1995年第1期。

③ ［日］棚濑孝雄：《纠纷的解决与审判制度》，王亚新译，中国政法大学出版社2004年修订版，第6～7页。

见、利害关系或反复无常所歪曲的同一原则。这种公正性就是英美法学家所讲的'自然正义'原则谋求保障的程序标准。""这种标准的具体内容就是，任何人都不能审理自己或与自己有利害关系的案件（neme judex in parte sua），当事人任何一方的诉词都应当被同等地听取（audi aleram parte）。"他的观点虽然没有展开，但已经触发了我们深入思考的神经。

5. 有利于把握司法本质的中国之维

强调司法的过程与过程的司法对当代中国具有特殊意义。法律上的公正虽然包括了实体方面的公正和程序方面的公正，而且程序公正是实现实质性公正的必要前提和保障，但在司法活动中，程序性公正是必须首先实现的状态。程序覆盖了司法的全过程，或者说司法活动就是由程序构成的，所以，程序性公正在各国都成为司法公正的核心内容甚至是唯一内容。公正是否存在，取决于程序的设计和运转。长时以来，我们都非常强调司法的目的性和结果性，忽视了司法权运行的程序建设，这与我们缺乏"过程司法观"是脱不了干系的。司法过程本身是在一定的矛盾和冲突存在的情况下，通过适当的程序将各种矛盾和纠纷化解为技术问题。强调司法的过程性实质上就是强调司法权的正当运行和合理运用。

国内近几年趋热的法律方法论，解决的是个案事实与规范的不对称性，属于内部解决，它能削弱但不能消除中国的社会事实（司法制度安排、解纷手段的传统等）与规范的外部紧张对立，要化解它，有赖于中国司法体制的转型和大众法治意识的形成。中国的事实与规范的对立关系，一旦从主要为社会事实与规范的外部不对称性，转化为主要为个案事实与规范的内部不对称性，便是中国法治形成的表征之一。中国的法律方法论需要创造性地应对社会事实与规范这一外部不对称性。因此，法律方法，不仅是工于用法，也将功在造法。在用法造法中，法律方法显现出这样一个不断逼近目标的功能链：方法改变前提，前提改变结论，结论改变行为。①

① 郑永流：《法律判断大小前提的建构及其方法》，载《法学研究》2006年第4期。

司法过程的均衡理论，正是在这样的法制背景下，才别具深意。

三、司法过程的均衡分析

恩格斯的一段话应成为诠释司法本质过程论的经典名言：一个伟大的基本思想，即认为世界不是一成不变的事物构成的，而是构成的集合体，其中各个似乎稳定的事物以及它们在我们头脑中的思想映象即概念，都处在生成和灭亡的不断变化中，——这个伟大的基本思想，从黑格尔以来，已经如此深入一般人的意识，以致它在这种一般形式中未必会遭到反对了。但是，口头上承认这个思想是一回事，把这个思想运用于每个个别场合和每个特定的研究领域，又是一回事。① 司法过程的理论分析，必须在历史主义的帷幕中均衡展开，尽可能地将静态分析与动态分析结合起来。

（一）静态分析

1. 司法过程的结构性特点

在严格的传统意义上，司法仅指与立法、行政相对应的法院审判活动。而在现代意义上，司法是指包括基本功能与法院相同的仲裁、调解、行政裁判、司法审查、国际审判等解纷机制在内，以法院为核心并以当事人的合意为基础和国家强制力为最后保证的以解决纠纷为基本功能的一种法律性活动，在较宽泛的意义上，司法还包括与上述法律性活动具有密切联系的其他各种活动。

作为过程的司法权运行在结构上有两点值得注意：一是它的功能位置，二是它的层次划分。日本法学家谷口安平指出："以裁判所进行的诉讼、审判活动为中心，包含着法的规范、法的程序、法的解释以及从事这些法的生产活动的法学家主体等要素，司法又意味着一个有独立性的自律的所谓法的空间得以形成和维持。这个法的空间既相对独立于国家和社会，同时又将这两者有机地结合起来，发挥着一种媒体的作用。"② 在国家和社会的二元构架中，现代司法似乎更注重国家成文法（制定法）对非正式制度（民间法）

---

① 转引自《列宁选集》，人民出版社 1960 年版，第 583 页。

② 引自王利明：《司法改革研究》，法律出版社 2000 年版，第 20 页。

和非制度行为的权威性。但从司法本身的功能位置而言，它中立地处于国家与社会之间，发挥均衡国家法与民间法的重大功用。

2. 司法过程的价值性特点

保障人权。英国有句法谚，"法为人而设，人非为法而活"，意喻法律非目的，只是一种手段。"手段的好歹，全视它的功效怎么样而定。法律既是手段，它的目的究竟是什么呢？简单说来，法律应当以人类的目的为目的。"① 那么人类的目的又应是怎样呢？法哲学家认为，人类之目的莫出于"保障人权"四字。保障人权即捍卫人之存在、发展的内容及意义；保障人权即谋求人际社会良性沟通的制度和环境；保障人权即实现最通常的正义——人际的正义与个体的尊严。保障人权对司法过程提出了直接而苛严的规诫，那就是，司法权的行使者、拥有者及追求者并非是"运用强制制裁方法的裁决者，而是设法恢复众多'请求者'权利的管理者"。② 他们必须将"人权至上"这个基本理念融入自己的血液，并通过具体的司法行为系统传播之、沸腾之，使其成为真正的法治强音，而非虚假的口号文饰。

接近正义。如同在理论上给"正义"下一个公认的定义是不可能的一样，在实践中实现全然无争议的正义亦不可能。于是，"接近正义"成为近年来各国司法改革共擎的一面价值论大旗，学者们对它作出了相当浩大的研究，但许多核心问题仍未得到解决。③ 虽然如此，"接近正义"理论还是确凿无疑地告诉我们，随着福利国家和新型社会权的出现，司法的功能位置发生了巨大改变，其原有的"核心—外围"层次势必也会发生重大调整，原有的法官裁判中心主义业已很难适应日益复杂的社会化纠纷及权利要求。以前的"准司法"和"非正式社会控制手段"在"接近正义"

---

① 何勤华、李秀清主编：《民国法学论文精萃》（基础法律篇），法律出版社2003年版，第32页。

② ［英］罗杰·科特威尔：《法律社会学导论》，潘大松等译，华夏出版社1989年版，第242页。

③ 参见［意］莫诺·卡佩莱蒂编：《福利国家与接近正义》，刘俊祥等译，法律出版社2000年版，第1~2页。

的大旗下地位日显重要，它们不再是传统上的司法外围，而有望成为一种介于核心与外围之间的“第二中心”。

捍卫法律。“法律不只是一整套规则，它是在进行立法、判决、执法和立约的活生生的人。它是分配权利和义务，并据以解决纷争，创造合作关系的活生生的程序。”① 尽管“保障人权”和“接近正义”要求社会力量参与司法过程，但脱离了良法保障的“人权司法”与“正义司法”必将成为空洞的教条和盲目的跃进。因此，在倡导保障人权和接近正义的同时，我们决不能忘了在司法权运行过程中捍卫法律权威，尤其是人权法的权威。② 因为这才是真正的司法之根，正义之魂。

3. 司法过程的功能性特点

权威裁判。“纠纷当事者之间存在对立，具有中立性的第三者应一方当事者的要求针对这一对立作出某种权威的判断，这就是审判。”③ 司法裁判不同于一般裁判的特点在于它是以一种权威的方式宣告和出现。这种“权威”有可能是自封的，但更多的时候是基于法律受信仰的程度和司法者的自身威信。蒙田有言，“法律受信任并不因为它公正，因为它是法，这就是法律权威不可思议的基础”。司法裁判也是这样，它的权威并不在于其他，而在于它出于一个公认的司法过程，在这一过程中，没有明显的违规，没有对法律的蔑视与践踏，根据法定程序客观地适用现行的客观法，对一般人的权威认知而言，就足够了。

理性决策。司法决策是指法院在审理案件的过程中对可能对诉

---

① ［美］伯尔曼：《法律与宗教》，梁治平译，三联书店1991年版，第38页。

② 有学者曾对人权法的权威作出如下评述：“人权在法律领域的登台应该说是一个进步，甚至可以说是一个‘哥白尼革命’：法律没有以国家为中心，而是围绕着基本人权，这使得法律居于国家之上，并且可以以法律的名义谴责国家，如同欧洲人权法院所做的那样。”［法］米海依·戴尔马斯－玛蒂：《当代中国依法治国进程：进展与阻力》，石佳友译，载《中外法学》2003年第2期。

③ ［日］棚濑孝雄：《纠纷的解决与审判制度》，王亚新译，中国政法大学出版社2004年修订版，第1页。

讼当事人的权利义务产生重大影响的各种可选择的法律或条款进行选择，或在法律没有规定的情况下对所涉利益进行理性地权衡，从而得出最符合宪法性要求的法律规定的过程。① 与一般的判断不同，理性的司法决策是一个价值判断的过程，涉及决策主体的价值追求，其目的是制定司法政策，其实质是“对资源的权威性分配”。②这样就可以有效保障公民、组织尤其是少数群体和弱势群体的法定权利。司法决策是对近代法治理论下机械司法模式的突破，是一种适应现代法治社会要求的能动司法样式。

解决纠纷。我们经常说，法官除了法律，就没有别的上级。法律首先是一种规则，因此，司法者必须尊重规则。但“事实上，任何一个人都不可避免地要关注纠纷或争议如何处理，即使是以法律审为主的上诉审法官也不会完全不考虑纠纷的实际解决，而仅仅顾及规则”。③ 尤其在中国的基层司法运作实际中，解决纠纷甚至成为司法过程的“帝王功能”。“中国基层法院的法官面临的问题就不仅是如何决定更为公正、更符合规则的问题，而且要考虑决定之后如何才能得到实际贯彻落实的问题。他/她就不得不将这些就制定法的规则上看非常齐整但实际处理起来极其复杂的问题尽可能地以某种并不一定符合法律规则和法官的制度角色但能够化解纠纷的方式解决。”④纠纷的解决过程实际上是权利冲突的化解与协调，权能资源的调整与再分配过程。当一个纠纷通过司法过程得以真正顺利解决，在某种程度和意义上，司法的核心功能也就实现了。

形成规则。司法除了可以解决纠纷，它还能够通过权威裁判和纠纷解决为国家和社会确立新的行为规则。现代性的司法过程为了应对不断紧张的公权—私权冲突，必须强调制度性的预防。司法不仅要面对已出现的纠纷，更要面对未然的隐患，这就要从法律上堵塞制度的漏洞。“司法”从而具有了一项新的功能，那便是审查法

---

①② Harold J. Spaeth. Supreme Court Policy Making: Explanation and prediction. W. H. Freeman and Company, 1979, p. 1.

③④ 苏力:《送法下乡——中国基层司法制度研究》，中国政法大学出版社 2000 年版，第 184、189 页。

律，维护法律的统一和权威。“现代社会对规则的确认并不是或仅仅是一种规范性要求，而是一个实践的问题，是一个过程。”① 在对法律进行清理、纂、立、改、废的过程中，司法裁判是最有权威性的调整，它是规则形成的制度化凭借。

（二）动态分析

幸德秋水曾言：“合拢起来结成一个草庵，解开就成原来的野地。”从动态的视角看，司法过程实际上就是司法权的分析性运行过程。司法是公权正当运作的保障。公权力对社会的管理、服务及对其滥用的控制最终都离不开司法。不同公权之间的权限纠纷也离不开司法的裁决和评断。同时，司法权也是人权保障的基石和社会公正的最后防线。正当的司法过程必须中立、权威均衡公权和人权两者内部及相互之间的关系。虽然学界从未怀疑过司法权的公权性质，但学者们同样也从未否定过司法权的人权关怀。② 因此，这里的“司法权”不是一般意义上的国家司法权力，而是一种包含了司法公权和司法人权及二者良性互动的广义司法权。③

必须说明的是，一般而论，司法权在总体上应当是一项公权，其主体是国家，隶属于国家权力系统，与人权的主体是大相径庭

① 苏力：《送法下乡——中国基层司法制度研究》，中国政法大学出版社2000年版，第196页。

② 如陈瑞华教授认为：“只有为司法改革注入人权保障的因素，只有将司法权与普遍意义上的公民权利甚至政治权利联系起来，也只有使司法机构更加有效地为那些受到其他国家权力侵害的个人权益提供救济，司法权的存在和介入才是富有实质意义的。”陈瑞华：《中国刑事司法制度的主要问题》，http：//www. civillaw. com. cn/weizhang/ default. asp? id = 15461.

③ 关于司法权的性质，我国学者多从消极、中立、公开等现象性视角论述，大同小异。他们基本上都忽略了对“司法权”这一语词本身的本体分析，从而简单地将司法权理解为司法权力。有学者认为，“权”是很有中国特色的一个语词，在英文中很难找到对译词，因此只能拼译为“quan”。（详参童之伟：《法权与宪政》一书的自序，山东人民出版社2001年版）如此看来，如果我们对司法权这个概念加以“中国语境”分析，起码要看到，司法权不能简单地和司法权力画等号，除了司法权力，司法权还可能包括很多要素，比如司法权威和司法权能。更进一步讲，除了司法公权，还有司法人权。

的。我们此处将司法人权归入司法权概念，主要是基于，在政治国家与市民社会二元互动的法治模式下，司法权的运行包含了对人权的关注和保护，所以，不能将司法人权从司法公权中完全排斥掉。司法人权是渗透、浸润在司法公权中的价值理念。

1. 司法公权

自俄狄浦斯破解了狮身人面像的隐秘以来，三分法的逻辑锐力似乎未被任何宏论取代。在印度，梵天、吡湿奴、湿婆三分。在埃及，奥西里斯大神、神子和圣灵三分。在基督教，圣父、子、灵三分。在现代中国，著名哲学家庞朴新近出了一本名为《一分为三》的文集。但是，纯静态的三分法，很容易成为被马克思嘲笑过的“死板三分法”。在一分为三的思维中，动态考量是必不可少的。

我们或许还记得，俄狄浦斯面对斯芬克司的问题：谁早晨用四条腿走路，白天用两条腿走路，晚上用三条腿走路？他猜到了答案：是人。因为他聪明地领悟到，人生的三分法：幼年、成年、老年正好对应着女怪的三个隐喻：早晨、白天和晚上。要解析“司法公权”这一人本概念，我们最好还得选择这种动态的三分法：

司法权力。司法公权首先以司法权力的形式出场。所谓司法权力，是法律权力和事实权力在具体个案中的伸展运用，它在内容上渊源于事实权力，但在形式上又依靠于法律权力。马克斯·韦伯认为，权力乃是“这样一种可能性，即处于某种社会关系内的一个行动者能够不顾抵制而实现个人意志的可能性，而不管这一可能性所依赖的基础是什么”。① 在现代国家，司法权力的拥有者一般是公权的享有者，它不容被随意分配或割裂。司法权力内在地具有垄断性，不容许其他公权力对它的逻辑和利益动手动脚。享有司法公权的不仅只有法、检等国家官员，还有律师、仲裁员等公共利益的代表和代理。在美国的对抗制下，律师不仅仅是积极代表顾客利益的辩论士，而且也是“法庭的官员”。仲裁员虽然是民间解决组织的官员，但也行使着特定的司法公权力。

---

① ［美］E. 博登海默：《法理学：法律哲学与法律方法》，邓正来译，中国政法大学出版社 1999 年版，第 357 页。

司法权威。权力是反映主体—客体、命令—服从关系的影响力，表现为对社会资源的支配和调动以及强制性地影响他人行为的能力。任何权力都具有外形的公共性和内在的排他性。“权力，在米尔斯那里，被看做是即使在面临反对的情况下也能实现自己意志的能力。权力精英就是那些处于能作出重要影响的决定位置的人，那些处于可以改变一般人的一般环境的位置的人。”① 当司法权力制度化地为一个集团或群体垄断，我们便称，这个团体具有“司法权威”。权威指的是为其他人所服从的权力人士具有的被信任度和能力。司法权威是司法权力合法垄断主体的外界肯定，根据韦伯的经典界定，可分为神异权威、传统权威和科层权威三种纯粹理想形态。具体而言，司法神异权威指的是行使司法权利/权力的个人利用创造对众人的福利获得声望，从而具有强大的宗教般的支配力量和尊严。司法传统权威指的是司法制度在长期的存在中，逐步获得公众的承认，成为正义象征、行为伦理约束力的存在。与前二者不同，司法科层权威的力量来自于正式的官府以及工作单位上级的任命，以行政等级为存在基础，涉及制度的建制，因此是官僚制的。在现代法治国家，司法权威的主体角色在通常由专业的法律职业集团充当。法治正是这样一种司法权威的统治，“既与历史英雄无关，也与神圣的传统无关。它不能像前者那样‘突发’，也不能像后者那样持续”。② 司法权威通常与法律信仰紧密关联。

司法权能。当司法权力为一个主体制度化占有、行使、形成法律上的习惯，我们就称“司法权能”出现了。司法权能是司法权力与司法权威理性契合的产物，它兼具权力和权威的特色，维持着利益与主体的制度均衡。因此，它主要体现为一套均衡博弈后形成的规则体系，而不仅仅是一种力量或一个主体。梅利曼说：“法官行使权力。权力伴生责任。在一个理性组织起来的社会中，两者之

① 谢立中主编，2001 年《西方社会学名著提要》，江西人民出版社 2001 年版，第 194～195 页。

② ［美］莱因哈特·本迪克斯：《马克斯·韦伯思想肖像》，刘北成等译，上海人民出版社 2002 年版，第 419 页。

间存在一定的均衡。"① 在司法权能的视野中，均衡的制度是权力运行及权威统治的根基支持，是"社会主体成员一致同意的行为规则，这些规则具体规定了在特定的反复出现的情境中的特定行为"。② 司法权能是政治结构形成的法理标志，因为"政治结构总是与一定的权力和权威相对应的。政治结构能反映一定的权力状况和权威性质"。这又是因为，"权力和权威都是社会中部分人对他人的控制能力。尽管权力和权威的表现形式不一样，它们的社会根源不一致，但如果从社会结构的角度看，权力和权威都是一个人社会地位的标志"。③ 当人与人的法理时空位置得到制度化均衡，纠纷也就不复存在了，规则凝成后过程司法的价值功能也就顺利实现了。

2. 司法人权

司法公权力运行的权威要求及冲突，很大程度上是源于司法人权的存在。司法人权虽然很难细分出权力、权威与权能三个阶段，但它与司法公权的连接，也可以体现为司法权能的契合。根据萨维尼的观点，法律关系所确保的是"那种为单个人所具有的权能（macht）：一个这样的领域，其中占支配地位的是他的意志；而这种支配地位是获得我们同意的"。④ Ferdinand Regeleberger 也说："一种主观权利，存在于这样的情况下，即法律秩序仅凭参与者去实现一个被承认的目标、满足一个被承认的利益，并任凭他为了达到这个目的而运用合乎法律的权能。"⑤ 耶林更是直截了当地指出："从概念上讲，主观权利是法律秩序授予个人的一种法律权能。"⑥ 司法人权的前生即是主观权利的集合，它本身是一个内在原发的短

---

① ［意］莫诺·卡佩莱蒂：《比较法视野中的司法程序》，徐昕、王奕译，清华大学出版社 2005 年版，第 61 页。

② Andrew Schotter. The Economic Theory of Social Institutions. Cambridge University Press, 1981, p. 9.

③ 转引自于建嵘：《岳村政治》，商务印书馆 2001 年版，第 48 页。

④ F. C. V. Savigny. System des Heutigen Roemischen Rechts. Bd . I, Beilin, 1840, p. 4.

⑤⑥ 转引自［德］哈贝马斯：《在事实与规范之间》，童世骏译，三联书店 2003 年版，第 160、107 页。

时过程，就像引发爆炸的火星，亦如带来甘霖的信风，辉煌及时却也瞬息即逝。司法人权必须得到司法过程的精心呵护才能得到保存，必须受到公民社会悉心养护才可茁壮成长。它是公权之源，司法之魂。

作为前设人权的司法请求权。参与司法过程的个体享有对主持司法的法院、法官或其他司法主体的请求权。所谓请求权（arspruch），是指请求他人为一定行为或不为一定行为的权利。德国学者把请求权的概念表述为“作为权能的请求权”。① 司法请求权指的是享有基础权利的人权主体向特定的司法公权主体提出要求他人为一定行为或不为一定行为的权能总和，包括自力救济的保有权能、要求公平裁判的请求权能、强制履行权能，等等。在司法过程中存在多种请求权造就的法律—事实关系，最显著的莫过于司法过程中债的发生。基于法律行为发生的债，称为意定之债。倘若在司法过程中，法官与当事人通过书面或口头各种可能形式达成某种意思一致，即构成这种债权关系。基于法律规定而发生的债，称为法定之债。在民法理论上，无因管理、不当得利及侵权行为都构成这种法定债。“债权之本质的内容，乃有效的受领债务人的给付，债权人得向债务人请求给付，则为债权的作用或权能。”② “债权通常兼具诉请履行力、强制执行力、私力实现力、处分权能及保持力。”③比如，现今出现的法律打白条之后判决书拍卖现象，可以用这种理论解释。判决书承诺的债权实现构成了当事者对法院的另一种债权，虽然没有直接、完全的请求力，但其处分权能并不因此受到影响，归于消灭，亦即当事者可通过合法的途径将司法上的这种债权让与他人。当然，司法上的债与民法上所谓的“自然债”有根本区别，但是这些人权话语的思维方式是共同的。为了保障司法人权的实现，司法当事者及相关主体首先应主观奋斗，尽可能保全自身权利，求得司法过程中权利的优先受偿和有担保实现。作为司

---

① 参见王利明：《违约责任论》，中国政法大学 2000 年版，第 41 ~ 42 页。

②③ 王泽鉴：《债法原理・第一册》，中国政法大学出版社 2001 年版，第 9、20 页。

法人权的行使者，也应严格依其承诺履行义务。在某种意义上，司法公权为司法人权作了无所不在、无时不在的无限责任担保，这种担保是基于国家信用及宪政契约的法定、意定形式的均衡体。

作为基本人权的“公正审判权”。“公正审判权”即公民获得法院公正审判的权利，是现代民主法治社会中公民所享有的一项基本人权。它旨在保障公民能够通过司法途径并经法院的公正审判维护自身的合法权益。对于现代刑事司法制度而言，公正审判权是其中的核心概念。联合国通过一系列国际性文件所确立的刑事司法国际标准，主要围绕着对公民公正审判权的保障而展开。国际人权法的研究还表明，“公正审判权”是一项与生存权、发展权并列的基本人权。它被视为由一系列确定的相互关联的权利组合而成的一项权利，是英美普通法中的一个传统概念，意指公民的生命、自由、财产等权利面临被国家剥夺或限制的危险时，其享有接受法院公正审判的权利。对公正审判权的保障主要有两方面的内容：组织性保障——独立和不偏袒的法庭和程序性保障——公正和公开的审判。① 作为基本人权的公正审判权在国际人权法中已历经了40余年的风雨，历久弥新。可以说，“公正审判权”是司法人权传统的一项基本权，是现代法治社会的最高宪章纷纷加以制度化确认的基本人权。

作为新兴人权的“获得司法正义权”。与传统的公正审判权相比，“获得司法正义权”（Access to Justice）无疑是一项新兴的司法人权。时至今日，“获得司法正义权”的概念为何，学界和法律界都未能达成共识。长期以来，这项重要的司法人权受到了国际人权公约和国际人权法教材的忽视和冷遇。但随着福利国家的兴起和法律社会化浪潮的突进，人们愈益认识到，旨在解决贫困和边缘化群体在面对法律和权力时所遇到的困难与障碍的“获得司法正义权”如同“公正审判权”一样也是一项必不可少的基本人权，并且它与公正审判权一道共同构成法治的根本要素之一。因为“在现代法治社会，虽然人权保障的形式多种多样，但司法救济应该是

① 参见熊秋红：《解读公正审判权》，载《法学研究》2001年第6期。

最基本和最重要的方式，因为当个人权利受到他人，尤其是国家公共机构政府官员的侵犯时，只有通过独立和公正的法庭，才可能得到确定和有效的补救”。① 司法救济的根基并非法官权力的张扬，而是当事者双方权利的均衡，尤其是处于正义边缘的弱势群体的权利保障，这正是“公正审判权”和“获得司法正义权”共同致力的对象。

司法人权在重要的国际人权法律文件中已有了初步的规范。《世界人权宣言》第6～11条就规定了一系列“司法权利”，其中包括：法律人格（主体）权；享受法律平等保护的权利；享受司法救济的权利；不受无理逮捕、拘禁和放逐的权利；刑事被告享受独立无私法庭公开听审的权利和刑事被告受“无罪推定”、“罪刑法定”原则保护的权利等。

3. 司法人权与司法公权的均衡

潘恩曾言：“一个人借助于天赋权利，就有权判断他自己的事务；就思想上的权利而言，他决不会放弃这个权利。但是若他不具备矫正的能力，那么，判断自己的事务又有什么用呢？所以他把这种权利存入社会的公股中，并且作为社会的一分子，和社会携手合作，并使社会的权利处于优先地位，在他的权利之上。社会并未白送他什么。每个人都是社会的一个股东，从而有权支取股本。”②司法本质的自然要素就是“裁判机构的公正，以及诉讼当事人获得公正审理的权利”。司法过程中的权能均衡是构成司法公权与司法人权协和相处的关键。③

个人在司法过程中享有的天赋权利及那些体现人之为人的尊严的权利构成了司法人权的核心部分，根据这些权利，个人有权判断自己的事务，甚至决定法律在具体己身问题上的适用性。除了自己

① ［加］威廉·夏巴斯：《获得司法正义的权利——从国内运动到国际标准》，赵海峰译，载《环球法律评论》2003年冬季号。

② 《潘恩选集》，马清槐译，商务印书馆1981年版，第143页。

③ ［意］莫诺·卡佩莱蒂：《比较法视野中的司法程序》，徐昕、王奕译，清华大学出版社2005年版，第338页。

被说服而确信以外，谁都没有义务按照某种方式服从另一个人的劝诫和指定。在这一点上，每个人都享有至高无上的自我判断的权威。尽管个人司法人权在权利和权威上都是天然平等的，但一个不可否认的事实是："在自然状态下，所有的人在权利上都是平等的，但是在权能上并不平等，弱者无法抵御强者。"（洛克语）正是这种司法权能的不平等使得司法人权必须要借助司法公权的力量才能取得真正实现。正如上述潘恩所说：他必须把权利存入社会的公股中，形成司法过程中的公权系统，然后作为社会的一分子，一个股东，行使自己的权利，支取自己作为司法人权"股东"的收益。

司法公权并不天然优于司法人权，尽管司法人权必须通过理性、正义的司法公权运行发挥效用。司法人权对公权的优位是不可动摇的一项法治原则，人们并不是为了优裕生活而需要人权，而是为了人权尊严而优裕生活。正如《世界人权宣言》所说：人权产生于"人自身固有的尊严"。司法过程中的公权只有以人权为圭臬才有可能正当运行，才不至于"权力导致腐化，绝对权力绝对腐化"。当人权保障与公权运行发生不可避免的冲突时，作为均衡二者的法理司法就应当发挥至关重要的作用。

综合上述，我们认为，司法的均衡性本质要求它无时无刻不能不位居中立于国家和社会之间的独立场域，实现和发挥着保障人权、接近正义、捍卫法律、权威裁判、理性决策、解决纠纷、形成规则的均衡性价值功能。在符合司法均衡本质的司法权运行过程中，司法权力正当运行、司法权威理性塑造和司法权能分配完美统一，司法公权与司法人权高度契合，司法本身的独立与权威得以制度性地维护，作为法治文化与政治文明的理性司法成为可即的现实。

第二节　均衡模式的战略设计

就司法本质而言，如果我们将"司法"理解为一个广义的过程，司法权运行便会不可避免地呈现法理均衡的特征。从外部目标来讲，司法权运行必须致力于国家与社会、公权与人权的均衡。从内部目标来说，司法权运行还不能忘记自身的内在性均衡，作为公权和人权均衡权的司法权承担着包括公正裁断、理性决策、解决纠纷、形成规则甚至控制权力等多种法律与宪政功能。司法权的运行只有在法理均衡的宏观框架下才有可能得到科学、理性的展开，才有可能实现保障人权、维护正义、确保公正和效率这些缺一不可的司法价值。司法权本身作为一种均衡权，其内部必须首先达成法理的均衡。而这是最难办到的，也是本节研析的重点。

一、非均衡发展：当代中国的基本国情

我们承认，非均衡是人类生活的常态，寻求"均衡"是人类持之以恒的梦想。人首先梦想，自己是个"均衡体"——灵与肉、内体与外体达成均衡；然后梦想，社会是个"均衡体"——自己与他者的利益能够在绝对公正的规则下均衡博弈；最后还会梦想，国家、天下是个"均衡体"——国家公权内部能达成微妙而难得的动态平衡，最终实现国家与社会的良性互动与恒久均衡，以至于世界的永久和平。但是，现实生活中人的位置原初就是不同的，如何能够确保精英与大众的均衡权能结构？

1956年美国社会学家赖特·米尔斯出版了《权力精英》一书，指出美国社会权力结构已呈现极不均衡的变态，经济、政治与军事三大领域垄断了越来越多的权能总量，并且三者还愈益融合——公司富豪、政治领袖和军界大亨共同构成了权力精英层，从事实上统治着美国。① 米尔斯主义（Millsiam）的权力精英论开始与马克思主义的统治阶级论及多元主义的利益集团论三足鼎立，成为影响巨大的社会分析新范式。精英研究应当采用何种方法？这是个存在很大争论的问题。从现有的研究方法来看，主要包括声望分析、位置分析、决策过程分析以及日渐强势的网络分析。② 无论何种研究方法都不能不直面这样一个现实问题：处于社会权力尖峰与顶端的精

---

① 参见［美］米尔斯：《权力精英》，王崑、许荣译，南京大学出版社2004年版。

② William Domhoff, Thomas Dye. Power Elites and Organizations. Sage Publications, 1987, p. 12.

英如何与处在社会边缘甚至底层的民众维持相对均衡的行动格局?

有学者敏锐地意识到，在当下中国，有丰厚的素材深化权力精英研究。“1990年代以来中国社会权力结构的演化趋势，展现出与米尔斯在1950年代所揭示的美国社会的惊人相似：中国社会中的各利益主体快速发育，且力量高度不均衡；不仅政治精英与经济精英身份之间的相互转化日益频繁，而且一个由政治、经济、文化精英组成的高层联盟日益巩固；与此同时，一个庞大的碎片化的底层社会正在形成，社会的中间层发育迟缓，不能充当高层与底层之间的桥梁。”① 如何实现权力精英与一般大众在社会结构与现实行动上的双重均衡，可以说是司法理论不得不认真对待的关键挑战。

当代中国的基本国情，在某种意义上讲，就可以概括为“非均衡发展”。对于这种发展模式的利弊，有学者作了这样的客观分析:“实施非均衡发展战略，的确有力地推动了社会生产力的飞速发展。从20世纪70年代末到90年代末，中国国民经济的增长速度一直维持在10%左右，社会经济发展取得了举世瞩目的成就，综合国力有了质的提升，提前3年实现了第二步战略目标。然而，这个发展战略也造就了‘五个发展不平衡’，即城市与农村发展不平衡，东部、中部、西部区域发展不平衡，经济与社会发展不平衡，经济发展与政治发展不平衡，国内发展与对外开放不平衡。”②

著名国情研究专家胡鞍刚曾简洁概括过当代中国非均衡发展的三大特色:③

第一，一个中国两种制度。这里的“两种制度”不是指“一国两制”，如内地和香港，而是指过去50年内地形成的城乡居民的两种身份制度、教育制度、就业制度、公共服务制度和财政转移制度。尽管农村人口占全国人口的大多数，但他们在政治决

① 吕鹏:《‘权力精英’五十年：缘起、争论及再出发》，载《开放时代》2006年第3期。

② 王晓林、姬文波:《从非均衡发展到统筹发展——全面建设小康社会的战略抉择》，载《新东方》2004年第10期。

③ 参见胡鞍刚主编:《中国战略构想》，前言，浙江人民出版社2002年版。

策、财政转移支付、国家投资分配、公共服务提供方面，均缺乏自己的政治代表，也缺乏社会声音，更缺乏影响政策的制度渠道。

第二，一个中国四个世界。这里的“四个世界”是指中国发展的非均衡性在各个地区的反映。“第一世界”是指已经进入世界高收入层的地区，包括上海、北京、深圳三个城市，大约占全国总人口数的2.2%；“第二世界”是指相当于世界上中等收入层的地区，如天津、广东、浙江、江苏等沿海地区，大约占全国总人口数的22%；“第三世界”是指相当于世界下中等收入水平的地区，大约占全国总人口数的26%；“第四世界”是指相当于世界低收入水平的地区，主要分布在中西部的贫困地区，约占全国总人口数的一半。根据可靠的研究，中国是世界上地区发展非均衡性最大的国家，即使在一个省份中，其内部差距都是十分巨大的。

第三，一个中国四种社会。这里的“四种社会”，一是农业社会，生活其中的人口占全国总人口数的50%；二是工业社会，人口占23%；三是服务业社会，人口占22%；四是知识社会，人口仅占5%。

上述三大特色，充分反映了当代中国的基本国情——发展的非均衡性——具体表现出的巨大城乡差距、地区差距和社会差距。尤其是中国各个地区之间的差异，已经到了相当惊人的地步。有人曾用文学化的语言如此描述：“不要说东南沿海和西北内陆之间，就是城市之间，比如东北那些寂静、萧条的老工业城市和杭州、温州那些夜夜笙歌的消费城市之间，甚至是大城市之间，比如广州和天津，上海和北京之间，差别都非常大。而且，这差别不仅是物质的，也是精神的；不仅是经济的、生态的，更是文化的，甚至政治的。太原的歌舞厅里依然弥漫着邓丽君的柔媚的歌声，上海的中学生却差不多人手一盘 west life 的新专辑。从西北出游的一群县长还在为参观蒋介石故居是不是犯错误争论不休，南方某特区的官员早已与黑社会联手，创造出了走私牟利数百亿元的‘业绩’。而一本在此地被禁止出售的书，也很可能会在彼地的某个私人书店里依旧被摆放在显眼的位置上，直到无人问津为止……”① 就法律发展而言，这种不均衡同样存在，甚至更为明显。以国家首次统一司法考试为例，《南方周末》记者调查发现，上海一个区县的通过人数（平均59人）约是青海全省的3倍，这不能不让人揪心、慨叹！

与国内学者观点不同，国外一些经济学家认为，“中国政府最近提出了新的引人注目的发展战略，就是要实现均衡发展。”斯蒂格利茨博士显然了解并研究了我国新近提出的以“五个统筹”为核心内容的科学发展观。他以西方经济学的视角，将之称为“均衡发展战略”，并认为这种均衡发展战略正是实现经济成功发展的正确战略。斯蒂格利茨博士认为，中国经济的成功归因于其实行了均衡发展战略。随着中国经济的持续发展，这种平衡关系的具体形式也将随之发生变化，在不同的时期具有不同的含义。中国政府在实施均衡发展战略中所确定的新的重点是颇为值得重视的。单单是均衡发展战略的表述就足以令人振奋，而在实践中是完全能够得以实现的，其中包括政府与市场之间的平衡，城乡之间的平衡，发达地区和欠发达地区之间的平衡。这种均衡发展战略的前景不仅能够提高国内生产总值，而且还能够提高人民的生活水平。这样的经济增长将是可持续的，而且是平等的。均衡发展战略取得的成绩将为所有中国人所共享。

斯蒂格利茨博士曾任世界银行首席经济学家，那时他曾提出这样的观点：发展中国家的发展战略重点应从“华盛顿共识”的框架转移到另外一个更加综合的发展框架中，即发展中面临的各层次的平衡关系都应得到重视。我们看到，以经济均衡发展为原则的国家都取得了成功，而那些将发展目标限定在一个狭窄范围内的国家则往往遭受失败。那些以经济均衡发展为原则的国家取得成功的重要经验之一，是在发展战略中有明确的发展目标。②

在我看来，中国发展的非均衡性源于当今中国的时空位置——

① 王晓明：《九十年代与“新意识形态”》，载《天涯》2000年第6期。

② 张玉来：《中国经济与均衡发展战略》，载《社会科学战线》2004年第5期，人物专访。

中国正处于剧烈的社会经济利益调整过程中，既要与传统决裂，又不想和西方的那种现代化趋同——当代中国只有采取“摸着石头过河”“先试验，后推广”的实用主义改革方法，使“一部分人一部分地区先富起来”，最终达成全民富裕，实现近代以降那个国人无时不魂牵梦萦的“富强”梦想。因此，非均衡发展和统筹发展并非我们的愿望，都只是一种改革策略。对于它我们必须用更高的价值理想与制度体系约束，不然就极易因它导致全盘的社会分裂。为了避免出现这种恶果，使当代中国和平地维持一个稳定的社会，“我们就必须重建一个新的国民认同，它的实质就是要解决社会分配的公正问题”。① 司法权正是实现“分配正义”与“社会和谐”的核心力量。但问题在于，我们必须首先明确司法权的均衡运行目标模式，不然，司法过程就会因缺少逻辑主线而矛盾重重，各种司法权构件相互冲突，从而使司法的正常功能无法发挥，甚至加剧社会的分裂。

二、寻找“均衡”：当代中国司法权的目标定位

（一）“均衡”

“均衡”这一概念常见于经济学论著，它是从牛顿力学理论中借用过来的。在《经济学原理》（新古典经济学派的发轫之作）一书中，阿弗里德·马歇尔便有很多关于均衡的形象比喻：比如放置于盘子中的圆珠，由相互碰撞而静止；又如一个捡拾桑葚子吃的孩童，由最初的垂涎欲滴，到最后小腹鼓胀再也不愿弯腰捡拾；再如一个企业由初建到成长到停滞——从经济学角度看都属于均衡状态。② “字典给均衡这个词下的定义是各种力量处于平衡的状态——而且，这个定义也描述了市场均衡。在均衡价格时，买者愿

① 金雁、秦晖：《经济转轨与社会公正》，河南人民出版社2002年版，第3页。

② 参见王东京、赵建军：《与官员谈经济学名著》，中国青年出版社2002年版，第21页。

意而且能够购卖的数量正好与卖者愿意而且能够出售的数量平衡。"① 较早运用"均衡"概念的除了经济学家、物理学家，还有美术家。均齐与平衡是图案构成中应用得较广泛的一种形式法则，是两种不同类型的安定形式。其效果是保持图案外观上的重量均衡，达到形式上的安定。均齐，也叫对称。从力学原理来看，可以把它比作天平称东西，等形等量而达到安定。平衡是根据力学的原理，把重心应用到画面上，以等量不等形的组合取得均衡，安定的形式就像秤的秤轴。

"均衡"作为社会生活中的正常状态，是通过自由的法则起作用的。与自由相对立的，是强制。如果圆珠被人们用外力强行定位，它们是不可能通过自由的相互碰撞而静止的；如果孩童被歹徒强迫吞食过量变质的桑葚，他一开始就会痛苦，不可能有从饥饿到饱足的均衡感。同样的道理，一个企业若不是在市场竞争中自由发展，而是在非市场因素的庇护或者摧残下非常态运行，它任何时候都不会处于均衡状况。在心理学理论中，有一个著名的学说叫"驱策力减少说"。这个学说认为，人的行动从根本上受驱策力的影响，驱策力源自内心压力。饥渴、性欲都是基本的驱策力。有机体通过有意识的行为不断减少驱策力，它们借助实验、尝试等方法，不计失败与挫折，以求行为的正当范围。在这个范围内，驱策力能有效减少到一个能与有机体神经系统所能承受的程度相均衡的界定。行为的重复导致习惯的萌生，习惯慢慢演化为法律。所以，我们说，法律均衡从心理学上可以解释为人的内心压力与神经系统的承受力的平衡。法律"适合于减少驱策力和压力，使有机体达到一个充分的（如果不是完全的话）平衡状态"。②

均衡不仅意味着自由的发展，而且与持续的进化关联紧密。斯宾塞的机械进化论又被称为"均衡论"（theory of equilibrium）即

① ［美］曼昆：《经济学原理》（第 2 版），梁小民译，三联书店、北京大学出版社 2001 年版，第 80 页。

② ［美］霍贝尔：《原始人的法：法律的动态比较研究》，严存生等译，法律出版社 2006 年版，第 11 页。

认为，在进化过程中，没有对立面的斗争，没有飞跃和突变，进化本身是有节奏地、和谐地、均衡地进行的，均衡不仅是进化的必然特性，也是进化的起点和顶点。随着物质的集结和运动的消散，进化必然达到均衡状态。均衡是进化的顶点，也是新一轮进化的起点。均衡之后发生的是解体和退化过程，随之经历新的进化，达到新的均衡状态。尽善尽美的均衡状态是一切进化的最终目标。因此，社会各政治力量之间要保持均衡。①

从西方思想史的视角看，均衡与公正紧密相连。在最初的哲学思想中，“公正”概念从根本上指喻的是一种命定均衡支配下的万物复归于始基的过程。阿拉克西曼德在他的一本被誉为是西方世界首部科学著作中写道：“万物复归于始基是被‘注定’的，它们在时间秩序中相互满足和补偿以达到公正的均衡。”②在古希腊思想中大放异彩的“公正”概念指的就是：自然中存在一种非人的和无情的力量专司保持万物均衡之职。在社会和整个世界中，每个人、每个国家乃至每个元素普遍都具有自己既定的命运。“不公正”即任何事物超越其范围的侵权行动，都必然跟随着均衡复归的报复。

从中国哲学的义理看，均衡之道即中庸之道。人为天地交会之所，当他通过尊奉天道成功地达到均衡或平衡状态，获得了其作为人存在基础的和谐时，他就获得了其作为一个人的优势。“中”意味着居中，而“庸”意味着常道与和谐。作为恪守中庸之道的君子，他在其内心和他人交往中达到和谐，不管社会发生了什么变故，他都应居于中间立场而不抛弃均衡。

在早期人类社会，人们的联结处于最初级的阶段，强制的服从成为公权运行的必需，社会本身也是以理性资源和道德资源的分配不均衡为基础的。到了现代社会，任何权能资源分配的不均衡都与社会的持续发展存在根本的不相容性。一方面，人们相互依存的程

---

① 参见冯契、徐孝通主编：《外国哲学大辞典》，上海辞书出版社2000年版，第369～370页。

② 参见[美]F. N. 麦吉尔主编：《世界哲学宝库》（中译本），中国广播电视出版社1991年版，第4页。

度日益提高；另一方面，现代工业社会激起那些以前只在政治生活中扮演被动角色的阶级行动起来。① 与之相应，在早期社会，均衡的获求即为逃避的自由。避开暴虐的强制，使头颅挣脱绞索，让身心复归自然，使均衡成为难见的“桃花源”，成为少数懂得逃避且能够逃避的高级人士的专利独享。在现代社会，均衡的获得主要借助制度尤其是法律的力量，这充分反映在制衡的政治理论上。“在该阶段，权力的制衡似乎是通过个别机构的相互监督和控制来保障的。凡是不存在所有下级掌权者都服从更高权威的地方，自由只能通过或多或少的下属权威的均衡来保障。”②但这样的均衡也是公权内部的，具有很大的片面性和极强的偶发性。

要实现社会整体的均衡，我们就不得不诉求卡尔·曼海姆设想的那种“自由计划”或“自由保障的计划阶段”。“在计划阶段，自由只有当计划权威把其编入计划本身中去的时候，才能获得保障。无论最高权威是个人、群体还是国民议会，民主控制都必须迫使它在计划中为自由留有充分的余地。”③法律正是“自由计划”的权威规范。

法律自身也存在均衡维护的问题，用博弈论的概念讲，法律制度本身必须构成一个纳什均衡：假定别人遵守法律的情况下，每个人都有积极性遵守法律。司法权的一个核心目标就是维护法律均衡。“法律体系可以理解为所有法律管辖范围内人们之间签订的一个契约，一个有效的法律制度必须是能够自我实现的（self-enforcing）法律制度。”④ 理想的司法权运行正是一个法律自我实现的均衡过程。

（二）“司法均衡”

就当代中国司法权的运行目标模式的均衡化设计而言，“法律均衡”具有双重意义：一是外部的均衡，即司法权运行必须着眼于中国整体发展的均衡性。比如，“在民主发展的同时，启动司法

①②③ ［德］卡尔·曼海姆：《重建时代的人与社会：现代社会结构的研究》，张旅平译，三联书店2002年版，第36、352、353页。

④ 张维迎：《信息、信任与法律》，三联书店2003年版，第54页。

程序的发展，从而实现民主与宪政法治的均衡”。① 具体对法官而言，其必须具有整合性思维，善于运用社会学方法平衡各种利益冲突，使事物回复均衡状态。二是内部的均衡，即司法权自身运行过程中必须协调各种权力关系、权力与权威关系、公权与人权关系等。只有保证了内部均衡，司法权才有机会构建属于自己的制度体系和文化空间，才能免受外部力量的非法干涉。

必须指出的是，当代中国社会整体均衡出现危机，这与司法权自身运行的非均衡密切相关，甚至可以说是一个主导性因素。从法理上讲，司法权是一种均衡国家公权与社会私权的中立的权威裁判权，是社会团契的支撑性力量，当国家公权越过法律界限，采取强制的手段破坏社会均衡时，司法权会出面调整；当社会私权破坏公共利益，通过非法方式逃避法定义务时，司法权更不会坐视不理。“尽管司法程序的公正应用于个人直接与法律打交道的场合，但是社会成员对于法律实施的平等和公正的普遍认识是一个更为全面的过程产品，它有助于促进人民的安全感和可预见感，使其非常有信心地行使自由和权利。”② 司法权的“人民性”决定了司法权不能为某个地方或部门垄断，更不能为某种意识形态的教条操控。③ 它必须是集中行使的，是统一的，是灵动多面的，不然它就无力承载均衡国家与社会的重大使命，也无法发挥保障人权、接近正义、捍卫法律的价值目标。

但我国的实际情况是，“中国社会变迁过程中所产生的不平衡突出表现为司法结构不能满足整个社会的功能性需求”。④ 也就是说，司法权运行的自身结构问题已成为中国整体发展不均衡的突出

---

① 毛寿龙：《托克维尔论民主与法治的制度均衡》，http：//www. wiapp. org/fbook/fbook06. html.

② ［美］阿尔蒙德：《比较政治学》，曹沛霖等译，上海人民出版社 1987 年版，第 468 页。

③ 关于对司法权人民性的详论，可参阅张恒山：《论司法权的人民性》，载《法学家》2003 年第 6 期。

④ 程竹汝：《司法改革：建构中国政治发展的张力结构》，载《政治与法律》2000 年第 3 期。

表现和主要症结。“传统的社会治理方式和社会治理结构发生了重大变化，社会治理过程对司法的仰赖空前加重，而司法难以承载这样的社会使命。”①“这一方面在于中国司法机构自身尚不具备解决各种社会矛盾和社会冲突的实力（直观上表现为需要处理的各种类型的案件超出了司法机构的负荷）；另一方面更在于，司法在国家制度结构中（特别是在制度实践中）以及全社会的权威体系中并不具备法治社会所具有的，与实施社会治理的实际要求相吻合的地位。”②前者是司法权的权能不足，突出表现在法院权力的高度行政化、官僚化和受制化以及法院裁判权威严重匮乏等方面；后者属于司法权的结构位置的偏失。我国一向将“司法”归属于国家权力、机构的范围，而忽略了司法的社会功能与社会性，因而很难认同司法介于国家与社会之间的中立第三者位置。“定位”的不准使司法结构一开始就出现了根本的偏差，自然无法达到它在法治社会中应有的地位。

除了上述两大方面的原因，当代中国司法权运行还有许多其他阻滞因素，比如，司法权的条块化、地方化、行政化、工具化、官僚化、功利化等。但归根结底，这些因素都与司法权运行的非均衡性有关，主要表现为：

第一，重国家，轻社会，司法结构的非均衡。黑格尔认为，司法是市民社会的一个重要部分，并非政治国家的构成要件。③ 但长期以来，我国司法权都被定位为一种不容置疑的国家权力，这与近代废除领事裁判权、收回司法主权的历史记忆有关，但更与计划经济时代“大国家、小社会”的结构性特点相连。随着市场经济体制改革的深入推进，民间力量的多元勃兴，呼唤与国家权力对峙而协和的社会权利成为当今中国的一大时代主题，从前仅仅作为国家代表的司法权如若继续轻视社会的力量，势必会导致自身结构问题

①② 顾培东：《中国司法改革的宏观思考》，载《法学研究》2000 年第 3 期。

③ 参见［德］黑格尔：《法哲学原理》，范扬、张企泰译，商务印书馆 1995 年版，第 217 ~ 229 页。

的不断恶化。作为司法权运行中心环节的法官裁决，如若再不脱离国家化的阴影，势必会失去在“法律多元”时代的竞争势能，成为徒有其名的“权威裁判”。

第二，重威权，轻协和，司法功能的非均衡。权威本是一种使人心服的力量，但在国家化的司法权运行中，极易流变为倚仗国家强力的“威权”。我国各级司法机构在裁判过程中即普遍存在这种以国家威权为恃有，轻视通过裁判使当事人关系重复协和的行为倾向。即使在基层司法调解中，法官也会带上民警，开上警车，浩浩荡荡地奔赴当事人的田间炕头。这种权力技术的运用具有极大的不确定性，并与中国传统司法及现代法治社会的协和精神根本违背。① 威权裁判的后果有二：一是纠纷解决的表面化，二是规则形成的不可能性。只有从威权走向协和，法官裁决才能真正发挥权威裁判、理性决策、化解纠纷、形成规则的理想功能。

第三，重传统，轻现代，司法价值的非均衡。尽管近代型司法机构建立至今尚仅百年，但我国司法权运行的价值理想的确立却历史悠久。司法为民、司法廉洁、司法公平等理念都曾是我国历朝历代司法官吏的行为标准。许多传统的司法价值至今仍有借鉴意义。但如果以传统抗拒现代，以旧瓶贩卖新酒，恐怕就不合时宜了。可由于历史和现实的诸多原因，我国司法权运行过程中备受青睐的公正、效率等价值主题仍然逃不脱传统内容的局限，其中本应具有的人权至上、法律权威等现代性司法理念被长年遮蔽直至变形扭曲。比如“司法为民”的口号就极易流变为“民意至上论”，所谓的人权、法律都可能在不确定的民意下失去确定力。中国正处于转型时期，传统价值与现代价值之间的矛盾和互克决定了司法不会是一个令人愉快的过程。如果没有对现代司法价值标准的高度倚靠，“在纵横交错的价值目标之间，面对各种理直气壮的利益需求，司法自是疲于应付而暴露出固有的限度，出于全局性的需要，它不得不经

① 这并不意味着中国传统司法的和谐主义就完全没有问题。在传统司法官看来，司法过程最重要的功能是解决纠纷，而不是企图通过具体纠纷的解决来建立一套旨在影响当事人和其他人未来行为的规则。

常地作出扼杀一些合理价值的痛苦抉择。与之相随的不良后果是，司法因价值目标的难以均衡而导致人们对司法的非议和误解”。①

第四，重权力，轻权威，司法公权内部的非均衡。司法公权在现代社会主要表现为国家行使的那部分司法权。国家司法权并不仅仅是一种影响力、作用力，它也是一种说服力、论证力，只有当国家司法权的物理强制与法理说服达到一个完美的均衡点时，国家司法权才能获得最有效、最可靠的规则保障，进而获得最持久、最显著的能力增进，即国家司法权能的出现。但我国司法公权一向强调军事化作风，对物理强制力的重视远远超过了法理说服力。这一点正在得到有效的改革（如各地法院普遍推行的判决书改革），但从总体来看，司法公权内部重权力、轻权威的倾向仍然存在并相当严重。对此，有学者尖锐地指出：“依权力作出的裁判，人们或许慑于权力的威胁而服从，但权力有趋于腐化的天然弱点，容易被滥用，而被滥用和腐化了的权力将严重损害裁判的权威，使人无法产生对司法的信仰。”② 司法权一旦不能为公众信赖，法治的根基也就坍塌了。因为，“法治取决于甚至可以说等同于法院的公信力……摧毁公众对法院的信任，也就摧毁了法治的基础”。③

第五，重公权，轻人权，司法公权与人权之间的非均衡。现今对中国司法权运行的讨论多数集中在司法公权尤其是司法权力层面，这是我们对司法权认识不完整性的反映，也是司法权实际运行中人权问题长期得不到应有重视的结果。“人权标明了国家权力的边界，对立法机关的权力设置了一种限制，要求政府尊重人的尊严，即使这样做使政府不高兴。这种义务——这正是人权的基本内

① 夏锦文、徐英荣：《现实与理想的偏差：论司法的限度》，载《中外法学》2004 年第 1 期。

② 贺日开：《司法改革：从权力走向权威——兼谈对司法本质的认识》，载《法学》1999 年第 7 期。

③ ［澳大利亚］杰勒德·布伦南：《是“为人民的法院”，不是“人民的法院”》，载《人民司法》1999 年第 3 期。

容——应当得到独立司法保障。如果国家元首蔑视人权的话，法官应当有可能审判他。”① 通过司法保障人权是法治社会的共识，但如何将司法与人权制度化地连接起来？司法权有无此种功能？回答是肯定的，司法权不仅能够，而且应当如此。因为，司法人权本身就是广义司法权运行过程的重要价值支撑。

没有了司法人权的内在支撑，司法公权就无法正当运行，这个道理是浅显而深刻的。但我们恰恰没有看到这一点，将司法与人权分离开来，将司法权狭义化为国内审判权，将人权片面化为国际外交工具，从而使人权的司法保障陷入制度的困境，“司法人权”的概念和理念更是无从形成。现在是改变这种“重公权、轻人权”状况的时候了。随着全民人权意识的增进，特别是人权条款入宪所带来的人权宪法地位的提高和宪政保障的加强，人权司法化将成为一股不可阻挡的法治潮流。“公正审判权”和“获得司法正义权”这两大司法人权，也将愈益受到人们的关注和倚赖，成为法治宪政中国的重要支撑。

三、当代中国司法均衡战略的要点分析

（一）司法场域的体制性确定

司法场域作为一种体制性的存在，虽在现实生活中难以找到实体与之对应，但它是与各种生活事件密切对应的。有法则存在的地方就有它的存在。这个世界充满了法则，应然的、实然的、法律的、道德的，总之对人类有约束力的规范都可称为“法”。

司法中的“法”是广义的“法”，而非狭义的“法律”（尤其是那种由国家制定颁布的成文法）。成熟的国家固然为公众提供正式的司法上层建筑，自发的个人司法已无存在的必要，更没有实施的余地。“然而一个与自由主义理论有关的事实是，让强制执行成为公共事业而不是私人事业，绝对不是确保契约可信和可靠性的途径。一个令人感兴趣的证据是在传统的罗马法实践中，民事诉讼只

① ［瑞士］托马斯·弗莱纳：《人权是什么》，谢鹏程译，中国社会科学出版社2000年版，第3～4页。

有判决由法庭作出而那种由国家法庭的垄断，也只是一个特殊事例。历史上有许多私人判决的例子，判决由受到信赖的同等人和对争执比较了解的半专业仲裁人做出。没有什么理由断定，这些私人安排不如后来的国家垄断来得公平和高效。"① 中世纪的商法就完全是“无国家”的，基本上是靠社会同等阶层的力量合作执行的。

当然，在现代国家业已成型，国家的工具性日益让位给制度性的大局下，我们不能继续幻想无国家司法的永恒高效，只能在观念上将“司法”本身看做一种在特定场域内各种主体力量博弈均衡的制度化过程。在国家和社会之间，在它们各自的内部及摩擦相撞的地方都有“司法”的存在，因为，司法在结构上就是一种均衡国家与社会的体制性力量。司法场域的出现和成型是现代国家与市场社会良性互动的必然要求。

布迪厄认为，所谓权力场域，是一种包含许多力量的领域，由各种权力形式或不同资本类型之间诸力量的现存均衡结构决定。同理，所谓司法场域的体制性确定无非也是由不同司法主体、不同司法权源而生发的资本利益博弈均衡结果，均衡博弈与博弈均衡始终会贯穿整个司法过程，会随时发生在整个司法场域。只不过，争斗的最后是有输赢的，均衡却是没有定局的博弈。

（二）法官裁决的观念性扩张

尽管从理论上讲每个人都有权成为自己或他人的法官，但能够成为法官的人只是少数，因为法官是法律的解释者甚至是操控者，是法治之精英，有着独特的技能伦理要求，而一般大众是无法达到这些要求的。但另一方面，法官亦非我们通常认定的法院中的官员，它有一种功能性定义，即凡是具有解决纠纷能力的人都可称为“法官”。权威的《牛津法律大辞典》就隐约地认为法官是“裁判纠纷的人”。② 因此，法官裁决也最好不要机械定性为法官依凭法院权威作出的强力判断，它更应是一种协商和智慧的产物。法官裁

---

① ［英］安东尼·德·雅赛：《重申自由主义》，陈茅升译，中国社会科学出版社1997年版，第85页。

② 《牛津法律大辞典》（中译本），光明日报出版社1988年版，第482页。

决是一种有效率的资源配置方式，其好处“不仅是解决了当下的纠纷，而且为新的潜在纠纷提供了谈判的参照系，使得未来的纠纷有可能通过谈判解决”。① 因此，我们不仅应在主体上扩张法官裁决的范围，而且更应在功能上扩张法官裁决的意义。通过对法官裁决的观念性扩张，我们有望将原属于司法外围的裁决方式纳入法官裁决这一司法中心区，增加权威司法裁判的制度容量，使司法与社会的紧张关系得以缓解。

（三）司法的和谐与权威

相对于“威权司法”而言，“和谐司法”强调司法权功能的充分发挥，而不仅仅是作出一个“依法”的裁判。毕竟，司法本质上是一种过程，既然是过程，就不能只看重某个环节。司法的协和性要求法官裁决在化解纠纷的过程中既要协和当事人之间已经破裂或正在破裂的关系，尽可能使其恢复到一个比较理想的均衡点，同时还要协和各种法律与规则，使它们不至于在同一个司法过程中相互冲突彼此龃龉，维护法的统一与权威。司法的和谐功能是司法权威性的必要保障，将协和司法变成现实，实际上就是将司法权解决纠纷、形成规则的功能发挥到位，并且集中体现为司法裁判的权威性，从而有效避免那种“假权威、真威权”的司法强力主义。

（四）法治传统资源的创造性转化与现代司法理念的中国彰显

自古以来，我国虽然没有近代西方的那种法治，但并不意味着法治资源的一无所有。事实上，传统的儒家思想、仁政理念及权力策论都是非常引人注目的治国思想，其中虽然夹杂有大量的人治成分，但通过价值的创造性转化，这些资源是有益于当代中国的法治进程与司法权运行的。尤其在司法方面，“法贵严明，令在必行；法不阿贵，刑无等级；处断平允，量刑得当；教刑相辅，奖惩并用”等古训至今仍不失其真理美意。② 这些传统的法治价值资源在

① 盛洪：《法官裁决和公共选择》，载《中国经济学—1996》，北京天则经济研究所编，上海人民出版社 1997 年版，第 101 页。

② 关于这些观念的详细例证，可参阅梁振中、张锦城主编：《中国历代治国思想要览》，中共中央党校出版社 1998 年版，第 191 ~ 222 页。

过去虽未落实成具体的法治制度，实属历史的遗憾与悲哀，但在当今，它们对于现代司法理念的彰显的确具有重大功用。因为，保障人权、接近正义与捍卫法律这些理念虽非我国本产，但只有在本土思想环境中才能生根发芽。作为借鉴者的我们自然应当努力改造本土环境，将传统中的那些适应现代司法理念者重新开掘出来，并积极赋予其新的内涵，达到传统与现代在司法权价值确立上的均衡。

（五）司法公权力主体的均衡与司法公共体与公共域的形成

在我国，究竟由谁行使司法权力，理论上和法律中均未明言。学者们一般认为，国际上通行惯例是由法院行使司法权力，中国也应该这样，因而很多人主张将警察权和检察权排除于司法权力之外。宪法中，我国规定，人民法院独立行使审判权，人民检察院独立行使检察权。与行政机关一样，它们都对人大负责，受其监督并向其报告工作。而这一切，都应在党的领导下开展。对于司法工作，多数党委还专设有政法委加以具体的指导和协调。① 均衡各种司法权力主体之间的制度关系，对当代中国司法权合理运行而言，已成了刻不容缓的首要问题。“中国司法所面临的矛盾和问题（至少是主要矛盾和主要问题）都同司法与其他主体权力边界不清，或权力关系不合理相关。重新合理配置权力是解决中国司法现实矛盾和主要问题的根本出路。”② 从近年来的司法改革实践来看，均衡司法权力主体关系，重新合理配置司法权力资源一般遵循两个规则：一是不涉及“两院”（法院、检察院）与执政党、人大以及政

---

① 政治学学者胡伟对当代中国司法权力主体之间的关联作了如下分析：“在当代中国的司法执行系统中，就体制而言，分别由政府的公安部门和司法系统的检察院、法院分工负责，公、检、法三者既相互配合，又相互制约，以防止权力的滥用。然而，公、检、法三个机构都统一接受同级党委的领导，在各级党组织中，都设有专管政法工作的书记或副书记，还设有专门的机构如政法委员会或政法工作领导小组，重大的司法问题，都要由党的组织作出决定，然后由公、检、法分别执行。尽管这有协调作用的一面，但另一面却使不同国家机构之间的制度化权力制约有可能因党的一元化领导而消解。”胡伟：《政府过程》，浙江人民出版社 1998 年版，第 115 页。

② 顾培东：《中国司法改革的宏观思考》，载《法学研究》2000 年第 3 期。

府之间的关系调整，二是不涉及“两院”系统之间的权力调整。这种状况固然与当今中国司法机构的权力不足与地位偏低有关，但从深层看，这是一种“先内后外”的改革技巧。在轰轰烈烈的司法改革热潮中，各地法院和检察院都在着力整饬自身的权力系统，然后有尺度、有规则、有计划地对外部权力主体提出法治化的建议和要求。这是一种避免违法改革与墨守成规的折中选择，也是确保司法共同体顺利形成的渐进智慧。从长远看，我们应当逐步承认党委、人大、政府在司法场域内的合理权力并予以制度化的规范，这并不会必然妨碍司法权正当运行，相反，只会为司法权的运作带来动力和福音。我们相信，在共同法治精神的凝聚下，在公共法治体系的制约下，在透明法治过程的监控下，执政党、人大、政府、公检法各机构会遵循司法权运行目标模式的安排，发挥各自的权力效用，充分竞争，为司法权威和权威司法的出现，为司法共同体的制度化形成尽心竭力。

（六）协调司法权力与权威的矛盾冲突，健强司法权能

在我国，司法权力与权威存在四对显见的矛盾：（1）司法权力行政性与司法权威终局性的矛盾。这主要表现在现行体制下司法权力的配置主要考虑的是行政管理的便利，而非司法公正的最终实现。而司法权威终局性要求的是高效的权威裁判和无限的接近正义。（2）司法权力多元性与司法权威超脱性的矛盾。这主要表现为我国司法权力主体多元、内容庞杂，因此对司法过程的非法干涉力量也就显得特别强大。而司法权威的超脱性是不允许有过多的权力主体参与司法的，不然就无法保证司法裁判的不偏不倚和公正无私。（3）司法权力工具性与司法权威神圣性的矛盾。这主要表现为现行体制将许多本不属于司法负责的职能配置于司法机构，使其沦为政治的附庸和工具。这与司法权威的神圣性显然是背道而驰的。（4）司法权力公益性与司法权威实证性的矛盾。这主要表现为现行体制非常强调司法权力的获益主体是国家和人民，从而非有意地造成了公民个体的权利保障在司法过程中的脆弱。这与司法权威的实证性要求——“公正必须以看得见的方式实现”发生了激烈冲突。司法权力与权威之间的这些矛盾和冲突如若得不到及时的

制度化解和长远均衡势必会严重影响国家司法权能的健强。

在对司法权力主体关系作出了有效的均衡安排后，我们紧要的任务就是塑造“权威司法观”，改变以前许多有违司法权威要求的体制和做法，使司法权力的主体均能做出符合司法权威的决策，使司法产品更能彰显现代司法的权威裁判理念，使以前作为“刀把子”的司法机构真正成为国家与社会之间均衡权能的有生力量，最终使司法公权内部均衡规则的形成成为现实。

（七）强化国际司法人权理念，实现国家司法权能与公民司法权利均衡

“近代革命以来的司法乃是以主权国家的治理和管辖为前提。随着国际交往与合作增多，区域一体化和全球化加快，这种司法体制从原则规则到知识技术都面临强烈冲击。”① 尤其是随着我国日益卷入新时代的全球化进程，司法人权与国际司法的理念必将在司法权运行中占据愈益显要的位置。新时代全球化在政治上的重要特点表现为全球治理的要求日益强烈，在文化上则表现为全人类的共同价值和共同意识日益增长，带有超地域、超民族、超国家意识的全球主义观念空前普及。在此情势下，我们应当正视全球化冲击下国家主权弱化的现实，应当有条件地承认当代国家主权的相对性并对之重新加以新的准确定位。② 就司法权运行而言，要求我们须正视司法人权的存在，并积极运用国际司法机制和国内司法制度将司法人权和国内司法保障的人权及时切换为受国内宪法、法律保障的公民权利，使司法人权与司法公权保持衔接，使国家司法权能和公民司法权利达成均衡，使司法人权的国际保障与司法人权的国内保障均衡无间。

（八）强化法官理性建设，实现司法权运行的外部均衡

在实现了司法权内部均衡这一本体性目标后，启动“法官理性”建设工程，提倡法官强化司法方法的均衡性与整合性，积极

① 夏勇：《改革司法》，载《环球法律评论》2002 年春季号。

② 周穗明：《不要拒绝全球化——新时代全球化的性质、特点、核心问题及对策》，载《经济社会体制比较》2001 年第 1 期。

运用衡平的司法技能矫正中国发展的诸多不均衡弊端，并从制度上维持整体社会的均衡与协调。面对政治与经济的发展不均衡，理性的法官应当有意识强化“公法优位”的观念。① 虽然我国法官在民事审判中不能直接依据公法，但他们可以在公法尤其是宪法的预先指导下选择私法的适用，如若还是发生了公权与私权的严重冲突，负责宪法审查的法庭和法官会对之加以根本的纠正，这有助于推进我国的政治法治化，解决政治发展滞后于经济发展这一难题。面对城市与农村的二元结构及非均衡发展，理性的法官应以制度变迁的宏观走向为司法理念基准，积极保护农民迁徙的权利、合法收益的权利及各种在现代化进程中容易遭受侵犯的人身与财产权利。面对传统与现代在当代中国的断裂，理性的法官应当懂得历史的延续性，既不盲目信古也不全盘西化，运用自己的知识积累，在各种传统习俗与现代规则之间寻找均衡。“强调知识的重要性”和“历史感”应成为法官规则的核心内容。② 面对富人和贫民的社会差距，理性的法官应当既怀有正义之神的怜悯，又不能流于滥情，将法律援助的制度性力量纳入对贫民的悲悯，同时决不能以无理损伤富者合法权利为代价。总之，在中国特定社会条件下，司法在处理社会变革中的矛盾和冲突时受到并顾及于多方面的压力，从而难以坚守形式主义的法治立场。“社会各阶层、各个不同社会主体在社会变革中所反映出的利益要求都具有一定的合理性，在这些利益要求的相互冲突中，各主体都能够从中国社会的政治原则和经济规则中不同程度地找到支撑自己利益主张的依据。特别是不同社会阶层和不同主体都有条件以其在意识形态上的某种优势，借助于大众传媒的渲染，对司法机构形成一定的压力，以谋求司法对其利益的特别保护。在此情况下，司法所面临的任务与其说是法律规则的适用，毋宁是在不同利益之间寻求平衡。”③ 这就需要司法权内部均衡的预

① 参见汪习根：《公法法治论》，载《中国法学》2002 年第 3 期。

② 盛洪：《法官裁决和公共选择》，载《中国经济学——1996》，北京天则经济研究所编，上海人民出版社 2007 年版，第 105 页。

③ 顾培东：《中国司法改革的宏观思考》，载《法学研究》2000 年第 3 期。

先达成。没有“均衡司法”就没有“司法均衡”。

第三节 均衡模式的实践分析

要从根本上实现当代中国司法权运行均衡的总目标，必须抓住“首”“中”“尾”三大实践环节：“首”是指当代中国司法权的结构安置问题。选择怎样的统治类型将司法场域从国家和社会的笼统一盘中分离出来并赋予其均衡国家与社会的宪政功能，这对司法权合理运行而言是一个结构性的前提；“中”是指司法权在运行过程中的内部要件连接问题。从司法公权自身的正当运行到司法公权与司法人权的制度化衔接，进而确立一种新的“大司法权观”，是这一问题的主要关切；“尾”是指司法权在解决了内部均衡问题后如何通过理性的法官裁决实现维护社会均衡、确保实质正义的外部功能性目标。它是中国司法权均衡运行的阶段性落脚点，就其重要性程度而言，丝毫不比其他两个环节逊色。

一、司法均衡的统治类型选择

（一）真理，还是方法？

要使司法场域真正建构起来，没有一种合适的统治类型作保证是不可能的。司法对法治的意义固然重大，但没有法治的宏观保障，幻想“均衡司法”实属痴人说梦。

在不同的社会历史条件下，出现过诸多统治类型，比较有代表性和互补意义的是中国古代的“真理型统治”和近代西方的“方法型法治”。前者崇尚政治道德的真理主导法律治理，后者尊奉经济市场的方法操控法律运行。“近代西方所优于东方的往往不是理想鹄的，而是那些达成理想鹄的方法。西方文明相信方法具有独立于人之外的完整性，所以，西方的方法常常比较可靠，减少了因人而异、人亡政息的可能性。”① 而反观中国，诚如黄仁宇先生在探讨近代西方法治未能在这一东方古国萌生茁壮的根源时所扼腕叹息

① 周天玮：《法治理想国》，商务印书馆 1999 年版，第 10 页。

的那样，“事实上也是命中注定，中国历史上未曾产生此项运动，并非有反对这趋势的因素和它作对，而是城中绅商与官僚的冲突从未发生”。① 古典中国的法理治理类型在某种意义上是“超近代”的，它虽比近代西方资本至上的法治在很多地方并不高明，甚至相形见绌，但它以其独特的实用主义的法伦理风格打动了无数西方名流的内心，成为西方文艺复兴的重要精神动力和智力资源。

但从结构转型的意义而言，早期的资本主义市场社会是一种独立于国家政治力量的私人自治领域，国家通过允许市民社会充分发展确保了自身的合法性基础，而且，市民社会中的公共文化领域的空前兴隆则自觉地为国家提供了有力的合法性论证。国家与社会在“方法型法治”指导下的协和逐渐成为制度的习惯，市民社会产生的公共文化领域也逐渐成为调节国家与社会紧张关系的第三领域，构成了司法场域的原型胚胎。这是我们正在学习的。

然而，我们还应看到，“方法型法治”由于缺少统一理念的引领而容易流于无原则的机巧，甚至变成一种赤裸裸的武力政治。我们已经发现，当市场经济扩展到世界范围，某些大国的真理强加，往往使西方“方法型法治”的精髓不能持久维存。结合当代中国的实际需要以及法治发展的一般规律，我们认为，司法权均衡运行必须以一种新的法治类型作为结构前提，那就是：以宪政为主要诉求和内容的“均衡型法治”。

分权和人权是宪政的两大基本原理，它们“都是旨在通过公正的法律程序来限制国家的强制力，通过承认的要件来保障统治的正当性”。② 在法律体系中，民法典不能抵御政治国家的权力对市民社会的侵入，因为“民法典的功能不在于在市民社会与政治国家之间划出一道自由与权力的界限，民法典只建构市民社会内部的结构和秩序，民法典并不能决定市民社会内个人的自由域度。政治国家与市民社会之间界限的划分是宪法的功能”。“没有以宪政为

① 黄仁宇：《中国大历史》，三联书店 1997 年版，第 29 页。

② 季卫东：《宪政新论——全球化时代的法与社会变迁》，北京大学出版社 2002 年版，第 12 页。

标志的健全的公法制度的保障，真正的私法秩序是不可能彻底地建立起来的。”① 同样，没有以宪政为核心内容与价值关切的法治安排，司法场域的结构位置永远不可能在国家的强力与社会的繁杂中得以牢固确立。司法场域不能体制性确定，司法权的运行就永远只能是零碎的、应景的，而不可能达到系统、均衡的境界。

在宪政目标的指引下，当下中国追求一种兼采众长的“均衡型法治”自属应有之义。这里的“均衡”是指对古代中国“真理型统治”与近代西方“方法型法治”的优势兼摄，它对建构一种均衡性的司法场域意义重大。

(二) 广场，还是剧场？

布迪厄认为，司法场域形成的关键在于，要有一个相对独立于外在约束的司法体得以出现的自主的社会世界，他认为，实际上司法场域是一个完整的社会世界，在实际中它相对独立于外在的决定因素和压力，但是必须认识到决定司法场域运行的两个因素，一方面是特定的权力关系，另一方面是司法运作的内在逻辑。其实，布迪厄所谓的司法场域并不存在“运行”问题，它更需面对的是“独立”问题，也可以说是“自主”问题。因为，司法场域若真是一个完整的社会世界，那么它就必须争得自主。自主的外部社会世界获得了，自主的内部社会世界却遗失了，这样司法场域即使获得了独立的招牌，也鲜有独立的功效。“司法独立”这个大而化之的口号的重要意义就在于它道出了司法场域内在的一个重要品性，只有在一个独立自主的场域前提下，司法过程才能正常生发，司法权才能正常运行，司法权才能真正符合“过程司法”的本质要求。依这位法国思想大师的场域分析理论，司法场域形成的标志有二：一是有特定场域边界，二是对“司法权源”的争夺为构型中心。司法有别于立法、执法，有别于调解、仲裁，更有别于道德、宗教，司法与它们的边界虽然有时显得比较模糊，但毕竟还是存在的，并且具有相对的特定性与确定性。相对于司法界限，司法权源

① 王涌：《宪法与私法关系的两个基本问题》，载吴汉东主编：《私法研究》，中国政法大学出版社 2002 年版。

更是显性存在，我认为，司法权源是指作为司法过程中博弈资源的权素，主要包括权力要素、权威要素和权能要素。与司法有关的各种资本比如社会资本、文化资本、经济资本都与司法权源的获得息息相关，但这并不是说获得司法权源越多，对司法资本的占有就越丰饶。相反，很多时候过分地霸占不应得的权源，会引火烧身，失去自身司法场域的合法性，甚至丢掉司法内存的人性本真。

在“真理型统治”下，司法场域是以“广场”为模式建构的。司法的广场化是一种人人直接照面的、没有身份和空间间隔、能够自由表达意见和情绪的司法活动方式，更多地体现出司法的社会化特点。露天广场是一种透明无隐的公共场地，是没有杂物遮挡的“阳光照耀之地”，是某种或某些被想象为万世真理的道德理想实现之地。① 在司法广场上，众人可自由表演，法律成为戏剧化的诠释，程序成为流变着的技巧，尖叫、呐喊、兴奋、哀痛，神圣、世俗诗歌、法律被融为一体。在司法广场中，当然也充满血腥的刑杀和有预谋的武力炫耀，还有无原则的争论或调解，但无论如何，这种场域的社会化性质是明显而生动的，也是持久的。因为，“只要法律是不成文的，它就必定被戏剧化和表演。正义必须呈现出生动形象的外表，否则人们就看不见它”。②

在“方法型法治”下，司法场域则是以“剧场”为蓝本构建的。司法的剧场化是一种在以“剧场”为符号意象的制度空间内进行的司法过程类型，它对于近代西方法治的制度、精神和习惯的形成功莫大焉。在司法剧场内，表演者、观赏者、评议者、裁决者角色确定分明、秩序井然，任何扰乱剧场的行为都可能被判定为“藐视法庭”。司法的剧场化是现代国家对自身司法权力的象征性强化和对自身司法权威的强化性象征，最终是为了增进自身司法权能，而不惜以对大众司法自由的否定和剥夺为代价。在司法剧场背

---

① 舒国滢：《从司法的广场化到司法的剧场化——一个符号学的视角》，载《政法论坛》1999 年第 3 期。

② ［美］伯尔曼：《法律与革命》，贺卫方等译，中国大百科全书出版社 1993 年版，第 69 页。

后，矗立着国家这个“利维坦”的巨大阴影。“在司法的剧场化的情景中，也许所有的人都是完全尊重法律的，然而这种尊重，可能永远不会是基于亲近感的尊重，而是一种‘保持距离’的尊重，一种‘敬而远之’的尊重。”① 国家通过司法剧场化拥有的合法性证明和权能增进，无论多么耀眼、美丽，终归是不巩固的泡沫建筑。

我们期望一个伟大的司法广场，其中有若干精致的司法剧场，它们之间相互贯通互不隔绝。司法构造的空间，甚至可以成为理想行政或立法权效仿的模板。“假设存在一个超行政机构：一个把‘司法会议厅’与某种像总会计办公室、管理和预算办公室、行政会议、司法部的法律顾问和（现在不再存在的）规制委员会的功能结合在一起的一个机构。从功能上来说，这个部门监督行政立法的起草，审查行政机构政策分析能力，审计该领域的行政业绩，对管理技术提供有约束力的评议，在终审阶段审理弊政控诉。假设这个机构成为一层一层的公共管理阶层的抱负。有时学院的行政专业学生和受到高度评价的私人管理人员也在其中占有一席之地，它在能力、完整性和对民主政治权力法定表达的完全尊重等方面获得声誉。简而言之，是理想行政的符号。”② 在某种意义上，实现这个理想就是实现当下中国最需要的以宪政为导向的“均衡型法治。”这种法治运行的结果，诚如戴雪在评论英国宪法中所言，“可归结于这样一个事实，即对我们来说，宪法并不像他国那样，构成其他制度得以产生的渊源；相反它是法院区分和实现公民权利的结果”。③ 很显然，这种法治类型有助于司法权均衡性结构位置的确立和巩固，并为司法人权与公权的内部均衡奠定最有力的制度基础。

---

① 舒国滢：《从司法的广场化到司法的剧场化——一个符号学的视角》，载《政法论坛》1999 年第 3 期。

② Jerry L. Mashaw. Bureaucratic Justice：Managing Social Security Disability Claims. Yale University Press 1983，p. 229.

③ A. V. Diecy. Law of Constitution，1885，8ed，pp. 198-199.

二、司法均衡的内部要件连接

（一）从公权司法到越权司法

越权司法，首先意味着司法决非一种简单的公权力，它更是一套技巧术和一门知识学。“在今天的中国，强调制度的知识维度有其特殊的意义。过去由于新制度的倡导者常常只重视价值层面的‘宏大叙事’，将复杂的制度建构化约为一些有益于唤起人们的热情或敌视的口号，在一定程度上人为地加剧了意识形态式的冲突和变革的难度。”① 这种宏大真理决定具体法治的思路与做法，体现在司法场域，就是司法制度的自发建构受制于权力逻辑的外在施压，司法正义的评判标准也屈从于暴力机器的“喜怒哀乐”。

司法与权力在逻辑上互不相容，但在实践中它们必须交叉重合，因为我们无法否认国家权力是司法裁判的必备要素，“权力司法”在很大程度上概括了司法运行的基本图景这一显在事实。“权力者，人所有之现在之器，可以之得将来之益者。凡权力，或为自然的，或为器械的。自然之权力，乃身心之卓越，如体力强健，仪容俊伟，精明，技巧，善言，大度，出身贵族，皆是。器械的权力，如财富名誉，友朋及幸运，此类之权力，正如重物之运行，愈行愈速，愈加愈大也。人类最大之力，为人群相团结，以听一人或一机关之指挥，如国家是也。”②

但司法权力究竟是何种性质的权力？罗素在《权力论》一书中，从现实生活和政治经验出发，对权力的形态进行了分类。他首先将权力分为治人的权力和治物的权力；其次是传统的权力、赤裸的权力与革命的权力；再次是组织中的权力和个人的权力；复次是世袭的权力和知识的权力；最后是政府的政治权力和日常中隐藏的政治权力。③ 面对这种对权力宽泛的界分，我们很难对司法权力作

---

① 贺卫方：《司法的理念与制度》，自序，中国政法大学出版社1999年版。

② ［英］霍布士：《利维坦》，朱敏章译，台湾商务印书馆1985年版，第54页。

③ ［英］罗素：《权力论》（中译本），东方出版社1998年版，第3页。

出准确的归属。但可以肯定的是，司法权力乃是一种“知识的权力”，而非那种“屠夫对羔羊、侵略军对被征服民族、警察对被发现的阴谋集团”的“赤裸权力”。由于“知识技术”的缘故，司法过程中的权力因子在法律程序的包装约束下显得世俗而不卑俗，强力但不暴力。司法中的知识因素因而也可理解为一套复杂的专业技艺、一项隐忍的制度创新甚至一种崇高的道德实践。但必须确定的是，它决不能流变为争权夺利的“技巧”和玩弄良法的“奇淫”。我们要牢记，“法制在中国的兴起不单是一个立法的过程……而是理性的法律主体形塑过程，是法律技术转换的过程，也是现代国家的治理策略的转型过程”。① 从权力主导型司法到知识主导型司法或许正是这种转型过程的一个缩影。

越权司法，除了表明司法自身必须具备知识理性，还意味着司法同样不能凭借知识权威与话语霸权欺己唬人。法学界一般认为，司法权威（judicial authority）是指司法机关具有的合法权力和公人信服的威望，它包括两个方面：一方面对当事人而言，法院的裁断具有法的权威，不服即意味私力抗法；另一方面对其他机关、社会团体和个人而言，不得非法干涉司法的运行，也不得贬损法院的形象或降低法官的尊严。② 不难看出，流行观念中的“司法权威”实是国家权力司法观的逻辑附属，只不过在表达上对过度国家权力化的司法品性略加粉饰与修正；在实指内容上则对正统意识形态难以承认的“司法独立”观念予以辗转曲现，就其学理内涵而言实在乏善可陈。

其实，“权威”原属政治学与社会学的交叉视域，通常是指国家与政府职能所代表的公共认同。但人们一般习惯从更广泛的意义上将权威理解为在某种范围内最有地位的人或事物使人信从的力量和威望——其看法和意见能使公众心悦诚服，其领导与裁决能为社会普遍接受。因此，唯有不假威胁和权力的尊严才是真的司法权

---

① 强世功：《法制的观念与国家治理的转型》，载《战略与管理》2000年第4期。

② 王利明：《司法改革研究》，法律出版社2000年版，第132页。

威，才是心安理得的权威。在国家法的视界里，行使司法公权的官吏或许是最有资格的“权威”；但在民间法的观念中，与国家政权愈显得没有牵连的人可能反倒愈具“权威”。因为说到底，司法是一种利益分配的裁断机制，司法活动展现的实际上是利益争斗方的妥协与衡平，与政权力量的运营强弱并无直接关联。一旦当事人中任何一方摒弃所诉“司法”的正当与合理，司法权威便只能无声消散。但可怕的现实常常是，司法权威的自我神化立场使其拒不退场——国家与社会、个人与社群的对抗势必不断升级。因此，对司法而言，所谓的“权威”只能是由权力走向权能的“跳板”——一种充满了异化可能的高危中介。

越权司法，最终的可能指向是通过“权能司法”的理性诉求实现“均衡司法”的理想境界。“司法过程常常要在组织自治和认识开放之间保持平衡和进行选择，做到组织自治而不封闭，认识开放而不屈从。这种平衡的保持需要一种创造性的工作，一个机械的司法不可能保持这种平衡，不可能在维护司法独立的同时推动司法的不断进步。”“司法独立和司法开放之间的内在冲突决定了司法权及其司法过程是一个创造性的过程。没有司法的能动性，就不可能有司法独立，也不可能有司法开放。司法能动性可以说是司法独立和司法开放的必然延伸。”① 独立是司法权力的根基品性，因为权力都是自私的，司法权力也不例外，它同样厌恶外力的干涉。开放是司法权威的主要特征，因为唯有开放，司法权的行使者才不至于变成人们心中的“暗箱操作手”和“另一拨暴君”，才有可能成为真正的司法权威。② 遵从独立要求的司法权力与信奉开放精义的

---

① 周汉华：《现实主义法律运动与中国法制改革》，山东人民出版社 2002 年版，第 212 页。

② 波斯纳曾指出：“司法独立问题具有私人性，也具有社会性。法官们希望独立，就像学者希望得到稳定的学术职位一样。法官不想成为权势者的奴仆。但是，如果司法独立仅仅意味着法官听凭自己的喜好决定案件，不受其他官员的压力，那么，这样一个独立的司法机构显然不会以公共利益为重；人民也许只是换了一拨子暴君而已”。［美］波斯纳：《法理学问题》，苏力译，中国政法大学出版社 2002 年版，第 8 页。

司法权威之间显然存在诸多矛盾和冲突，这样，以能动为目标的调和性司法公权模式——“权能司法”就成为当今中国司法改革的现实诉求。

除了调和司法权力和权威的制度理性冲突，“权能司法”还有一个不为人熟知的功用，那就是充当由司法公权到司法人权的连接桥梁。我们知道，司法权并非国家机关的“专利”，它不仅不为法院或法官独有，而且也不单是国家职能，一些非法院的国家机关、社会组织也具有一定的司法性质和作用。与此相适，“权能司法”的要义不在于权力的拥有与权威的盛名，其幕后体认的是基于实用功利主义的“理性人选择”，对当事人而言，为了“能”（能量/能源）求助“法”（“司法”之法/司法自身的法）；对裁判者而言，为了“能”（能动/能力）倚仗“权”（权力/权威）。司法的权能不仅仅是法官的权力或法院的权威，它更多更深地体现为裁判者与当事者的利益、法权契合，基本目标就是双方在司法过程中实现“能量（能力）双赢”。这实质上已经显现了司法人权的雏形——作为不行使国家司法权的民间当事人同样可以“以权获利”，这正是司法权利的原生形态与不变精义。

司法权能是司法权力与司法权威的法理均衡，它既是司法过程的实践理性展示，也是司法法治的权利能力渊源。司法权能的度量可以依据司法过程的具体情境，也可以参照司法法治的一般标准。从司法权运行的全景观审，司法权能的出现，为国家司法公权向个体司法人权的延伸，开掘了活水之渠，因为，权能与人格的契合正是“人权”诞生的首要，而“当一个人（homa）具备足以使其获得权利能力的条件时，在技术用语上被称为‘persona’（人）……因而，权利能力也被称为‘personalita’（人格）”。①

当然，权能与权利能力还是有区别的：权能是原初（自然）权力与既有（传统）权威反复博弈、理性均衡的制度化产物，而权利能力很可能只是权力（权威）的“恩赐”。人，出生之甫，即

① ［意］彼得罗·彭梵得：《罗马法教科书》，黄风译，中国政法大学出版社1992年版，第29页。

具备一定影响他者的权力，婴孩可通过其啼哭支配初为父母者的心境，乞儿亦能透过其哀怜勾发过路者的悯恻——这些影响力都是广义“权力”的表现，亦是“凡人生自平等”在现实中的演绎。然而，原初之权力一旦面对出生即有的权威，势必难以自足、自洽，甚至连起码的自存、自保都困难重重。婴孩的哭啼一旦超越了父母忍耐之极限，家长的权威便会凸显，惩罚之后的结局可想而知。乞儿的哀怜一旦变为无理的索要，路人也会收拾起善心，抱以冷漠甚至痛斥。权威之所以成立，在于它能够具备长久性权力存洽机理，可以吸并、削损乃至取消部分弱势的权力，成为某种情态下权力的“垄断工厂”。权威的极致，便是专制与独裁，迷信与盲从；权力的地位与范畴自然也受权威的框定，于是，原初的权力变成了人造的权力，弥散的权力也集中为机构的权力，这是政治社会生长的原理，也是权力与权威非均衡博弈的客观事实。真正的权能出现并非易事。有权利能力而无权能的时代实在数不胜数，但只有权能为本的权利能力时代才算真正的“权利时代”。

权能是权利实现的制度基础，权能博弈均衡的制度产品主要凝结为“善法”（良法）体系，这些法律赋予主体以人本的关怀，确认、调整、强化他们的资格与能力，并通过有效的救济方式确保权利能力的践履，使法定权利顺利转化为现实权利。

司法权能对于司法权利的意义重大，而权利又是人权之基本元素，司法过程要实现由公权化模式向人权类模型的转捩，必须有司法权能为本的司法法体系作为制度支撑。司法过程向“人权”的迈进，同时又是法律向“人”这一本原的回归。所以，司法法体系的构造对于现实法律（实在法）向理想法律（目的法）的发展，至关紧要。司法权能的聚生、扩散并凸显可以使凡人关系神圣化，弥不快于未生，除纠纷于瞬间，长久地恒定既有社会联结，并修复、重构它们，从而孕育滋养新的社会权素，进入新的司法权均衡的良性循环。

（二）从越权司法到均衡司法

必须指出的是，尽管“权能司法”在一定程度上调和了司法权力与权威的冲突，但它依然是倚重法院自由能动裁断权与国家司法权威的无奈诉求，其内在视界源于国家司法权对民间司法权的技巧性吸纳而非使制度性协同；其现实举措也脱离不了“自上而下”的政府主导推进型的“变法”模式。“均衡司法”的根本追求正在于将司法公权与司法人权在实践运行中勾连起来，实现两者的体制对话与文化融通，最终超越“权”限实现“法”理，树立司法机关的独特的均衡形象和法理权威。

对美国经典宪政司法哲学而言，法官是权威的释宪者，是政治斗争的法律仲裁人。“马歇尔聪明的地方就在于一方面反复强调法律与宪法之间的相互抵触，从而利用政治哲学和成文宪法来强调宪法高于法律的权威性，但另一方面，在触及决定司法权性质本身的宪法的关键时刻，他马上引用普通法法理学中的司法权来强调法院在宪法和法律之间进行选择的权力。一方面强调宪法高于法律的成文宪法至上这个政治哲学，另一方面强调宪法与法律作为两种不同的规则或者法律渊源而供法院自由选择的司法哲学，马歇尔在这两种学说之间左右逢源，游刃有余，从而把决定司法权之性质的宪法至上学说转变成普通法中法院自由选择法律渊源的学说。这种转变的关键就在于将‘宪法’偷偷地转换为‘规则’，从而把宪政学说变成了法理学说。”① 这与中国司法政治哲学非常不同。

对当代中国司法改革的现实困境而言，强调“均衡司法”的综合性改革理念对中国司改实践具有重大意义。从历史层面看，自古以来，中国的司法都未曾真正自立（遑论自强）。有些时候，中国的司法官吏走运地攀上了权力高枝，但传统司法体制与价值观的双重钳压使司法经常成为政治冲突与权力斗争的牺牲品和陪葬人。当然，传统司法的衡平精神可以成为均衡司法的重要依据。但从现实层面看，司法状况的好坏优劣与政治权力对其控束的松紧宽密息息相关。一旦司法从制度理性上不能独立于政治权力的逻辑，或从价值理性上不能区别于“权”“利”社会（也可称之为金权社会）的流俗，司法权在运行过程中就会呈现极端受限于司法公权而司法

① 强世功：《法制的观念与国家治理的转型》，载《战略与管理》2000 年第 4 期。

公权又极易遭受“金权”侵袭异化变质的连环悖论。

更致命的是，我们总是幻想从“根本上”推进司法公正，相对于渐行渐远的总体性改革思路，大家更情愿从大批出台成文法，设置专门机构和增加司法编制等方面来构思制度建设及其更新方案。但“制度的形成并不是如同后来学者所构建的那样的共时性的，而更多的是历时性的，制度的发生、形成和确立都是在时间流逝中完成的，是无数人在历史活动中形成的”。① 我们应当在“均衡司法”的理念下从总体上设计司法权运行的内部均衡模式，而不是“东一榔头西一棒”、“头痛医头，脚痛医脚”。

鉴于上述，我们有必要：（1）重构政治国家司法权，塑造以独立、开放、能动为目标的现代司法制度理性，主要表现为：改革现行法律的制度设计，实现司法权力的独立理性；消除现存病态的权力关系模式，实现司法权威的开放理性；更新现有法官制度的构成要素，实现司法权能的能动理性。（2）培育民间社会司法权，构建以维护公民司法人权和自然人/法人司法权利为核心精神的现代司法价值理性。（3）重建司法公权与司法人权、国家司法与民间司法的均衡机制，塑造以制度理性与价值理性良性互动为逻辑主线的现代司法权运行的均衡模式。

三、司法均衡的中心区域建设

（一）法官裁决的理性要求及方法导向

1. 消极被动与情感克制

美国学者格雷认为，“法官是一种由某一有组织的机构认命，并应那些向其主张权利的人申请而确定权利和义务的人。正是由于必须有一项向他提出的申请他才采取行动这一事实，才将法官和行政官员区别开来”。② 法官是消极的中立裁判者，是活着的法律宣

① ［英］米尔恩：《人的权利及其多样性》，夏勇、张志铭译，中国大百科全书出版社1995年版，第101页。

② Donald L, Horwitz. The Courts and Social Policy. The Brookings Institution, 1977, pp. 22-23.

示者。法官在司法权运行过程中是温文的、不露声色的被动权威。这就要求法官在情感上采取理性克制的方法，改变一般人格中的积极主动，塑造法官特有的中立性。

2. 公开透明与理智论证

法官裁决过程一般应向全社会公众开放，允许旁听、采访和报道，裁决结论的形成过程、根据和理由也应高度透明化。现代法治国家对司法判决书的撰写非常重视，设计出了许多旨在确保公众事后了解裁判过程和理由的制度。一些国家的最高法院甚至要求，判决书还要明确载明法官意见的分歧及各自理由。① 这就要求法官在理智上采取论证的方法，运用解释法律和社会生活的表达技巧，驱走笼罩在司法过程中的不信任阴霾，使“阳光司法”成为现实。

3. 集中亲历与行动效能

在裁决过程中，法官必须在确定的场所和时间内连续不断地处理某个案件，直至形成裁判结论，并且，这并不是说法官在裁判过程的任何环节都必须亲自无时无刻不在场，而是说，法官必须尽最大可能亲自接触那些距离原始事实最近的证据材料。这就要求法官在行动上采取效能的方法，既事必躬亲直接裁判，又符合期限确保连续，达到司法效率与公正的个案均衡。

4. 多方参与与思维衡平

富勒认为，“裁判的本质就在于，受判决直接影响的人能够参加判决的制作过程”。② 多方参与使法官裁决成为一种利益衡平的理性过程。法官在面对控辩双方及庭内外各种力量的争锋、战斗时，必须保持自己内心的司法哲学感和历史感的完整，同时也要善

---

① 对于我国司法判决书的功能分析，可参见苏力：《判决书的背后》，载《法学研究》2001 年第 3 期。他认为，“司法判决书的最主要的功能仍然是社会的，是要为纠纷之解决提供一个合理化的证明以及在可能的情况下为后来的类似案件处理提供一种导引”。

② 转引自陈瑞华：《司法权的性质——以刑事司法为范例的分析》，载《法学研究》2000 年第 5 期。

于随机应变，及时调整法庭运作的策略格局。因此，法官最好在思维上采取衡平的方法，既平衡自己内心的各种不确定因素，也平衡各方涉事者的微敏利益。① 这种“平衡感”与“衡平法”的运用自如实质上标志着司法微观（局部）均衡的阶段性实现。这是社会进步的一小步，却是司法进步的一大步。

5. 安定终结与信仰自我

法官裁决作出后即具有法律上的安定性和终结性，非依法律明确规定，不得启动对该案的再审程序。法官裁决的安定终结是维护司法权威、确保社会秩序的必需。如若法官裁决可以朝令夕改，利益争端就无法得到终局性解决，司法的功能意义就会丧失殆尽，社会的秩序保障也将沦为空谈。基于此，法官理应在信仰上采取“自我”的方法，不要对自己的裁决惴惴不安，更不要对法律的权威半信半疑，作为法官，相信自我就是信仰法律和真理。至于司法微观均衡之后的政治、社会审查，那就不属于法官权能所控的范围了。唯有如此，法官才能放心去裁判，用心去解纷。

（二）法官理性建设的难点：法官独立与法官素质的文化辩证

法官独立是现代司法制度的核心和基石，它包括两重含义，即“外部独立”和“内部独立”。前者是指法官在审理案件时不受来自司法外部的诸如立法机关、行政机关以及其他社会集团的指示、命令和各种形式的干涉；后者是指法官在审判时不受来自法院系统内部的干涉，主要是上级法院和法官的压力和密示。

法官之独立对保卫宪法与人权亦具有同样重要意义。“在未进

① 对于法官内心的自我衡平，卡多佐大法官有一段精彩分析：“他们的生活一直就是在同他们未加辨识也无法命名的一些力量——遗传本能、传统信仰、后天确信——进行较量；而结果就是一种对生活的看法，一种对社会需要的理解，一种用詹姆斯的话来说——‘宇宙的整体逼迫和压力’的感受；在诸多理由得以精细平衡时，所有这些力量就一定会决定他们的选择是什么样子的。正是在这样的精神性背景下，每个问题才找到自身的环境背景。”［美］本杰明·卡多佐：《司法过程的性质》，苏力译，商务印书馆2002年版，第3页。

行变动以前，人民的代表不论其所代表的是虚假的或真正的民意，均无权采取违宪的行动。但值此立法机关在社会多数派的舆论怂恿下侵犯宪法之时，法官欲尽其保卫宪法之责需具有非凡的毅力，这也是明显之理。”①法官独立不仅是一种司法正义的价值目标，更是一套司法独立的制度体系。从现代国家立法实践来看，法官独立主要包括法官资格专家制、法官任命集中制、法官惩戒弹劾制和法官身份保障制。

资格上，法官独立要求法官必须是法的专家，具有独立判断和理性思维的经验与智慧；任命上，法官独立要求法官必须由中央统一任免，并非一般有权机关的势力所为，这也说明了低素质者凭借特权混入法官行列的可能性较小；惩戒上，法官独立通过程序化的法制途径和科学化的评测手段，让那些混进的“伪法官”原形毕露、无处藏身，不仅丢了乌纱，还要接受法律制裁。层层净化的成果，法官独立最终又靠法官身份保障制来巩固深化。法官的不可更换制、高薪制、不兼职制和退休制实现了法官优厚的物质享受、崇高的社会地位和高度的职业安全保障。

法官素质是蕴于法官独立中的价值判断，思维是理性的，标准却是感性的。很多人认为，我国审判人员的业务素质和道德水准都达不到实现法官独立的基本要求。话虽有理，可深究起来会给人造成三个误解：一是将法官素质误解为法官独立的基本要件，只有法官素质高了，法官才有谈独立的资格；二是将法官独立误解为仅是那些高素质法官的“专利”，似乎只是资源性的权力，而非制度性的法律；三是将现阶段我国司法改革的对象误解为改革要达成的目标。

举个例子说明，在英国，有两万多名“治安法官”，这些非职业法官负责审理轻微纠纷，人们称他们为“伟大的无薪者”和“伟大的无知者”，因为他们不领俸禄，也未受过专门训练。这些“治安法官”的素质是低下的，至少在处理案件的专业技能方面。

---

① 强世功：《法制的理念与国家治理的转型》，载《战略与管理》2000年第4期。

对他们，法官独立的要求似乎丧失了意义，可实践中他们凭着良好的道德操守，处理着大量纠纷，深受民众信赖。因此，法官素质的高下只有在法官独立的制度环境下才有衡量的必要与可能。在好的制度下，坏法官可能不得不作出好的裁决；而在坏的体制中，好法官可能不知不觉地牺牲了人民的根本利益而无人知晓，即使知晓了也无人过问，因为人们对制度丧失了信心，对不公习惯了麻木以待。

法官素质的提高只有在法官独立的逐步实现过程中才有现实的社会意义，“法官的人格、见解、活动从始至终是独立的，而他的决定多数人的决定，就是法院的决定，所以说，‘法官独立审判’，反映了审判活动的本质”。① 法官独立是推进司法改革的核心，首先体现在法官独立呼唤对现存法律秩序的更新与改进。这一观点蕴含了深刻的司法改革思维，倡导法官独立不等于拥护法院独立。法官独立是司法权均衡原则的制度体现，法院独立权是法官独立在外部权力形式上的要求。

健全的制度设计让法官素质不再成为司法权均衡的焦点，因为在法官独立下，与之相适的不再是法官素质，而是法官文化。② 法官独立与法官素质不应是一个问题的两个方面，而应是一个方面的两个问题。这一个方面是厉行司法改革，确保司法公正。这两个问题就是：一要从制度上设计出符合时代的东西，二是从文化上评价出切乎实际的反馈。

---

① 蒋惠岭：《关于审判组织的几个问题》，载《人民司法》1995 年第 3 期。

② 文化是认知的地图（cognitive map），是个人价值理性与群体制度理性的博弈均衡。任何文化背后都有一种“制造的制度”和“产品”。生活方式、教育、美感等均不过是文化的社会产品，决非其全部。我们在做的不是去发现文化变迁的断裂性和因果理念，而是在不同的社会和文化的场域（fields）当中去寻找场域本身再生产和互动的机制，不是去切割历史，而是在社会的具体事项与人的实践中，找到我们的世界观和行为间的沟通点。这其实是法理沟通与均衡的工作。

第六章 司法均衡的价值判准：均衡正义的司法构造

于是我对旋转的苍天大喊，我问："命运可有明灯一盏，引导暗中跌撞的孩子们？"上天回答："这想法好肤浅！"

［波斯］欧玛·卡雅姆①

在无常的生活面前，任何明灯都缺少不灭的光。司法是人类生活的经典创造，虽然有高于生活的艺术特质，但终究还要源于生活、回归生活。② 在引导司法权运行的明灯探寻中，我们发现，正义是永恒的指路星辰。③ 特别是，对于司法权运行在何种理论空间这类问题，犹如列车运行在何种理想情状一样，关系到相应人等的准确预期及切身利益。从正义论的角度揭示司法权的均衡品格，有利于从法理学的深层把握司法的理论定位，排除许多似是而非的干扰。透过正义之光的摩挲与普照，司法均衡的脉络变得清晰、骨骼

---

① 梁实秋：《雅舍札记》，文化艺术出版社 1999 年版，第 204～205 页。

② 参见汪习根主编：《司法权论》，武汉大学出版社 2006 年版，第 2～4 页。

③ 埃德蒙·柏克曾用洋溢着盛情深思的话语描绘正义的永恒。他说："有一种东西，并且只有这种东西恒久不变，它先于这个世界而存在，并且也将存在于这个世界自身的组织结构之中，它就是正义。这种正义起源于上帝，驻留在我们每一个人的胸中……并且，这个地球化为灰烬以后，以及我们的律师和诉讼当事人面对伟大的法官——上帝——之时，它仍将特立永存。"见［美］卡尔·J.弗里德里希：《超验正义：宪政的宗教之维》，周勇、王丽芝译，三联书店 1997 年版，第 17 页。

变得坚强、质地变得柔软、形象也随之鲜亮。

第一节 正义理论的历史回顾

在西方语境中，“justice”兼有“正义”与“司法”之意。① 在中国古“法”字的构造中，“正”也是重要的组成部分。可以说，没有正义的内在支撑，就不可能有司法的外在建构。正义是司法的核心价值，已成社会公识。一切法哲学，都直接或间接涉及正义与非正义的界限问题。一方面，“法哲学是以正义为核心意涵的学问体系。正义内涵的不断衍更，便导致了法哲学使命的新新自足”。② 另一方面，“正义的许多原则——各得其所，黄金规则，绝对命令，公平原则，宽容要求，以及其他等等，被认为超越了一切历史经验，实际上为一空洞的公式，它们也不存在什么优先规则。这些原则只是在形成中，即它们如何在各自时代背景下展现内容，才具有含义和顺序。我们必须从历史中把握和完成我们今天的使命”。③ 从历史形成的角度探讨正义理论，有利于发现它与司法均衡的幽暗关联。

一、正义源头与司法神话

在远古时代，法哲学中的正义问题尚未为人清晰认识。这一时期的法哲学，我们称之为“神话法哲学”，当时的“法”并非固定地安身在一部部成文的法典或一卷卷汇编的判例，而是诗意地栖居于口耳相传、多彩多姿的神话传说中。那个时代，人们主要通过虚构的神话来解释万物，正义理论也在其中摇曳滋长。

---

① 拉丁语中正义（justice）一词得名于古罗马正义女神禹斯提提亚（Justitia）。参见鲁刚、郑述普编译：《希腊罗马神话词典》，中国社会科学出版社1984年版。

② 江山：《人际同构的法哲学》，中国政法大学出版社2002年版，第42～43页。

③ ［德］阿图尔·考夫曼等主编：《当代法哲学和法律理论导论》，郑永流译，法律出版社2002年版，第53页。

关于远古时代的司法情状，奥维德在他的《蜕变》一书中有下列描述："泰初黄金时代，当人始生之际，除了清明理性，不知尚有规则，只要尽性率真，美善必踵随，不为处罚所迫，不为恐惧所忧，他的言语单纯，他的灵魂诚挚，毋庸成文法典，无人会遭压迫，法律罗于胸臆，法官门可罗雀，法院毋庸设立，讼因未曾听闻，但是一切平安，因有良心守护。"① "神话法哲学"的正义观是一种立基于人性醇真善美的正义观，"正义"就是人性美好的代名词，相似的语词比如"理性"、"率真"、"单纯"、"诚挚"、"良心"等。在原初人类观念中，冥冥中存在一种力量甚至超过了神意，这种力量被称为"运命"、"必然"、"定数"，对此，罗素曾言："在荷马诗歌中所能发现与真正宗教感情有关的，并不是奥林匹克的神祇们，而是连宙斯也要服从的'运命'、'必然'与'定数'这些冥冥的存在。运命对于整个希腊的思想起了极大的影响，而且这也许就是科学之所以能得出对于自然律的信仰的渊源之一。"② 人世间的司法活动自然也要服从正义的命运。

在古希腊神话中，执掌正义与司法的 Themis（忒弥斯）是天神宙斯的妻子，她的出生颇有传奇色彩，"后来大地和广天交合，生了……忒弥斯"。作为正义和法律女神，其词根（tithēmi）本意乃"我提出"、"我制定"。希腊神话中的另一个正义女神 Dikē，她是忒弥斯和宙斯的女儿，其词根（deiknumi）也是意指"我表明"、"我指出"。③ 这些主神都是正义运命的宣谕者、执行者，也是司法权威的神话表达。这些都说明，司法最初的含义应当是对正义良知的守护，它均衡的不仅有人际关系，还有人同神以及神与神的交往。司法均衡的使命在于，实现人们对"黄金时代"的良善期盼，消除现实的苦难，以至上的权威、中立的态度，坚守公平的尺度，

① Dennis Lord：《法律的理念》，张茂柏译，联经出版事业公司 1984 年版，第 6 页。

② ［英］罗素：《西方哲学史》（上卷），商务印书馆 1963 年版，第 33 ~ 34 页。

③ 参见江山：《再说正义》，载《中国社会科学》2001 年第 4 期。

维护普世的和谐。

通过解读正义女神的形象，我们可以明确司法均衡的寓意。① 利帕在《像章学》中对正义女神的形象描述是："正义（giustizia）。其形象为一蒙眼女性，白袍，金冠。左手提一秤，置膝上，右手举一剑，倚束棒（fasci）。束棒缠一条蛇，脚下坐一只狗，案头放权杖一支、书籍若干及骷髅一个。白袍，象征道德无瑕，刚直不阿；蒙眼，因为司法纯靠理智，不靠误人的感官印象；王冠，因为正义尊贵无比，荣耀第一；秤……比喻裁量公平，在正义面前人人皆得所值，不多不少；剑，表示制裁严厉，绝不姑息，一如插着斧子的束棒，那是古罗马一切刑罚的化身。蛇与狗，分别代表仇恨与友情，两者都不许影响裁判。权杖申威，书籍载法，骷髅指人的生命脆弱，跟正义恰好相反：正义属于永恒。"② 从中不难窥见，正义是道德、理智、荣誉、公平、武力的均衡，代表着理想的司法精神，是永恒的律法精髓。司法均衡是司法正义的必然要求和应然之义。

二、从神话到逻各斯

在远古时代，正义是神话中的"运命"，到了这一时代的末期，人们开始从混沌的冥然定数中体察到了对立的思维客体，人感到了运命的背弃，同时也塑压了理性的雏形。人们对正义和司法问题开始"祛魅"式思考，逐渐完成了"从神话到逻各斯（Logos，即理性）"的转变。

在这一时期的思想家中，阿拉克西曼德曾将"存在"与"秩序"（今人称之为"实然"和"应然"）区分开来，这一洞见被誉为"西方最古老的法律思想"。这为日后实在法正义与自然法正义

① 当然，正义女神也并非只有一张固定的标准像，在很多作品中，正义女神都不是双目被布条蒙蔽的形象，艺术家对正义女神的眼睛很用心地做了刻画。女神的衣着也有五彩缤纷的装束，粉红、翠绿、猩红、红黑等。对诸多西方美术作品中不同正义女神形象的考察，可以发现法治话语的流变具有时代性。参见戴昕：《正义的形象》，载《北大法律评论》第7卷第2辑，北京大学出版社2006年版。

② 冯象：《政法笔记》，江苏人民出版社2004年版，第144页。

的区分奠定了基础。除此之外，毕达哥拉斯还首次提出了“社会正义”的概念，并将其阐释为一种类似数字次序的和谐。赫拉克里特还具体地将正义分为“人法正义”和“自然正义”，人定法与自然法首度在正义问题上得以区分，而如何区分则系理性即“逻各斯”的任务。这一时期的正义观，诚如有的论者所言，虽然未能对正义下一个严整的定义，但当时的希腊哲人在方法上已倾向于从政治生活的常识与理性来检验和归纳正义。① 这种正义观，我们称之为以“逻各斯”为中心的区分正义观。将正义分为人法正义和自然正义，前者属于存在范畴的人法价值，后者属于秩序范畴的神法要求，两者的区别需要“逻各斯”设定、把握和说明——那种幕后的运命已为前台的理性悄然取代——“逻各斯”就是万物固有的理性本原，也是司法权运行的关键参数。神话中的司法形象由虚构的图腾充当，理性下的司法权力则由活生生的人来行使。

智者学派的代表人物普罗泰戈拉正是这种司法人本主义思维方式的先驱。在他眼中，万物的本原不再是宇宙主义思维方式下的“运命”或“逻各斯”，而是“经验的人”，用今天的话说，即活生生、有血有肉并力拒“大写真理”的具体个人。在正义认识上，这种思维代表了一种流行正义观的发轫，即“正义相对主义”。今天的正义相对论者认为，“正义”是仁智共见的追求，世上只有个别相对的正义而不可能存在统一绝对的正义。这与智者学派的正义观何其相似！智者学派认为，人是经验的人，是万物的尺度，多数人的决定即使以法律的面目出现也未必就是正义和真理。个别的正义即为最高最终的正义，因此不可能存在普遍一统的正义。

雅典哲学是对智者学派的批判、继承和超越。苏格拉底是其历史上首位集大成者。他曾提出一个著名的口号，叫“深入内心，认识自我”，从中可见他并不赞同正义的虚无论。他认为，个人的灵魂深处都有一种与生俱来的正义关怀，灵魂不死，正义不灭。正是这种相同的正义情感才将各种不同的人格扭结起来，形成群体和

① 参见毛丹：《修昔底德的正义论》，载《浙江大学学报》（人文社科版）2003年第1期。

社会。尤为可贵的是，苏格拉底用自己的生命实践了他的信念。他坚信，合法律性本身就是一种正义和美德，而不论这种法律是否良善。面对显失公正的审判，苏格拉底也曾据理力争，但最终还是被判处死刑。在完全有机会逃走的情况下，苏格拉底决心赴死。当时他拒绝逃狱的理由，今天听来似乎有些过于现实和怯懦：他反驳劝他逃狱的克里同说，国家尚存且未完全失常，法官的判决已作出却在那里没有了效力，且能为个人不遵守和废除，你以为这可能吗？其实，苏格拉底不仅已深思了追求司法正义的应然问题（应不应该），而且还考虑了逃避司法正义的实然层面（可不可能）。

与苏格拉底不同，雅典哲学的另一位思想巨人柏拉图早年并不相信法律，甚至相当厌恶法律。在他的观念中，正义首先停留在自然法的理念天堂，而不会降生于人定法的尘世炼狱。他很早就提出了为后世经院哲学家热衷讨论的问题："公正，是因为它是公正的才受上帝之钟爱，还是因为它受上帝之钟爱才是公正的？"无论如何回答，正义永远是受上帝钟爱的脱俗理念，体现在人定法中的正义即使存在也非常短简，那就是他的一句著名格言所揭示的："正义就是各司其职。"不同等级的人应当各司其职、各尽其能、各安其位、互不干扰，只有这样的国家才能产生"正义"的品德。他说："正义是智慧和善，不正义是愚昧和恶。"①"正义是心灵的德性，不正义是心灵的邪恶。"②柏拉图还认为，现实的法律正义必须以抽象的道德正义为圭臬，司法本质应当是一种善德，但现实生活中的人定法并不必然体现出司法的德性正义。司法正义必须体现人定法与自然法的均衡，它是沟通法律正义与道德正义的制度桥梁。

在司法和正义问题上，亚里士多德调和并超越了苏格拉底和柏拉图之间的理论分野，尤其继承并发展了柏拉图的司法正义的均衡理念。一方面，亚里士多德不像苏格拉底那样决然肯定实在法与正义的一体性，另一方面，他也不赞同柏拉图那种漠视正义与人定法

①② [古希腊] 柏拉图：《理想国》，郭斌和、张竹明译，商务印书馆 1986 年版，第 36、42 页。

繁杂关联的简约态度。他主张政治学应注意到正义观念不仅千差万别，且有可能“只是出于约定”，而非出于“自然”，只适合基于常识进行概略说明。他认为，正义就是一种基于平等的中庸，即对于应该平等的方面给人们平等的待遇，在不应该平等的方面则对人们予以区别对待。

亚里士多德明确将正义分为自然正义和约定正义，它们同属于政治正义的范畴，而司法则是政治正义区分的法理标尺。他说：“政治正义分为两种，一种是自然的，一种是约定的。”① 他认为，正义“只存在于那些相互关系受制于法律的人群之中，法律存在于有着不平等可能性的人群之中，因为司法意味着对于正义和不正义的区分”。② 在亚氏眼里，正义不是无处不在的幻影，确系存生于人之最本原生活——政治生活中的精灵。司法是捕捉政治正义精灵的魔法，在它的神奇召唤下，实在法会体现出中庸均衡的正义品格。

通过司法均衡达成的实在法正义，在亚氏看来，一种是“分配正义”，它意味着共同体对财富、荣誉和其他资源的公平分配，这种正义可以不符合严格的算术平等，但必须符合弹性的比例平等。所谓“比例平等”就是相同情况相同对待，不同情况予以不同对待。正义就是合乎比例，不正义就是比例失调。第二种正义叫“矫正正义”，其主旨在于将错的矫正为对的，恢复已被破坏的利益平衡。这里起作用的不再是比例平等，而是算术平等。因为，“它不区分是好人被坏人欺骗，还是坏人被好人欺骗，也不关心犯下通奸罪的是好人还是坏人；法律只关心损害的性质，认为当事人出于平等地位，只询问一方是否为了，而一方遭受了不正义；一方是否有侵害行为，而另一方遭受了损失”。③ 除了平等原则，亚里士多德还特别强调司法运行的中庸原则。他认为，在由占人口多数的中产阶级统治的共和政体下，法律是最良善的。中产阶级是贫富

① Aristotle. Nicomachean Ethics 5. 7. 1.

② Aristotle. Nicomachean Ethics 5. 6. 4.

③ Aristotle. Nicomachean Ethics 5. 4. 3.

两极矛盾"最好的中性仲裁者"。① 由这些人担当公职、执掌公权，有利于司法终极目标的实现。

三、正义帝国：世俗与神圣

德儒耶林曾言，罗马三次征服世界，第一次靠武力、第二次靠宗教、第三次靠法律。其实，法律正义尤其是司法正义的发达，是罗马帝国武力成功的内在保障。当正义帝国不复存在，罗马人建立的辉煌很快就烟消云散。与封闭、狭小的城邦正义思维不同，罗马伊始的帝国式思维已开始将正义的问题扩散为人类的基本问题。这是因为，斯多葛学派曾深深影响古罗马。这一学派是希腊和罗马法文化的连接桥梁，没有统一的学术纲领，但其成员都信奉"自然理性"，认为智者的生活就是依循自然理性训练心魄。他们的司法正义观，简言之，就是一种自然理性的普世正义观。

古罗马法哲学的代表人物西塞罗，其名篇《论法律》受到了亚里士多德和斯多葛学派的双重影响，他认为："自然定律（Law）是最高的理性，它命令所应为，禁止所不应为。这种理性在人类心智中的凝化和充分发展就体现为法律（law）……正义的源头在于法律，因为法律是自然的力量；法律是聪明人的智慧和理性，是衡量正义和不正义的尺度……欲判断正义为何物，我们应首先诉诸最高的法，它的起源远在任何成文法和城邦以前。"② 西塞罗认为，"真正的法律"和"正义"是同义语。最高法律即自然法是万世常存的，是人定法的唯一标准，是正义与非正义的天然界限。西塞罗的自然法理论为罗马共和国与帝国之交产生的万民法奠定了理论基础，也为罗马帝国这一世俗正义帝国的构建提供了有力的法哲学证明。

在中世纪，尽管自然法的内容被"神学世界观"大力改造，

① ［古希腊］亚里士多德：《政治学》，吴寿彭译，商务印书馆1981年版，第211页。

② ［古罗马］西塞罗：《论法律》1.6.18～19，转引自J. M. Kelly：《西方法律思想简史》，王笑红译，法律出版社2002年版，第55页。

但是自然法正义的基本观点仍然延续下来并顽强传承。在神学自然法的影响下，人们倾向于将法律看做信仰的精髓，将司法看成上帝的化身。在大约1220年出现的德意志第一部法律著作《萨克森明镜》中，作者这样写道："上帝即法律本身，故他真爱法律。"人们不仅在思想观念上将法律和正义视同一物，而且，在最初的法学教育中也仅仅研究欧洲普遍适用的"共同法"——罗马法教会法的混合体。尽管当时也存在各种各样的地方法，但是这种罗马法—教会法被视为超越地方特殊利益，能够作为正义典范的法律，学者们对其进行的研究持续了数百年之久。基督教法哲学阐述了正义的黄金规则，即"要别人怎样待你，你就应当怎样待人"。

早期基督教著作家中最重要、最具影响的要首推圣·奥古斯丁。他坚信，在人类的黄金时代，"自然法"完全得以实现，人们生活在纯洁、神圣、正义的状态中。人类堕落以后，绝对完美的人性和自然法都不复存在，人们不得不运用自己的理性设计一些制度、规则来维护秩序与和平，国家、政府、法律、财产等就属于这些制度规则。根据圣·奥古斯丁的观点，世俗法律必须与天国的永恒法相符，因为永恒法的正义才是最高的正义，违背了永恒法的世俗法必然无效并应予摒弃。

托马斯·阿奎那是中世纪晚期经院哲学最伟大的代表人物，这一时期的神学和哲学在他宏大的思想体系中双双达到了顶峰。托马斯将法分为永恒法、自然法、神法和人法，显然受到了早期基督教法哲学的影响。与他浓郁神学色彩的法哲学不同，托马斯的正义理论更多地偏向亚里士多德和西塞罗的世俗正义观，努力将正义的神圣与世俗品格完美均衡。他把正义定义为"一种习惯，依据这种习惯，一个人根据一种永恒不变的意志使每个人获得其应得的东西"。① 这位天使博士将法律的调整对象明确界定为人的外部行为，在他看来，"在这些行为中，均衡性至为关键，因为平等对待就依

---

① ［美］E. 博登海默：《法理学：法律哲学与法律方法》，邓正来译，中国政法大学出版社1999年版，第31页。

赖于它”。① 他把正义分为：第一，分配正义（distributive justice），即“按照人们的地位而将不同的东西分配给不同的人”；第二种是交换或矫正正义（commutative or corrective justice），它关注的是不同主体间的交易及出现不当和违法行为后如何调整的问题。第三种是法律正义（legal justice），通过法律正义，个人对社会整体的义务表现出来。在他看来，苏格拉底就曾给这种正义作出过活生生的榜样。

四、喧嚣中的理性正义

理性，人的理性！人因有理性而具备了自然律法的神力。不再有天国神法的预先安排，也不再有普适万物的道德真理，唯有人的理性至高无上。正义与人的理性紧密相连、互助同构。笛卡尔，这位近代哲学之父，成功地将形而上学扫出了理性哲学研究的大门，并将人的理性复位为经验的体察而非超验的神光。理性主义时代是一个唯理论的时代，人的理性在这一时代得到了前所未有的关注和张扬。在理性主义的鼓舞下，尤其随着近代自然科学的突破性进展，人们逐渐抛弃了超验、形而上学、抽象观念等非理性范畴，并倾向于从实存层面对这些事物加以彻底否定。在这样一种大气候下，对司法正义的探索也带有鲜明的理性色彩和启蒙色调，突出表现为功利与实证主义正义观的兴起。

功利主义是一场风行于 19 世纪英国的哲学思潮，其代表人物有边沁、穆勒等人。虽然功利主义哲学的基本框架由边沁奠定，但功利主义的正义观主要是由穆勒创立。他首次将功利原则和正义问题联系起来，并认为正义是功利原则的体现。穆勒认为，正义观念具有流变性，但肯定存在共享的正义和正义观，因为遭受不正义是任何信奉功利原则的人都所不愿意的。穆勒总结说，“所谓合乎正义的不过是合乎一己利益的……正义仍然一般是比其他任何一类更

① ［美］卡尔·弗里德里希：《超验正义：宪政的宗教之维》，周勇、王丽芝译，三联书店 1997 年版，第 30 ~31 页。

为重要，因此更为绝对和必要的社会功利性的名称”。① 尽管如此，穆勒并未完全将正义置于功利命令之下。他认为正义感的渊源应当到两种情感而非单一功利中去寻找，这两种情感就是自卫的冲动和同情感。穆勒认为，正义乃是“一种动物性的欲望，即根据人的广博的同情力和理智的自我利益观，对自己或值得同情的任何人所遭受的伤害或损害进行反抗或报复”。② 正义情感是利己和利他的均衡。

分析实证法学派真正将功利主义正义论转化为法学思想。法国数学家、哲学家奥古斯特·孔德被认为是现代实证主义的奠基人。他曾将人类思想的进化分为三大阶段：神学阶段、形而上学阶段和实证主义阶段。实证主义（positivism）作为一种科学态度，它反对先验的思辨、玄虚的精神，拒绝认知自然“本质”的可能性，主张移用自然科学的研究方法进入社会科学领域。在法学上，其代表人物有被誉为“法理学之父”的分析法学派的鼻祖约翰·奥斯丁。

奥斯丁认为，实在法包含着自身的正义与非正义的独立标准，凡是违背该实在法“就是非正义的，虽说根据另一种更高权威的法律这种做法有可能是正义的”。③根据这种观点，我们可以认为，实证主义的正义观的核心就在于，凡是实际存在的法律就是代表正义的法律，违背这种实在法本身就是不正义的，尽管从纯粹道德的观点来看，这种“违法”行为可以原谅和宽恕。

尽管这一时期人的理性“一统天下”，但在众多思想家的论说中也能找到尖锐的对立。如荷兰法学家格劳秀斯认为，人天生具有一种在社会中和平生存的能力，凡是符合这种社会能力即是符合人的理性本质，便是正确和正义的，反之便是错误且非正义的。与格劳秀斯唱“对台戏”的是霍布斯。他认为，人本质是自私自利、野蛮残忍的。在自然状态下，人与人之间充满仇恨、恐惧和不信

---

① J. M. Kelly：《西方法律思想简史》，王笑红译，法律出版社 2002 年版，第 305 页。

②③ ［美］E. 博登海默：《法理学：法律哲学与法律方法》，邓正来译，中国政法大学出版社 1999 年版，第 107～108、120 页。

任，每个人对他人而言，始终处于战争状态，不是人而是狼。基于这样一种人类学和心理学前提，霍布斯主张，运用人的理性设计出一个巨大的“利维坦”（Leviathan）以集中行使主权。基于这种集权的需要，作为主权者命令面目出现的法律就无所谓正义与非正义，“任何法律都不可能是非正义的”。① 在这种法学思维下，司法权运行具有了相对明晰的范围，与近代民族国家的兴起相协调，司法正义的神圣也龟缩到国家主义的符号与旗帜之下。

唯理论的法哲学推动了近代法典编纂运动的兴起。1804 年法国拿破仑民法典、1811 年奥地利民法典都是这一时期法典编纂运动的光辉作品。司法成为立法的附属，法官成为议会的玩偶，机械司法的呼声日益高涨。此种情境下，以康德为代表的理性批判主义法哲学尤显不凡。

康德认为，正义的绝对命令是：“你要这样行事，既让你的行为准则可以变成普遍的行为准则。”正义所关注的平等不能是比例的平等，只能是数量的平等。其正义理论听起来似乎是摩西式的，“唯有报复权（以牙还牙权），方能确切地指明惩罚的数量和质量；一切其他的摇摆不定，且由于他人干预之理由，不能遵守纯粹的和严格的正义之箴言”，“但假如他行谋杀之事，就必死。在此没有满足正义的代偿物，在一个即使充满苦恼的生与死之间，不存在相似性”，“虽然某个市民社会，经其成员同意自行解散（如居住在一个岛上的民众，决定各奔前程，分散到世界各地），监狱里最后一个谋杀犯必先被处决，以上每个人得到自己行为应有的回报……也就是，有多少进行、或命令或参与谋杀的杀人犯，就有多少必须遭受死刑；所以，正义被作为依普遍和先验地形成的法律之司法权观念……”“假如正义毁灭，人们生活在地球上的价值不复存在。”② 可见，康德真正的意图不是宣扬报复的合理，他不过以某

① 转引自［美］E. 博登海默：《法理学：法律哲学与法律方法》，邓正来译，中国政法大学出版社 1999 年版，第 48 页。

② 转引自［德］阿图尔·考夫曼等主编：《当代法哲学和法律理论导论》，郑永流译，法律出版社 2002 年版，第 97 页。

种极端的形式表明，司法权不是理性经验的造物，而是纯粹先验的正义——它的运行规范也不能倚赖经验中的立法或判例框构，只能通过理性的批判与批判的理性之均衡达成。①

历史主义的正义观与理性主义的正义观也大不相同。后者高唱人的理性至上，认为正义须由人之理性诠释和宣扬，无理性即无正义。正义并不神秘，它可知可感，可具化为规则，可书写进法典。与此相对，前者反对人的理性万能，认为正义只存在于缓慢的历史进化中，通常表现为神秘莫测的民族精神及习惯法。

历史主义法哲学的代表人物有德国的胡果、萨维尼，英国的梅因、美国的卡特等人。赫伯特·斯宾塞也是其中重要一位。在达尔文《物种起源》的影响下，斯宾塞创立了体现历史主义特色的正义理论。他认为，正义就是每个人的自由只受任何他人享有的相同自由的限制。他论辩说，正义内含两种要素：正义的利己要素要求每个人从其本性和能力中获取最大利益；正义的利他要素则要求人们意识到，具有相同要求的人必然会对自由施加限制。这两种要素的结合就产生了斯宾塞所说的“平等自由”的正义法则。但，正义只有在川流不息的历史进化中方能彰显此中真义。

第二节　正义阐释的法理标准

面对正义论的多元与繁复，德沃金曾表达过这样的看法：正义有其发展的历史，当我们学着采取阐释性态度去对待我们发现其他人以正义的名义提出来的要求、正当理由和辩解时，我们每个人都处在这段历史中。在他看来，正义理论的争论实质上是正义阐释范例的互相攻讦。在当代，许多法哲学家同样对正义理论作出了不朽的贡献。他们当中，有新自然法学派的得力干将，有新分析实证主义法学的扛鼎人物，也包括社会学法学的理论代表。他们的正义理论各不相同，但又互有关联。他们的言说在历史上都能找到先声，

---

① 康德的正义论实质上可名为“公共正义论”。详细的阐述，可参见［德］康德：《法的形而上学原理》，商务印书馆1991年版，第131～132页。

他们的睿智踏响了正义理论历史之谷的当代足音。如何从司法哲学的视角审视、吸收、转化这些珍贵的学术资源，形成一种综合性的正义阐释的司法范例是本节探寻的重点。

一、正义的前设与契约标准

休谟曾对不需要正义的存在环境作了五种假设，一种是绝对的富足，一种是普遍的爱，一种是极端而普遍的贫困或暴力，一种是一些富有理性但无力自卫的人的对抗，最后是个人之间的彻底分离，每个人都处于彻底的孤独之中。① 在这些虚构的环境中，正义都没有价值，或者说不存在正义的前设条件。为了解决正义价值的前设标准问题，霍布斯、洛克、卢梭都曾以“思想试验”的研究方法探讨过人类的原初状态。他们共同缔造了正义的契约标准，将伟大的古典自然法推向一个“正义为先”的新时代。新自然法学派的贡献，核心也在于从法律价值论的层面揭示了正义的基本原则，塑造了法律的形而上风格，为司法的法律发展功能创生了有利前提。

有关正义的前设，即使同是社会契约论者，也会存在观点的分歧。比如霍布斯认为，在人们立约摆脱自然状态的同时，他们就受他们所立契约的约束，正义就在于维持这一契约。无论这一契约造成多么不合理的后果，只要当初签约时基于自由和平等，任何人都必须信守契约。原初状态的不正义是无法矫正的。洛克则与之不同。他认为不正义是可以纠正的，必要时可以借助于革命。因而，一旦实现正义之路受阻于虚构的契约，那就必须更主动地寻找更高的正义标准。洛克认为，那些被指派去维护正义的人甚至可能成为不正义的始作俑者。在他看来，否定生命、自由和财产这些天赋权利就是不正义，而这些不正义，社会契约虽然无法事先纠正，却是可以通过反抗和革命加以矫治。

在当代，正义契约论聚焦为宪法正义论。著名比较法专家莫

---

① 参见［法］安德烈·孔特—斯蓬维尔：《小爱大德：人类的18种美德》，吴岳添译，中央编译出版社1998年版，第76页。

诺·卡佩莱蒂指出，曾有过一个自然正义的时代，当时国王和议会的法令据说须服从一种更高级的不成文法。随着英国和法国的革命，实在法正义的时代到来，其特征就是书面的制定法和民众立法机关占据着正义阐释的首要地位。我们现今的时代业已见证了宪法正义的萌芽，它在某种意义上把法律的形式和自然正义的实质结合起来，许多国家已通过成文宪法重申了高级法原则，从而使三种观念融合一体即法原则至上性、高级法书面化和宪法司法化。这种正义均衡的宪政成果最早出现在美国，此后被许多国家视为对于任何地方的法治皆至关紧要。① 如何通过宪法这一伟大的“新社会契约”达成正义前设的自由与平等，维护人之原初权利的起点公平，特别是通过一种公正的司法机制实现宪法许诺的人权理想，可以说是当今宪政与法治思潮的最亮色。

二、正义的范围与类型标准

将正义的范围界定在法价值论的层面，是新自然法学派的杰作。拉德布鲁赫这位当代德国最负盛名的法哲学家，他的“理论转向”（由早期的分析实证主义法学转向新自然法学）曾被视为当代法学发展的标志性事件之一。拉德布鲁赫认为，在正义问题上，人们通常有三种态度：个人主义、非个人主义和超人格主义。个人主义的态度认为正义与个人自由紧密相连，它把个人自由看做最高的善，当然也是正义和法的目的与根基。非个人主义的态度则与此相反，它奉行的是一种崇拜国家，认为国家权力至高无上的权力正义观。与前两种态度都不同，超人格主义的正义观则将文明（文化）视为最高的善，认为法、国家、正义、个人自由的价值均从属于文明的价值，都是文明的体现。② 在他看来，只有将正义界定在文明价值的范围，才能有效理解法与法律的不同，对那些“不

① 参见［意］莫诺·卡佩莱蒂：《比较法视野中的司法程序》，徐昕、王奕译，清华大学出版社 2005 年版，第 131～132 页。

② 张文显：《二十世纪西方法哲学思潮研究》，法律出版社 1996 年版，第 170 页。

法的实在法”保持必要的学术警醒，避免纳粹时代“恶法亦法”悲剧的重演。

具体而言，拉德布鲁赫将法的价值分为三种：正义、功效和确定性。他认为正义优先于功效、确定性，是法价值的首要内容。正义要求法符合基本的道德价值，功效要求法着眼于社会功能，确定性则要求人们承认法律和司法裁决而不论它们是否符合正义及产生功效。拉德布鲁赫的正义论内含三个部分：（1）平等观：它关注的是，相同的东西相同对待，不同的东西不同对待——这是绝对的，也是形式的正义；（2）目的观：它关注的是正义的内容性原则。在这一问题上，拉德布鲁赫坚持的是与“自由正义观”、“权力正义观”不同的“文明正义观”；（3）功能观：它关注的是正义内容的如何实现。基于这三个部分，我们可以将正义分为：平等的正义、目的的正义和功能的正义。在不同的司法个案中，我们需要明确正义的有效范围，在相对确定的语境中寻求案件的正义解决，而不是漫无边际、高度抽象地宣扬正义、鼓吹正义。

与拉氏文明正义论形成对照与互补的是赫费的政治正义论。在这位当代德国著名法哲学家和伦理学家看来，法哲学和法伦理学的核心思想是政治的正义性。政治正义指的是法和国家必须符合的道德观念，它是区分法和国家形式是否合法的准则。赫费考察了两种极端的正义观，一种是法和国家实证主义的正义观，把正义和道德问题排除在法和国家讨论之外，“一是剥夺了正义问题的生存权，法和国家也就只能由实证科学研究了”。① 另一种与之对立的极端倾向是无政府主义的正义观，主张正义问题的绝对不确定性。赫费称前者为政治教条主义，后者为政治怀疑主义。他试图在这两种极端正义观之间找到一个均衡视角。

从语义分析的视角，赫费区别了四种不同类型的正义，即个人的行为正义、个人的思想正义、制度的单面正义和制度的总体正义。赫费说：如果一个警察允许侵犯，如果一个法官不倾听被告的

---

① ［德］赫费：《政治的正义性》，庞学栓等译，上海译文出版社 1998 年版，第 7 页。

申诉，或一个政治家受人贿赂，我们就可以在第一种正义即个人的行为正义层面指责他们“不正义”。我们若认为他们的这类错误行为是习惯，可以归咎为性格缺陷，从语义学的角度看，就是在第二种正义即个人的思想正义这个层面看问题。然而，如果这类错误行为没有受到惩罚，并且在所涉及的集体中存在导致这类错误行为的方法诱因，我们就要从第三种正义即制度的单面正义这个层面深入分析，因为我们已经涉及对制度某个方面的评价。如果产生这些错误行为的方法诱因被证实源于这个集体的基本纲领或总体制度，我们就只能从最后一种正义即制度的总体正义层面作出论断。① 赫费的理论为我们在司法过程中判断正义的类别提供了很好的参照。

三、正义的区域与文化标准

正义犹如古树上的新芽，在不同的地域，面对不同的气候与土壤，会呈现不同的景象。即便都是惹人怜爱的嫩绿，在微观的透镜下也会显出细胞结构与分子运动的诸多差异。普遍、无歧的正义是可欲不可及的构想，只有从文化尤其是法文化的类型学思考出发，才能真正找到正义发挥效用的规律性区间，这即是所谓的“正义区域”。比如现今欧洲人权法院所辖的各国都承认的一系列正义价值观，便证明正义区域现实存在的可能性。

对正义区域的探究作出贡献的，首推那些拥有广阔比较法视野的学者和专家。当然，也不能忘了那些擅长精细描绘、含辛茹苦，活跃在法律人类学舞台的研究者。他们以宏观的理论视野及实证的田野调查，共同组成了正义区域及其文化标准判定的咨询委员会。当某一具体案件发生，面临司法层面的正义判决，我们不得不谦恭地向他们求教，问一问那到底属于何种正义区域的文化现象？在司法认知上应当避免哪些“先见”与“成见”？然而，很可惜，现今的司法职业者很少有如此深究的考古习惯，他们大多满足于一般性

---

① ［德］赫费：《政治的正义性》，庞学栓等译，上海译文出版社 1998 年版，第 44～45 页。

的法令适用，对于所谓的文化差异及正义背景，笑而不答。这种司法实用主义的态度极大阻碍了正义区域的文化研究，也不利于从整体上构建一套司法正义过程的法理标准。

从空间视角，我们可以借鉴比较法专家关于“法律样式”的分析框架，作为正义区域法理判别的基本方法。① 第一，正义区域的构成，应考察法律历史发展的同质性与相似性，依据其程度不同，划分为不同比值的正义区间。第二，内在考察正义区间内的法律思维方式，比如权利本位的正义文化，还是义务至上的正义文化，就代表了两种截然不同的法律思维观念。第三，法律制度的独特标志性作用，也可以成为判定不同正义区间的简捷方法。第四，法律渊源的种类及其解释方法，在不同的正义区间也会呈现很大的差别。最后，那些深层的信仰与思想意识，也构成正义区间判定的文化尺度。

从时间的角度来说，正义区域的判别必须遵循法律发展史揭示的一般规律，尤其要注意吸收那些有关不同生活类型下的法律民族志记载，从个案中寻找与当下的契合点。从一部生生不息的法律史中构建全新的判例法观念与传统，这或许是正义区域论最显著的制度创新价值。原始生活状态下的法律与现代性法律不同，即便是同样的案件，在司法上处于不同的正义区域，所以会呈现判定原则与结果的重大差异。

四、正义的相对与德性标准

美国哲学家宾克莱曾引用一段诗句生动而形象地描绘正义相对论与价值相对主义：“全看你在什么地点，全看你在什么时间，全看你感觉到什么，全看你感觉如何。全看你得到什么培养，全看是什么东西受到赞扬，今日为是，明日为非，法国之乐，英国之悲。一切看观点如何，不管来自澳大利亚还是廷巴克图，在罗马你就得遵从罗马人的习俗。假如正巧情调相合，那么你就算有了

① 参见［德］K. 茨威格特、H. 克茨：《比较法总论》，潘汉典等译，法律出版社 2003 年版，第 106～114 页。

道德。那里有许多思潮互相对抗，一切就得看情况，一切就得看情况……"①

在当代西方法哲学中，"纯粹法学"的代表人物凯尔森在1952年的演讲《什么是正义》中集中表达了正义的相对性观点，并揭示了正义内在的德性要求。

凯尔森说："自古以来，什么是正义这一问题永远是存在的。为了正义的问题，不知有多少人流了宝贵的鲜血和痛苦的眼泪，不知有多少杰出的思想家，从柏拉图到康德，绞尽了脑汁，可是现在与过去一样，问题依然未获解决。"② 凯尔森把古往今来的正义学说分为两大派：形而上学—宗教派和理性主义派。以运命、灵魂、理念等为核心的正义观都属于前者，以柏拉图为代表；以平等、各得其所、绝对命令等为中心的正义观都属于后者，以康德为典范。但，这两派都未能将绝对主义的正义观阐明弄清。凯尔森还批评了各种自然法理论，声称它们混淆了法和正义。因为正义的客观标准并不存在，"不正义的法"自然也成了人们的一种价值判断，与它是不是法、有无法的效力这些客观事实没有关系。

凯尔森认为，"正义首先是属于社会秩序的一种可能而非必然有的一种品质，其次才是属于个人的德性，因为个人的正义性取决于他是否符合那被认为代表正义的社会秩序的行为准则"。③ "绝对正义是不合理性的理想，或者说，它就是一种幻想。"④ 在结束"什么是正义"这一著名演讲时，凯尔森提出了相对正义的宽容原则。他说："在相对主义的正义哲学中包含着一项特殊的道德原则——宽容原则。所谓宽容原则就是同情地了解他人的宗教或政治信仰——尽管不接受他们，但也不阻止他人自由发表。"⑤凯尔森最后总结说，"我不知道也不能说出什么是正义，即人类所渴望的绝

---

① ［美］宾克莱：《理想的冲突》（中译本），商务印书馆1986年版，第9~10页。

②③⑤ ［奥］凯尔森：《什么是正义?》，载《现代外国哲学社会科学文摘》1961年第8期。

④ Morrison, Wayne. Jurisprudence. Cavendish Publishing Limited , 1997, p. 384.

对正义。因为研究科学是我的职业，因而也是我生命中最重要的事情。在我看来，正义是那种社会秩序，在它的保护下人们能自由探索真理。所以，‘我的’正义是自由的正义、和平的正义、民主的正义——宽容的正义”。①

正义本身就是德性的汇集，作为美德的正义的本质，就是“对权利平等的尊重而不是对力量的尊重，是对一切个人而不是对权势的尊重”。② 亚里士多德称正义为“完全的美德”，就说明它是一切美德的远景，是它们共处的法则，正义不能取代幸福，但是没有一种幸福少得了它。

五、正义的原则与社会标准

正义有相对性的一面，这主要体现在它的伦理立场必须是多元、宽容的。正义也有绝对性的一面，这主要反映在它的法理原则必须立基于社会正义的普遍要求。作为法价值核心的正义，首先应当回应社会不公的理论诘难，从原则上明确正义的社会实现方式，而不是一开始就寄希望于彻底达成个体权利的具体正义。

罗尔斯在《正义论》这部伦理学经典之作中，开宗明义地指出：“正义是社会制度的第一价值，正像真理是思想体系的首要价值一样……作为人类活动的首要价值，正义和真理是绝不妥协的”。③ 既然罗尔斯一开始就把社会正义定位为社会制度的首要美德，他就必须在理论上阐明这种社会正义的来源、内容和功用。

罗尔斯认为，社会正义来源于人们的理性选择。为了更清楚地描述这种选择，罗尔斯不惜虚构了一张“原初之幕”，即著名的罗氏“原始状态”（original position）和“无知之幕”。在“原始状态”下，自然资源既不极端充足也不十分贫乏，人们既有合作的

---

① ［奥］凯尔森：《什么是正义?》，载《现代外国哲学社会科学文摘》1961 年第 8 期。

② ［法］安德烈·孔特—斯蓬维尔：《小爱大德：人类的 18 种美德》，吴岳添译，中央编译出版社 1998 年版，第 59 页。

③ J. Rawls. A Theory of Justice. Harvard University Press, 1971, p. 1.

需要也不至于因为生计无望而相互厮杀。更重要的是，“原始状态”下，还有一层“无知之幕”，人们既不知道自己的信仰、兴趣、能力、经历，也不知道自己在社会中所处的地位，甚至对生活其中的自然环境也不大了解。他们只知道社会上有竞争，大家相互间有敌意，资源不足以分配到每个人都满意。人们根据纯然的利己动机生活，对未来没有确定的预期，不知道哪一天自己也会沦为社会的底层。因此，人们真诚地关注社会弱者的生活境况，并尽力改善之，以防自己陷于同样的悲惨。罗尔斯认为，正是这些特点造成了公平的观念和正义的原则。

罗尔斯接着指出了社会正义的两项基本原则和内容：第一项原则：“每个人都享有和其他所有的人同样自由相容的最广泛的基本自由的平等权利。”第二项原则：“社会和经济的不平等将以下列各项原则安排：（1）它们对每个人都是有利的；（2）它们与职位相连，而职位对所有人都开放。”① 罗尔斯把第一项原则称为“最大的均等自由原则”(principle of greatest equal liberty)，将第二项原则称为“差异原则”(difference principle)。这里需要特别指出的是，“差异原则”分为两个部分：第一部分可称之为“差别原则”，它要求社会和经济的不平等安排应对所有人有利，特别是能将那些处于不利地位的社会贫弱者获得最大可能的利益；第二部分可称之为“公平的机会均等原则”，它要求社会—经济不平等与职位相连，而职位在公平的机会均等条件下对所有人开放。②

六、正义的核心与权利标准

与罗尔斯社会正义论争锋相对的，是强调个人自由权利的正义论。在西方，其代表人物是诺锡克与哈耶克。他们的正义论因强调正义的核心在于个体权利的实现，所以可统称为权利正义论。

诺锡克认为，在一个自由的社会，没有哪一组织或集体天然有

---

① J. Rawls. A Theory of Justice. Harvard University Press, 1971, p. 1, 60.

② 张文显：《二十世纪西方法哲学思潮研究》，法律出版社 1996 年版，第593 页。

权分配。所有物品都是个人持有的，只存在一个人有无资格（权利）持有并自由交换、转让的问题，不存在一个超越个人资格（权利）的集体和组织强制性分配或剥夺的问题。因此，他主张，用一个中性的语词“持有”来代替“分配”，即以“持有正义”取代“分配正义”。具体而言，诺锡克的正义理论包含三项原则：（1）获取正义原则：一个人依此原则才有资格持有某物；（2）转让正义原则：一个人依此原则方有资格完成持有物的转让也就是获取一项新的持有；（3）矫正正义原则：它主要针对违背前述两项正义原则的行为，实现矫正，恢复正义。

诺锡克对罗尔斯社会正义论的批判，主要集中在三大问题：社会合作、原始状态和天赋分配。① 通过对罗尔斯理论的反思，诺锡克创立了一种别致的正义论，他的思路和逻辑显示了与以往正义理论的极大区别。他强调个人资格的持有正义，反对天赋权威的分配正义，代表了西方自由主义的激进之翼，在当代西方法哲学和政治哲学中占有重要一席。

在西方，哈耶克是另一位反对社会正义论的激进旗手。他被公认为是西方20世纪著名思想家，一位自由主义的大师级学者。哈耶克认为，社会正义是一种幻象，是人们思想不成熟和原始情感复归的结果。那种认为社会可以通过充分体现道德要求的分配正义实现平等的主张会引领人们“通往奴役之路”，即哈耶克毕生反对的极权主义。社会是一种自生自发的秩序，在这种秩序中，谈论强调道德性和统一性的社会正义毫无意义，只会增加新的麻烦和危险。社会正义论的一个致命缺陷就是片面强调物质的平等，并极易忽略平等待人和促进人际平等这两者之间的实质区别。哈耶克认为，平等待人是自由社会的要求而试图使人际平等“则是像托克维尔描述的那样，意味着‘一种新的奴役形式’”。②

---

① 张文显：《二十世纪西方法哲学思潮研究》，法律出版社1996年版，第599～601页。

② ［英］哈耶克：《个人主义与经济秩序》（中译本），北京经济学院出版社1989年版，第16页。

哈耶克除了反对社会正义，还反对积极正义。他认为，正义与自由一样，都是消极的。所谓“消极正义”指的是不依赖政府、国家细密保护，自由实现的个人正义，其内容不能为任何一个权威机关精确划定，其实现也只能依靠个人在具体生活中不断摸寻。哈耶克强调规则的正义，认为正义是法律的必要基础。法律必须服务于正义而非特殊的利益，不论这种利益属于个人还是政府，不然，法律就可能毁坏个人自由。法的精神源于正义规则在具体事态中的运用，其实质是自生自发内部秩序的内在要求，特别是个人权利的理性需求。

七、正义的判断与利益标准

功利主义正义观的奠基人穆勒曾就正义的功利标准论述如下：(1) 剥夺任何人的人身自由，财产或任何依法应属于他的东西，是不正义；(2) 不论其法律地位如何，剥夺或拒绝给予一个人对之享有“道德”权利的东西是不正义；(3) 每个人得其应得，是正义，而得其不应得，是不正义；(4) 对任何人背信弃义，或者违反约定，或者以自己的行为故意或自愿地引起他人的某种希望而又使这种希望破灭，是不正义；(5) 偏袒一方，就是违反正义。

正义判断必须遵循利益衡平的内在法则，这一点功利主义正义观念为社会学法学派吸收。庞德有言：我们都需要地球，都有大量的愿望和要求需要满足。我们有那么多人，却只有一个地球。每个人的愿望不断地与邻人相冲突或者相重叠。因此，不妨说这是一个任务艰巨的社会工程，其任务是创制物资、手段，以维持生存需要并满足共同生活在政治组织社会里的人们的愿望和要求。即使这些物资、手段无法满足人们的全部需要，至少也应当尽可能地人人有份。这就是我们为什么说法律的目的在于正义。我们不以为正义是一种个人美德；我们不以为正义是人们之间的理想关系。我们以为正义是一种制度，我们指的是这样一种关系的调整和行为的规制：它将使维持生存的物资、满足人类享有物质和采取行动所需求的手段，能够尽可能在最少摩擦与最少浪费的情况下人人有份。

庞德将法律所要维护和保障的利益分为三大类：个人利益、公共利益和社会利益。个人利益指的是涉及个人生活并以个人生活名义所提出的主张、要求或愿望；公共利益指的是涉及政治组织的社会生活并以政治组织社会的名义提出的主张、要求或愿望；社会利益指的是涉及文明社会的社会生活并以这种生活的名义提出的主张、要求或愿望。庞德拒绝对上述利益的严格标准表态，在他看来，"法学家所必须做的就是认识这个问题，并意识到这个问题是以这样一种方式向他提出的，即尽其可能保护所有的社会利益，并维持这些利益之间的、与保护所有这些利益相一致的某种平衡或协调"。① 庞德将正义的司法机制分为据法司法（justice with law）和超法司法（justice without law）两种。在他看来，据法司法是指根据权威性律令、规范（模式）或指南而进行的司法，这些律令、规范或指南是以某种权威性技术加以发展和适用的，是个人在争议发生之前就可以确知的，而且根据它们，所有人都有理由确信他们会得到同样的待遇。超法司法则是根据某个在审判时拥有广泛自由裁量权且不受任何既定的一般性规则约束的个人的意志或直觉进行的。庞德认为，利益均衡的关键就在于这两种司法形式能否达成有效的平衡。"一个法律制度之所以成功，乃是因为他成功地在专断权力之一端与受限权力指令一端达到了平衡并维持了这种平衡。这种平衡不可能永远维续下去。文明的进步会不断地使法律制度失去平衡；而通过把理性适用于经验之上，这种平衡又得到恢复，而且也只有凭靠这种方式，政治组织社会才能使自己得以永久地存在下去。"②

八、正义的交叠与底线标准

历史学鼻祖希罗多德讲了个故事：大流士王问希腊人，什么代价可以使你吃掉你父亲的遗体？希腊人的回答是：不可能，没有什么能够迫使我做出如此罪恶的行径。大流士王又问印第安人，什么代价可以使你火化掉你父亲的遗体？印第安人的回答与希腊人完全相同。在希腊人看来，不火化掉父亲的遗体是非正义的，而在印第

①② ［美］E. 博登海默：《法理学：法律哲学与法律方法》，邓正来译，中国政法大学出版社 1999 年版，第 148、149 页。

安人眼里，不吃掉父亲的遗体是非正义的。正义观念迥然不同的背后有着一个共同的正义标准，那就是爱护父亲的遗体。正义观是文化交叠的产物，具有多样性和相对性，但人类社会的正义也存在最低的底线，对它的基本原则和具体内容的探讨也成为法学的永恒命题。

佩雷尔曼是比利时布鲁塞尔自由大学法哲学中心主任、原国际法哲学和社会哲学协会主席，他对作为正义底线的形式正义论作出过深入系统的阐述，在国际上有相当的影响。佩雷尔曼对“正义”由衷赞颂，他言辞恳切而热烈：“正义是人类灵魂中最纯朴之物，社会中最根本之物。它是宗教的实质，同时又是理性的形式，是信仰的神秘客体，是知识的始端、中端和末端。人类不可能想象得到比正义更普遍、更强大和更完善的东西。”① 但是，正义却是人类发明的最为混乱的概念之一。为了正“正义”之义，佩雷尔曼区分了6种流行的正义概念：（1）对每个人同等对待的正义；（2）对每个人根据优点对待的正义；（3）对每个人根据工作对待的正义；（4）对每个人根据需要对待的正义；（5）对每个人根据身份对待的正义；（6）对每个人根据法定权利对待的正义。②

在概述了6种正义概念之后，佩雷尔曼还指出了人们对待正义概念的三种态度：第一种是“放任多元”的态度，即认为各种正义概念互不相关各自独立；第二种是“强加统一”的态度，即认为在各种正义概念中可找出一个最具说服力的定义“统一”其他的表述；第三种是“交叠求同”的态度，即在各种不同的正义概念中找到相同的部分，也就是它们共同的思想，从而得出一种形式或者说抽象的正义概念。佩雷尔曼认为，第三种态度才是对正义概念合理分析的正确态度，他本人也是采取这种方法推导出形式正义是正义之基本底线结论的。

---

① C. Perelman. Justice, Law and Argument. D. Reidel Publishing Company, 1980, p. 1

② 参见张文显：《二十世纪西方法哲学思潮研究》，法律出版社1996年版，

佩雷尔曼认为，自亚里士多德以来，正义概念的共同思想就是平等，对每个人而言，正义总意味着某种平等。从中，佩雷尔曼导出了形式正义的概念。他认为，正义就是以同等方式待人，形式正义就是“一种活动原则，根据该原则，凡属同一基本范畴的人应受到同等的待遇”。① 根据这一界定，在佩氏考察过的六种正义概念中，只有第一种符合形式正义论的要求，其余五种概念描述的都是具体正义而非形式正义。

德国法学家魏德士提出，正义可以从主观和客观意义上来理解。主观意义上的正义就是个人美德，个人因诚实、正直而受人尊敬；客观意义上的正义就是指社会状态和规则、制度具有道德合理性，两种正义交叠而成的标准就是所谓正义的底线，这些标准包括：(1) 体现人类尊严和个人自由的自决权；(2) 平等和符合事实性；(3) 相当性和公平性；(4) 法安定性的最低要求；(5) 国家行为的社会后果的权衡。②

九、正义的操作与程序标准

当正义的大词临近社会系统的实况，如何操作正义就显得无比重要。德国法社会学的代表人物卢曼，他有名的系统理论就可被视为一种有关正义操作的“程序系统论”。卢曼认为，完全不存在诸如“正确性”、“正义”、“真理”。它们只是用来表达善良、假定对世界有力控制的合理之意图，简言之，就是一种美好的象征。根据卢曼的理论，系统的功能无所不包，系统自我制造自我承认，“通过程序具有合法性”。因此，重要的不是“正义”将获实现（正义甚至根本就不存在），而是系统发挥功能，借此来降低社会的繁杂性。③

---

① C. Perelman. Justice, Law and Argument. D. Reidel Publishing Company, 1980, p. 11.

② 参见［德］伯恩·魏德士：《法理学》，丁小春、吴越译，法律出版社2003年版，第180-182页。

③ ［德］阿图尔·考夫曼等主编：《当代法哲学和法律理论导论》，郑永流译，法律出版社2002年版，第188~189页。

卢曼认为，法与社会不可分离。他指出，“人类的共同生活，都直接或间接地带有法的性质。作为社会构成要素的法，和知识一样，会渗透到社会的各个角落，缺少法律来考虑社会是不可能的”。① 卢曼将法分为古代法、前现代法和实在法三个发展阶段，并运用系统理论全面分析了实在法的结构和功能，他的程序正义论就是在这一分析中形成的。

卢曼的法律和正义理论奠基于如下这样一个背景：恒定的系统，即基于永远强调价值的法律系统，只能在一个相对静止的社会中发挥功效。因此，在卢曼那里，正义首先是剥离了社会变动性的程序性内容。只有在这样的程序正义基础上，法律系统才能发挥自我控制及控制社会的功能。卢曼将“社会”的范畴极力缩小，“人”成为“社会”的环境要素，而非传统意义上的主体要件。卢曼力图揭示的不是“法律与社会”的并列关联性，不是庞德心中“通过法律达成社会控制”之类的雄心壮志，而是“社会之法”(society's law) 的沟通性构建。② 卢曼力图将社会、人、法律尽量区隔，联系三者的只有“社会沟通”一途。“卢曼的社会沟通必须是有意义的沟通，这个意义已经远非韦伯社会学中的作为人的行动者所体验的意义，而是社会自身通过区划（distinction）和形式(form) 所产生的系统自我观察的意义，空无一人的社会，无人之境的法律系统，社会（或法律）只是从一个沟通到另一个沟通的连接并生产自身意义的系统，这就是卢曼的‘法律’图像，难怪图布依纳要在耶鲁法学院的演讲中说卢曼的理论就是‘酷’(cool)。”③

在卢曼看来，社会沟通不同于个人信息的交换与互动，而是在特定环境背景条件制约下的信息、传达与理解的综合与均衡。而要

---

① ［德］卢曼：《法社会学》（日文本），岩波书店 1977 年版，第 1 页，转引自何勤华：《西方法学史》，中国政法大学出版社 1996 年版，第 485 页。

② Niklas Luhman. Law as a Social Social System. Oxford University Press, 2004, pp. 59-60.

③ 宾凯：《法律如何可能》，载《北大法律评论》第 7 卷第 2 辑，北京大学出版社 2006 年版。

实现这种有效的社会沟通，必须首先达成社会系统的自我指涉，“唯有封闭才能认知”，对社会认知如此，对法律认知同样如此。卢曼反对将诸多无法均衡的个人意识纳入社会分析的框架，因为这些因素是不能自我指涉的不确定信息，无法完成社会沟通的全部历程。卢曼的社会观是荒无人烟的玉宇琼楼，被很多评论者认为是主体死亡的后现代哲学。对于法律系统的理论建构，卢曼同样采用了这样一种独特的“反人气”处理法。他认为法律系统中的主要元素如果是“人”，那么，法律的“自创生”与自治皆无可想象。只有透过封闭的法律沟通才有望实现开放的法律均衡。他提出，以“操作”的视点观察法律系统，并将“法律是什么（what）”的传统法哲学设问转换为“法律怎么样（how）”的操作性命题。他坚定地指出：“必须从结构转向操作……法律统一不是被任何确定的终极理想一般提供的，而是被生产和再生产特定法律意义的操作专门制作的。此外，我们假设的那些操作必须是可从外部观察的系统内操作。这意味着，操作的封闭性。”①

卢曼的程序正义论清晰地向我们揭示：“正义”乃是一种系统自身的纯程序操作，与内容并无关系。在正义问题上，完全不存在“为什么”和“是什么”，只存在“如何做”和“怎样做”。

十、正义的神圣与宪政标准

操作正义的程序运行到裁判末端，判决自身的合法性问题便会凸显。如何将正义与司法终端的神圣性结合，构成了法律的超验品格与宗教之维。著名法学家伯尔曼认为，在最近四百年里，西方的法律正不断丧失其神圣性，日益变成纯功利的东西。与此同时，西方的宗教也逐渐失去它的社会性，慢慢退回到私人生活中。正义与神圣之间的纽带开始断裂，它们正变成两种互不相干的东西。要重新统一法律与宗教，首先必须克服二元论思维模式。伯氏认为，新的时代将是一个综合的时代，在这个时代里，“非此即彼”让位于

① Niklas Luhman. Law as a Social Social System. Oxford University Press, 2004, p. 78.

"亦此亦彼"。不再是主体反对客体，而是主体与客体交互作用；不再是意识反对存在，而是意识与存在同在；不再是理智反对感情，或者理性反对激情，而是整体的人在思考和感受。如此，法律与宗教的畛域将逐渐消失，正义的便是神圣的，神圣的便是正义的。否则，既没有正义也没有神圣。

他从西方法律革命与法律传统的独特视角，指出"实现正义一直被宣布为是法律本身的救世主思想，它起初（在教皇革命中）与末日审判和上帝王国相联系；然后（在德国革命中）与基督教徒的良心相关联；稍后（在英国的革命中）与公共精神、公正和过去的传统相联系；最晚近（在俄国革命中）与集体主义、计划经济和社会平等相联系"。① 正义范例的变迁是法学与法律革命的标志，正义神圣与神圣正义的法哲学基础，构成了现代宪政宗教的原旨动力。

第三节　均衡正义的司法构造

一、正义均衡的法律价值

法的价值，是个内蕴丰富外延广阔的概念。就当代中国法学而言，法的价值，或法律价值，是20世纪80年代从西方法学作品中引入的一个概念。从字面上讲，它包括三层含义：第一，它指的是法促进哪些价值；第二，指法本身有哪些价值；第三，在不同类价值之间或同类价值之间发生矛盾时，法根据什么标准对它们进行评价。从这个意义上讲，法的价值即是它的评价准则。②

就正义而言，首先，它是法促进的核心价值。没有哪个国家的法律公然宣称不是为了正义的实现，尽管有时候正义只是一块美丽的招牌，但这毕竟说明正义作为法关注的价值并非人们一时的

① ［美］伯尔曼：《法律与革命》，贺卫方等译，中国大百科全书出版社1993年版，第25页。

② 参见沈宗灵：《法·正义·利益》，载《中外法学》1993年第5期。

“心血来潮”，而的确存在内在的原由。其次，正义也是法本身的价值。我们经常说法律也有良恶之分，表明的就是用正义价值评判法律的自然法哲学态度。最后，也是最为关键的，正义还是各种法价值之间冲突、矛盾的“平衡者”和“仲裁人”。因为，无论是自由、平等还是安全、效益，这些基本的法价值都与正义紧密相关。更确切地说，很多情况下它们都是正义的一个面相，就像子女间的争斗最终都要父母出面调解一样，正义在很多时候充当了法价值系统内部的“评判官”，它本身就是一套很好的评判规程。“利益、自由、效率、秩序作为社会价值之一，固然为社会发展所必需，但都不能作为社会的终极价值准则，它们最终都要受到公平正义这一基准的评判和检验，其中的任何一项均不具备超越社会公平正义价值的能力。一个社会的善恶及其文明程度，最终要看它是否奉公平正义为最高价值准则。”① 一言以蔽之，正义不仅是一项普通的法律价值，而且它还充当着法的价值均衡者这一至关重要的角色。

（一）正义与自由

自由是法的一项基本价值。约翰·洛克宣称，法律不是废除和限制自由，而是保护和扩大自由。在一项正义的法律制度中，自由总是居于核心地位。然而，在人类历史上，总有诸多不自由和反自由的情形，奴隶制的存在就是典型一例。但人们可以以这种制度不合正义为由将其废止，美国南北战争最终击垮了奴隶制就是很好的说明。除了维护和保障自由，正义还可以对自由加以正当限制。自由不是绝对的个人自由，它需要以正当限制为存立前提，正义恰是对自由加以正当限制的内在基准和根本尺度。

例如，我们对言论自由的法律限制，在很多时候、很大程度上就是正义的要求和体现。因为我们的言论很可能因为缺少规则的疆界而毁损他人的自由权利。诚如卢梭所言，人人生而自由，但无所不在枷锁之中。体现了正义要求的法律就是我们每个高贵的头颅都必须自愿接受的温柔枷锁，如果我们的言论侵犯了他人的名誉或隐

---

① 徐显明：《法学的使命在于改善对正义的管理》，载徐显明主编：《法治与社会公平》，山东人民出版社 2007 年版。

私（它们也是自由权利），法律的正义性就会彰显矫正的功能。

除了自由之间的冲突，自由与其他法律价值也会产生矛盾。比如，自由与平等的矛盾在法价值系统内就是一对根深蒂固的“夙敌”。在当今中国经济领域，自由与平等的价值冲突表现为效益和公平的取向矛盾：究竟是效益优先，还是公平至上，抑或不分主次同时兼顾？当下，我们流行的提法是“效率优先，兼顾公平”，这种提法在法理上究竟有无根据以及有何根据？这些，都值得我们深思细析。可以肯定的是，要化解公平与效益以及居于幕后的平等与自由的矛盾与冲突，就不能不依靠正义尤其是社会正义的协调与中和。①

（二）正义与平等

正义与平等的关联十分紧密。自亚里士多德以来，以平等为核心的正义观层出不穷、灿若繁星，在人类思想史上形成了一道持久而靓丽的风景。“为正义而斗争，在很多情形下都是为了消除一种法律上的或为习惯所赞同的不平等安排而展开的，因为这种不平等安排既没有事实上的基础也缺乏理性。自有文字记载的历史以来，所有重大的社会斗争和改革运动都是高举正义大旗反对实在法中某些被认为需要纠正的不平等规定的。”②

这里需要特别指出的是：正义是否意味着绝对无差别的平等？显而易见，正义永远不可能实现这一“远大理想”。正义本身具有一定的相对性，不同的群体、不同的时代、不同的文化有不同的“正义”。平等也是一样。平等感的实质就是个人与环境比较后而形成的相互认同。比如，贫富差距在当代各国都是较普遍的社会现象，不容讳言，这种差距肯定是不平等。但适度的贫富差距可以在某种程度上激发贫者与富者之间的相互认同：贫者会仿效富者，以他们为崇拜的偶像；富者会怜悯贫者，以他们为同情的对象。因

① 参见公丕祥：《法哲学与法制现代化》，南京师范大学出版社 1998 年版，第 477 页。

② ［美］E. 博登海默：《法理学：法律哲学与法律方法》，邓正来译，中国政法大学出版社 1999 年版，第 291 ~292 页。

此，问题的关键不在于是否在事实上实现了数量的简单均等，而在于是否从情感上达到了以正义为支点的认同式平等。

平等本身还具有一些最低限度的正义要求，我们可称之为法律平等或形式平等。它指的是："凡为法律视为相同的人都应当以法律确定的方式对待"。这虽然仅是一种形式的平等，但确又是最低限度的正义要求。

（三）正义与安全

正义与安全实际上存在着一种密切的联系。这一点在当今多变的世界体现得尤为明显。霍布斯有言："人民的安全是至高无上的法律"。法律的正义与否很大程度上取决于它的安全价值是否得到充分实现。

安全的含义相当广泛，除了我们常见的国家军事政治安全，个人生命、财产安全，在文明世界，还存在一种愈益重要的安全制度，那就是社会保障。在工业时代，个人力量日益渺弱，其生存发展一刻也离不开社会的分工协作。一旦个人遭受了不可预测的风险或伤害，其生存权和发展权的保障更会更加脆弱不堪。这个时候，个人在经济上就不得不接受社会的额外福利与特别救助。社会保障正是凭借其对个人经济安全加以制度化维护，得到了愈益广泛的认可，因为人们认为它符合了当代的正义要求。

法律的安全价值旨在关注和保护重大的利益和需要，而不是一般的技术性环节。它也旨在改变任意变化的频繁度，只要这种频繁的变化会影响社会实施的重要任务。"从最低限度来讲，人之幸福要求有足够的秩序以确保诸如粮食生产、住房以及孩子抚养等基本需要得到满足；这一要求只有在日常生活达致一定程度的安全、和平以及有序的基础上才能加以实现，而无法在持续的动乱和冲突中予以实现。"①

（四）正义与公共福利

通过法律保障自由、平等与安全，可能会造成三种激进的取

---

①［美］E. 博登海默：《法理学：法律哲学与法律方法》，邓正来译，中国政法大学出版社1999年版，第293~294页。

向：主张绝对自由的无政府主义、绝对的平均主义和因片面沉迷于安全而抵制变革的保守主义。这三种危险时刻存在，因此我们在探讨正义在法价值系统内的统领地位时，必须找到一个均衡协调的支点，那就是正义与公共福利的紧密关联。

协调自由、平等、安全三者之间的矛盾，在各个国家有不同的理论和实践。但可以共享的经验是，公共福利这一概念在处理上述问题时不无用处。只要面临权利的分配，就会面对个人权利与社会利益的平衡难题。个人对自由、平等、安全等价值的追求符合深层的人性需要，对它们加以适当的限制也符合人性的要求，无论是积极的肯定还是消极的限制都要以公共福利为准绳。在这个意义上，公共福利的概念很大程度上就是正义概念的代用语，它可以通过一个比较确定的标准对熔为一炉的自由、平等和安全各自甄别相互分离，特别是当它们发生内耗式的“化学反应”时，可以调和、平息和转化，以确保法价值系统的稳定与和谐。

但公共福利究竟是指什么？这是个异常繁杂的问题，许多思想家和法学家对此有不同意见。我们认为，回答这个问题实际上就是回答另一个问题，那就是，公共福利不是什么？

首先，公共福利不是众多个人利益的简单总和。认为公共利益就是众多成员个人利益的相加和总和，是功利主义法学的观点。但经验和理性都告诉我们，这种“总和”很难通过简单相加而计算出来，并且，个人利益经常与他人、社会利益发生冲突，这实际上是在“做减法”。总之，公共福利很难精确计算，即使计算，也是加减法并用而非简单的个人利益相加算出总和。

其次，公共福利不是单纯的国家与政府利益。我们常说，国家和政府是公益的代表，但这是否就意味着国家和政府的利益就是公共福利呢？这显然是两个不同的概念。国家和政府作为一种政治组织，其运行需要成本，同时也会有收益。它们的利益是一种集体利益，与个人利益及其他的集体利益一道构成了社会利益。但诚如前述，不同利益之间不仅会“相加”，更会“相减”，反复博弈运算后的最终结果才是公共福利。从系统论的观点来看，单纯的国家与政府利益只是一个普通“输入项”，公共福利则是“淘尽黄沙”后的最终“输出项”。

最后，公共福利也不是笼而统之的社会福利。公共福利虽不能精确计算但绝不等同于笼统的社会福利。我们之所以说社会福利“笼统”，乃是因为社会福利是诸多个人利益、集体利益的“混杂”，是一个泛称而非一个确指。而公共福利是经过了反复选择、长期甄别的社会福利，它是社会公共利益的确定表达。

二、正义法理的均衡构造

美国法学家塞尔兹尼克和诺内特在谈到20世纪60年代美国的法律危机时说：“在那10年里，正义的两副面孔生动鲜活地展现出来。一方面，有些法院和法律职业部门把自己当作无特权者的代言人；它们把自己的使命看做是扩大权利、实现宪法的潜在承诺——所有人的充分的公民权利——以及推行得到广泛支持的社会辩护和公众利益法，另一方面，在同一十年间，法律穿着长筒靴，以镇压的面孔出现，扮演了踏灭愤怒之火的角色。”① 尽管法律代表的正义具有两副不同的面孔，但这些毫不影响人们对法所捍卫的正义价值的崇尚和追求。英国的丹宁勋爵曾说：“他们（指作为最高审判机关的上议院）认为最重要的目标是实现法律，而我认为是实现正义，如果我在判案时没有秉公行事，就会睡不着觉。”② 正义实现的法理构造究竟为何？从法本体的广延视野出发，我们不妨认为，自然法为正义提供了公共标准，实在法为正义创造了核心规范，介于自然法与实在法之间的司法法则为正义确立了均衡框架。

（一）自然法：正义的公共标准

哪些正义原则才是人类社会所应共同遵守的公共标准？对这一问题学者们众说纷纭。在诸多观点中能否归纳出正义的公共标准呢？有学者认为，这一归纳虽然难以绝对正确，但对此作一个大致

---

① ［美］塞尔兹尼克、诺内特：《转变中的法律与社会》，张志铭译，中国政法大学出版社1994年版，第6页。

② ［英］丹宁：《法律的正当程序·著者介绍》，李克强等译，群众出版社1984年版，第2页。

的勾勒是可能的。这些最低标准主要是：（1）正义要求利益和责任的分配不是任意的，不是完全依靠暴力，而是应当按人们可以理解的标准，使人们有所遵循地去争取自己的利益；（2）正义与平等存在最起码的联系，要求按一定标准（例如：身份、职位、性别、劳动、贡献等）的平等，或是量的均等；（3）裁判者必须保持起码的中立，不偏不倚地倾听当事双方的陈述并公正地作出决断。① 正义作为评价社会优劣的道德标准，应当围绕社会的基本价值目标展开它的主要原则。在现代社会，社会的主要价值是自由、平等、安全、公共福利，因此正义的基本原则应当围绕上述价值综合协调。

这些正义的最低标准构成了我们所说的“自然法”。必须指出，正义与自然法的功能关系颇为复杂，在此我们仅对两者的逻辑关系略加说明。

在法理学思想史上，正义观念往往同自然法概念联系在一起。人类产于正义的思想演化同人类对假定的“自然法”的存在及其存在的重要意义的各种探究之间存在着深厚的渊源，因此，任何一种正义理论都不能忽视自然法这一永恒的问题。但“正义”与“自然法”绝不能作为同义词使用。自然法乃是一个正义制度最为根本的基础，它由那些最低限度的公平与管理的标准组成，没有这些标准就不可能有可行的法律制度。另一方面，正义概念还包括那些被某种特定社会政治制度视为正义的规范和原则，而不论这些规范和原则是否得到正式法律渊源的承认。此外，正义概念还包括一个最高层次，那就是理想社会的实现。② 这远在自然法和实在法的视域之外。

鉴于上述，我们认为，正义与自然法的逻辑关系是一种包容关系：正义是自然法的“母体”，自然法是正义的公共标准。

---

① 参见周永坤：《法理学——全球视野》，法律出版社 2000 年版，第 228 ~ 229 页。

② ［美］E. 博登海默：《法理学：法律哲学与法律方法》，邓正来译，中国政法大学出版社 1999 年版，第 271 ~ 278 页。

（二）实在法：正义的核心规范

在西方法哲学中，自然法是指理念性的法，灌注了正义公共标准的“原则法”。实在法则是指现实性的法，以实现这部分公共正义要求的“规则法”。我们认为，实在法是正义的核心实现而非全部实现，乃是因为实在法与正义的逻辑关系并非完全包容或完全重合关系，而是一种部分重合的交叉关系。从总体上看，实在法既可能实现正义，也可能背离正义。实现正义的实在法，我们称之为“良法”，背离正义的法，我们称之为“恶法”。“良法”对法治的实现意义重大。亚里士多德那个经典的法治定义就揭示了“良法”的重要。①

现在我们可以将问题聚焦为：“良法”对正义有何功能？我国学者一般认为，法律是实现正义的有力保障。具体表现在：（1）立法上，法律分配权利以确立正义；（2）执法上，法律严格执行以实现正义；（3）司法上，法律惩罚罪恶以伸张正义，同时补偿损失以恢复正义。② 也有学者从两个方面表述：（1）分配权利义务以确立分配正义；（2）惩罚罪恶，补偿损失以实现平均正义。③

实在法对正义的保障，不能自动实现，它需要法律人的悉心守护。而“法律人的责任，不仅仅是机械精细地、‘刻板而冷峻地’操作法律，而且是要把伟大的博爱精神、人文的关怀、美学的原则和正义的情感以专业化的理性而又艺术的方式表现出来”。④ 良法的形成，事实上就是法律人确立法价值、判断法规律、甄别法命题、解决法疑难过程中的“司法”性创构。自然法的精神被实在法包孕，而实在法的规范又再度被司法法提纯。

① 亚里士多德说，法治应包含两重含义：已生效的法律获得普遍的服从，而大家普遍服从的法律又应该是良法。参见胡旭晟、蒋先福主编：《法理学》，湖南人民出版社，湖南大学出版社 2001 年版，第 378～380 页。

② 参见胡旭晟、蒋先福主编：《法理学》，湖南人民出版社，湖南大学出版社 2001 年版，第 378～380 页。

③ 郑成良主编：《现代法理学》，吉林大学出版社 1999 年版，关于“法与正义一般关系”之论述。

④ 舒国滢：《在法律的边缘》，中国法制出版社 2000 年版，第 58 页。

(三) 司法法：正义的均衡框架

对于正义实现的法律构造，德国法学家米滕茨魏有不俗的见解。他认为，不应该在独立于实证法之外的“自然法”幻念中寻找正义，只要实证法还算是正当的秩序，就只能在实证法之内发现正义。但是，他也反对将既存的实证法神圣化，“试图借一种自然的秩序结构，来正当化具体实证的法秩序”是不理性之举。① 既然自然法缺少现实规范的运行基础，毋宁将其内求的价值理念转附于实证法之上，以那部分体现了自然法之正义公共标准的实在法作为实现正义的主要法制资源，同时，也刻意生发一种矫治实证法弊病的司法之法，以维持良法运行之长期、恒稳于不坠。司法法是有关司法权运行正义流程的理论概括，同时，它也是有关法律价值选择的司法方法论。英国著名法学家洛克林也曾明确将司法法称为“法律之法”(jus of lex)，其中包括一套独立的司法系统，该系统履行一种特殊的审慎、斟酌职能。② 在自然法与实证法的正义均衡中，司法法承担着至重使命。

三、正义司法的均衡过程

如果我们将“问题”视做一种机遇和善益，司法过程便会充满基于问题的迷惘，以及迷惘、争辩、沉思后的理性决策。法官首先不是一个简单的判断者，因为他必须在作出判断前对各种法律和事实问题高明决策。司法决策的问题往往不是法官自身的困惑，而是生发于社会机体四面八方的“他人之惑”。“一旦决策问题是从外面制定出来，所谓的解决方案也就开始有了。通常情况下决策者首先重点考虑几种可供选择的可能性，这种考虑在一组合适的可供选择方案出来或是一个可为人接受的方案找到才会停止下来。只有到了那个时候他才开始重点考虑目标或是标准以便审视可供选择的

---

① 参见［德］拉伦茨：《法学方法论》，陈爱娥译，商务印书馆 2004 年版，第 68 页。

② 参见［英］马丁·洛克林：《公法与政治理论》，郑戈译，商务印书馆 2002 年版，第 103～104 页。

方案。这种解决问题的一般方法是由那种重点放在选择方案上的思维方式提出来的。"①

长期以来，司法决策也遵循着这种"以选择方案"为中心的思维方式。无论是大陆法系、英美法系还是其他法系，法官思维的核心关切便是解决现实法律问题，为了解决问题，法官在思考问题时特别注重多元思维，即列出各种解决方法、途径，然后再综合各种考虑，权衡再三，作出最后的最优选择。如果将这种思维方式认为是体现了司法过程的均衡品格，那么无疑是将"均衡司法"庸俗化了。真正的司法均衡必须建立在创新思维方式的微观基础上。只有这样，均衡司法才能从一种宏大的法治理想落实为一套精密的法治机能。如同沐浴过阳光雨露的树芽儿，只有接近了良好的微生物土壤才能焕发出真正的滋养精华。

"有关价值观念的一般思维原则是替每个目的找到理由，找到每个目的和其他目的之间的关系。通过对大量有关目的的含义和理由的问题回答来确定价值观念。每个回答都可以视为信息的价值点，在指导价值中心思维时可以派上用场。这些价值观念中的任何一点都可以表明导致突破性思维的洞察，这种突破性思维最终使得决策者可以作出一个远比一般情况下可能作出的更好选择。"②"价值中心"的司法决策思维体现了不同于以往选择方案型思维的创新特质。这种思维方式的特点之一是，先订立司法决策的价值目标，然后通过现实的权衡尽可能实现价值的要求。在这种颇具挑战性和创造性的司法过程中，法官必须做到善于把握决策机遇，将一些疑难问题转化为解决问题的有利条件。

在这样的思维方式下，法官对法价值的抉择势必回归到正义问题的探索上，"正义"的均衡性决定了司法过程价值衡量的必然方向。社会生活的价值源头可从两方面探查，一是人类存在的基本样态即个体与社会两方面的关系出发的价值原则，另一方面是从人类基本需要所决定的基本活动领域出发的价值原则。个体与社会的关

①② ［美］拉尔夫·L. 基尼：《创新性思维——实现核心价值的决策模式》，叶胜年、叶隽等译，新华出版社2003年版，序言第2、26页。

系调整是权利义务价值准则的首要，正义在其中自然表现为权利与义务的均衡。从社会生活三大基本领域相对应的基本价值准则来看，效率是经济活动领域最基本的价值准则；精神文化领域的基本价值准则是最有利于生活意义的创造自由；而最有利于秩序之生产的公平则构成了政治活动最基本的价值。① 效率、自由与公平的三维均衡建构，正是正义均衡性的外部体现。对正义自身的实现来讲，理想性正义与现实性正义之间，也需要找到一种理性的均衡关系。这可谓正义均衡的自身内涵。

① 参见王南湜：《实践哲学视野中的社会正义问题》，载《中国社会科学文摘》2006 年第 5 期。